1 DAY

Les « Dossiers noirs »

de la politique africaine de la France

Sécurité au Sommet, insécurité à la base

Agir ici et *Survie*

L'Harmattan
5-7, rue de l'École-Polytechnique
75005 Paris - FRANCE

L'Harmattan Inc
55, rue Saint-Jacques
Montréal (Qc) - CANADA H2Y 1K9

Les « Dossiers noirs »
(chez L'Harmattan)

1 - *Rwanda : la France choisit le camp du génocide.*
2 - *Les liaisons mafieuses de la Françafrique.*
3 - *France, Tchad, Soudan, à tous les clans.*
4 - *Présence militaire française en Afrique : dérives...*
5 - *Les candidats et l'Afrique : le dire et le faire.*
(Regroupés en un seul volume, avec index. Janvier 1996, 383 p.).

6 - *Jacques Chirac et la Françafrique. Retour à la case Foccart ?*
(Novembre 1995, 111 p.).

7 - *France-Cameroun. Croisement dangereux !*
(Juin 1996, 95 p.).

8 - *Tchad, Niger. Escroqueries à la démocratie.*
(Octobre 1996, 111 p.).

9 - *France-Zaïre-Congo, 1960-1997. Échec aux mercenaires.*
(Juin 1997, 175 p.).

10 - *France-Sénégal. Une vitrine craquelée.*
(Octobre 1997, 71 p.).

11 - *La traite et l'esclavage négriers*, Godwin Tété.
(Juin 1998, 62 p.).

Autres publications d'*Agir ici* et *Survie*

L'Afrique à Biarritz. Mise en examen de la politique africaine de la France (Actes du « Contre-sommet » des 8 et 9 novembre 1994), Karthala, 1995.

Sommaire

Principaux sigles

France et divers

AFD : Agence française de développement (ex-CFD)
AFP : Agence France-Presse
AID : Association internationale pour le développement
AMT : Assistance militaire technique
APD : Aide publique au développement
ARDAF : Association pour le développement des relations franco-arabes
BAP : Bureau d'action psychologique
BD : Bob Denard (ou bande dessinée)
BIMa : Bataillon d'infanterie de marine
CCB : Civil Cooperation Bureau
CCI : Cour criminelle internationale
CEA : Commissariat à l'énergie atomique
CFD : Caisse française de développement
CIA : Central Intelligence Agency
COFACE : Compagnie française d'assurance du commerce extérieur
CPI : Cour pénale internationale
CRAP : Commando de recherche et d'action en profondeur
DAMI : Détachement d'assistance militaire et d'instruction
DGSE : Direction générale de la sécurité extérieure
DPS : Département Protection-Sécurité
DRM : Direction du renseignement militaire
DST : Direction de la surveillance du territoire
ENA : École nationale d'administration
FAC : Fonds d'aide et de coopération
FF : Franc français
FIDH : Fédération internationale des ligues des droits de l'Homme
FLNC : Front national de libération de la Corse
FMI : Fonds monétaire international
FN : Front national
GIGN : Groupement d'intervention de la gendarmerie nationale
GLNF : Grande loge nationale française
GUD : Groupe Union Droit
HLM : Habitation à loyer modéré
HRW : Human Rights Watch
IDC : Internationale Démocrate-chrétienne
IDH : Indice du développement humain
MMC : Mission militaire de Coopération
ONG : Organisation non-gouvernementale
ONU : Organisation des Nations unies
OPCF : Observatoire permanent de la Coopération française
PIB : Produit intérieur brut
PME : Petite et moyenne entreprise
PNB : Produit national brut
PNUD : Programme des Nations unies pour le développement
PS : Parti socialiste
QG : Quartier général
RDP : Régiment de Dragons parachutistes
RFI : Radio-France Internationale
RIMa : Régiment d'infanterie de marine
RG : Renseignements généraux

RPIMa : Régiment parachutiste d'infanterie de marine
RPR : Rassemblement pour la République
SAC : Service d'action civique
SCI : Société civile immobilière
SCTIP : Service de coopération technique internationale de police
SDECE : Service de documention extérieure et de contre-espionnage
SIRPA : Service d'information et de relations publiques des armées
TPI : Tribunal pénal international pour l'ex-Yougoslavie (La Haye)
TPR : Tribunal pénal international pour le Rwanda (Arusha)
UDF : Union pour la démocratie française
URSS : Union des Républiques socialistes soviétiques

Afrique

ADF : Allied Democratic Forces (Ouganda)
ALIR : Armée de libération du Rwanda
ANAD : Accord de non-agression et d'assistance en matière de défense
ANC : African National Congress (Afrique du Sud)
ANS : Agence nationale pour la sécurité (Tchad)
BNR : Banque nationale du Rwanda
BTD : Banque tchadienne de développement
CEDEAO : Communauté économique des États d'Afrique de l'Ouest.
CEN : Commission électorale nationale (Togo)
CENI : Commission électorale nationale indépendante (divers pays)
CFA : Communauté financière africaine
CFCO : Chemin de fer Congo-Océan (Congo-B)
CNR : Conseil national de la Révolution (Congo-B)
CNS : Conférence nationale souveraine (divers pays)
CPLP : Communauté des pays de langue portugaise
DSN : Denis Sassou Nguesso (Congo-B)
ERDDUN : Espace républicain pour la défense de la démocratie et de l'unité
    nationale (Congo-B)
FAR : Forces armées rwandaises
FARF : Forces armées de la République fédérale (Tchad)
FAZ : Forces armées zaïroises
FLEC : Front de libération de l'enclave de Cabinda (Angola)
FPR : Front patriotique rwandais
FRUD : Front pour la restauration de l'unité et de la démocratie (Djibouti)
GAP : Groupe aéroporté (Congo-B)
GIR : Gouvernement intérimaire du Rwanda
GNNT : Garde nationale et nomade du Tchad
GR : Garde républicaine (Tchad)
LRA : Lord's Resistance Army (Ouganda)
MFDC : Mouvement des forces démocratiques de Casamance (Sénégal)
MISAB : Mission interafricaine de surveillance des accords de Bangui
MNR : Mouvement national de la Révolution (Congo-B)
OCDH : Observatoire congolais des droits de l'Homme (Congo-B)
OUA : Organisation de l'unité africaine
PAIGC : Parti africain pour l'indépendance de la Guinée et des îles
    du Cap vert
PCT : Parti congolais du travail (Congo-B)
PDG : Parti démocratique gabonais
RDA : Rassemblement démocratique africain

Sédoc (SDESC) : Service de documentation et d'études de la sécurité camerounaise
RDPC : Rassemblement démocratique du peuple camerounais
SAS : Security Advisory and Service
SDF : Social Democratic Front (Cameroun)
SGS : Société gabonaise de services
UFC : Union des forces du changement (Togo)
UNITA : Union nationale pour l'indépendance totale de l'Angola
UPC : Union des populations du Cameroun
WNBF : West Nile Bank's Front (Ouganda)

Introduction : Passages en force et langue de bois

Sommet franco-africain au Louvre : L'exposition coloniale ?

Du 26 au 28 novembre 1998, Jacques Chirac invite à Paris ses homologues d'outre-Méditerranée pour le "traditionnel" Sommet franco-africain. Un raout biennal, tantôt en France, tantôt en Afrique [1]. Cette fois, le spectacle se tiendra sous la pyramide du Louvre.

On nous promet une représentation inégalée, d'une cinquantaine d'États. Autour d'un thème accrocheur, et néanmoins crucial : la sécurité. Il est évident que le besoin de sécurité des personnes, des communautés, des collectivités, des pays est criant en Afrique. Depuis cinq siècles, avec la traite, la colonisation. Les "indépendances" n'ont pas vraiment arrangé les choses.

La France gaulliste, néo-gaulliste et mitterrandienne a imposé (plutôt que proposé) son protectorat dans son pré-carré. Au-delà, elle a répandu sa coopération militaire (Congo-Zaïre, Burundi, Rwanda, Guinée équatoriale, ...), ou ses ingérences (Nigeria, Angola, Liberia, Soudan, Ouganda, Guinée-Bissau). Avec un bilan que l'on qualifiera, pour rester poli, de "globalement négatif" [2].

Non que les intentions officielles aient toujours été mauvaises. Mais l'autonomie des dispositifs occultes (réseaux, "services", mercenaires), l'installation de généraux cooptés à la tête de régimes militaires, l'hostilité réflexe aux Anglo-Saxons et aux anglophones ont trop souvent induit, dans les ex-colonies, la préservation des tyrans ou le renversement des chefs d'État indociles. Et, alentour, la déstabilisation de pays "ennemis".

---

1. Les quatre Sommets précédents ont eu lieu à La Baule (1990), Libreville (1992), Biarritz (1994) et Ouagadougou (1996).
2. Cf. François-Xavier Verschave, *La Françafrique. Le plus long scandale de la République*, Stock, 1998.

Dans la culture géopolitique post-coloniale, la théorie des dominos importe plus que la sécurité des populations - y compris l'accès aux ressources vitales. Bref : *Sécurité au sommet* (pour les amis), *insécurité à la base*, tel est jusqu'ici l'effet dominant du dispositif de sécurité franco-africain [3]. On ne peut améliorer les choses sans admettre cette réalité, et sans chercher à comprendre pourquoi elle est si rebutante.

Remarquables, honorables ou infréquentables, les dirigeants africains convergent donc vers ce Sommet de la Pyramide. On leur paye une occasion de se rencontrer ; ils viennent prendre la température d'une moyenne puissance qui, sur leur continent, dépense, s'épanche et s'agite encore. Il n'est pas sûr que, pour eux, l'effet "exposition coloniale" ne soit pas plus coûteux, en termes d'image, que ces menus bénéfices.

Certes, les plus lucides aimeraient en profiter pour évoquer la fameuse et si nécessaire sécurité interafricaine. Mais qui, dans le pré-carré, fut chargé du dossier ? Gnassingbe Eyadéma - un sergent assassin [4] autopromu général, un président qui refuse le désaveu des électeurs. De quoi s'interroger sur les prémisses...

Et puis, comment faire confiance à l'armée française tant qu'elle refuse d'autocritiquer son rôle au Rwanda [5] ? alors qu'elle vient d'imposer dans le statut de la Cour pénale internationale une exonération de 7 ans de ses éventuels crimes de guerre [6] ? Comment se retrouver dans le double langage d'un Jacques Chirac, qui promet la fin des ingérences tout en réitérant les opérations clandestines (Congo-Brazzaville & Kinshasa, Guinée-Bissau, ...) ?

Si la France tenait un langage moins duplice, c'est-à-dire si, énonçant les règles de sa nouvelle relation aux pays du conti-

---

3. C'est aussi le titre d'une campagne d'interpellation animée par *Agir ici* et *Survie*.
4. Cf. *La Françafrique*, op. cit., p. 109-122.
5. Tout en soutenant qu'elle ne s'y est pas comportée autrement qu'ailleurs ! Selon le général Christian Quesnot, ancien chef d'état-major particulier du président Mitterrand, « *la crise du Rwanda n'a pas fait l'objet d'un traitement différent des autres crises africaines* » (Audition par la mission d'information sur le Rwanda, 19/05/98).
6. Cf. chapitre IV. 5, *L'état-major contre la Cour*.

nent, elle s'engageait à observer ces règles et acceptait des contrôles crédibles, sa contribution pourrait être très appréciée. Lionel Jospin serait bien capable de tenir un tel langage. Jusqu'ici, il s'en est abstenu, redoutant la tempête sous les képis, dans les réseaux françafricains [7], ou à la cote des valeurs pétrolières. Le Sommet du Louvre (avant lequel nous achevons ce *Dossier*) risque d'être un nouvel épisode de cette périlleuse esquive - noyé sous le champagne et le folklore. Mais qui sait ?

Le discours et les méthodes

À plusieurs reprises nous avons évoqué dans les *Dossiers noirs* le discours officiel, et ses commentaires officieux, justifiant le surinvestissement français dans la "sécurité" de l'Afrique [8]. Venant d'hommes qui s'honorent du sens de l'État, chez qui la raison d'État s'apparente à un Surmoi, la défense des "intérêts supérieurs" de la France n'est jamais absente : l'Afrique est sa profondeur stratégique, le socle de sa grandeur, le carburant de sa puissance. Mais comme il est quand même difficile de vendre à l'opinion africaine, internationale et même française un discours purement égocentrique, le discours sur les intérêts de la France se double constamment d'un discours sur l'intérêt de l'Afrique. Consubstantiellement, devrait-on dire : la « grandeur de la France » n'est-elle pas indissociable de sa

---

7. Le concept de Françafrique a été défini et documenté dans les *Dossiers noirs* précédents :
   « La "Françafrique" désigne une nébuleuse d'acteurs économiques, politiques et militaires, en France et en Afrique, organisée en réseaux et lobbies, et polarisée sur l'accaparement de deux rentes : les matières premières et l'aide publique au développement. La logique de cette ponction est d'interdire l'initiative hors du cercle des initiés. Le système, autodégradant, se recycle dans la criminalisation. Il est naturellement hostile à la démocratie. Le terme évoque aussi la confusion, une familiarité domestique louchant vers la privauté » (*Dossier noir* n° 7, *France-Cameroun. Carrefour dangereux*, L'Harmattan, p. 8-9).
   La genèse, le fonctionnement et l'évolution de la Françafrique sont exposés dans le *Dossier noir* n° 6, *Jacques Chirac et la Françafrique*, L'Harmattan, 1995, p. 7-12. Pour une présentation plus exhaustive, cf. F.X. Verschave, *La Françafrique*, op. cit.
   8. Cf. *Dossiers noirs* n° 1 à 5, L'Harmattan 1996, p. 222-233, 265-336 et 352-356 ; *Tchad, Niger. Escroqueries à la démocratie*, L'Harmattan, 1996, p. 98-105.

« générosité » ? En garantissant par sa présence et ses multiples interventions militaires la sécurité des pays qui lui font allégeance, la France, assure-t-on, soulagerait le budget de défense de ces pays et favoriserait la paix indispensable au développement. En garantissant aussi, par des accords secrets, la sécurité personnelle de certains présidents africains, elle les dispenserait d'entretenir une garde personnelle trop onéreuse et envahissante.

Mais les logiques incontrôlées de la Françafrique, affairiste, militaire ou barbouzarde, se sont tôt imposées. Les méthodes clandestines de Jacques Foccart (quadrillage par les services secrets, mercenaires-corsaires, trafics d'armes, financements parallèles), camouflées par la désinformation, ont conduit quasi systématiquement à l'opposé des objectifs revendiqués : extension de la misère, aggravation des inégalités, essor de l'arbitraire, mépris du droit, flambées de l'ethnisme dans les ex-colonies, où la présence française préfère manifestement les tyrans, souvent galonnés ; expansionnisme agressif envers les ex-colonies de nos partenaires européens (Grande-Bretagne, Belgique, Portugal, Espagne), initiant ou aggravant des guerres civiles parfois épouvantables.

Sans nous attarder trop sur l'histoire de ces choix désastreux ou criminels [9], c'est leur actualité que nous allons exposer ici, dans le contexte de la présidence de Jacques Chirac. Et ce dans un certain nombre de pays du "champ francophone", bases de l'armée française (Gabon, Tchad, Djibouti, Comores) ou terrains de choix de sa coopération militaire (Cameroun, Congo-Brazzaville, Togo) ; puis à travers les ingérences "hors champ", celle récente en Guinée-Bissau et celles, permanentes, dans la région des Grands Lacs. Enfin, nous reviendrons de manière transversale sur les méthodes mises en œuvre, et le lapsus qui les stigmatise : la lutte contre la Cour pénale inter-

---

9. Cette histoire est retracée dans François-Xavier Verschave, *La Françafrique*, op. cit., et Pierre Péan, *L'homme de l'ombre. Jacques Foccart*, Fayard, 1990.

nationale et l'exigence d'une clause d'exonération temporaire des crimes de guerre.

Dans le pré-carré, on aurait pu, et sans doute dû, parler aussi de la coopération militaire française au Maroc, en Tunisie, au Sénégal, au Burkina, au Niger, en Côte d'Ivoire, en Centrafrique, ... Hors champ, on aurait pu décrire les ingérences au Liberia, en Guinée équatoriale, au Soudan ou en Ouganda [10]. Mais le menu, déjà copieux, l'eût été trop. Encore ne fera-t-on qu'un bref retour sur le cataclysme franco-rwandais.

À ce propos justement s'est produit un sursaut civique - amplifié par une série de quatre articles de Patrick de Saint-Exupéry dans Le Figaro, pour l'exact centenaire du J'accuse de Zola. La classe politique n'a pu éviter de créer une mission d'information parlementaire sur le Rwanda, tout spécialement sous l'angle militaire. Certes, les séances publiques ont tourné à l'autojustification collective. Mais ici ou là quelques "perles" ont émergé, quelques aveux, volontaires ou involontaires, d'une pratique ou d'un état d'esprit (mépris, suffisance, indifférence). Nous en citons un florilège [11], en guise d'apéritif.

« Le chef de l'État [François Mitterrand] a estimé à ce moment-là [en 1990] qu'il fallait donner un signal clair de la volonté de maintenir la stabilité du Rwanda [...]. Il considérait que l'agression menée par le FPR était une action déterminée contre une zone francophone et qu'il convenait de s'y opposer. [...]

Nous n'avons aucun accord de défense avec le Tchad, qui est probablement l'un des pays dans lequel nous sommes le plus intervenus. Jusqu'ici ça n'a troublé personne ». (Amiral Jacques Lanxade, ex-chef-d'état-major des armées. Audition du 07/05/98).

« Les premières attaques du FPR [...] ont été stoppées par les parachutistes français ». (Robert Galley [RPR], ancien ministre de la Coopération, confident de François Mitterrand sur le Rwanda. Audition du 13/05/98).

---

10. La relation avec ces deux pays sera évoquée à propos des Grands Lacs. De même, les relations franco-angolaises seront effleurées dans le chapitre sur les ventes d'armes.
11. Dans le texte de la retranscription non officielle établie par la coalition d'ONG (dont font partie Agir ici et Survie) qui avait réclamé une Commission d'enquête sur le rôle de la France au Rwanda. Il ne fut accordé qu'une mission d'information...

« *[Lors de]* l'invasion du FPR à partir de l'Ouganda *[en 1990]*, il était [...] difficilement concevable [...] de permettre qu'une agression militaire extérieure remette en cause un processus de démocratisation *[sic !]*. Nos autres partenaires africains ne l'auraient pas compris ». (Marcel Debarge [PS], ancien ministre de la Coopération. Audition du 09/06).

« La logique de cette opération *[Noroît]* est parfaitement claire : [...] il ne semblait pas possible de laisser renverser un gouvernement par une petite minorité, [...] soutenue par un gouvernement étranger. Il semblait normal d'assurer la sécurité d'un pays avec lequel nous avions des accords. Si nous n'avions pas réagi, nous aurions perdu la confiance de la plupart des pays d'Afrique ». (Jacques Pelletier [inclassable], alors ministre de la Coopération. Audition du 16/06/98).

« Le prestige de la France était en cause. Il y avait une menace sur la stabilité de la région ». (Roland Dumas [PS], alors ministre des Affaires étrangères. Puis figure emblématique de l'affaire Elf, et néanmoins président du Conseil constitutionnel. Audition du 30/06/98).

« Le Président *[Mitterrand]* craignait que si une faction minoritaire, éventuellement aidée par un pays étranger, venait à renverser un régime en place, il ne s'en suive une réaction en chaîne qui déstabilise la région. Auquel cas la garantie française ne vaudrait plus rien ». (Hubert Védrine [PS], ministre des Affaires étrangères, alors Secrétaire général de l'Élysée. Audition du 05/05/98).

Pierre Brana (rapporteur [PS] de la mission d'information) : « La France a formé des recrues rwandaises [...]. On savait que toutes [...] étaient hutues. Comme il existait déjà une menace de génocide, en formant toujours la même ethnie, on prenait position par rapport au génocide [...]»
Hubert Védrine : « Je souhaite qu'on note sur le compte-rendu que je suis choqué par la formulation de M. Brana "*prendre position par rapport au génocide*". On est en plein anachronisme. [...] On n'est pas en train d'écrire un article. La France a décidé d'exercer un devoir de sécurisation d'un pays stable menacé par l'étranger. [...] La France a aussi proposé une coopération, une formation pour que le pays apprenne à assurer sa sécurité. Ce qu'on a fait dans d'autres pays d'Afrique. On a formé l'armée au Rwanda. Ce n'est pas à la France de dire [...] qu'on va former ceux-ci et pas ceux-là. D'autant que les recrues hutues représentaient 80 % de la population. On a ailleurs, formé des armées moins représentatives ». (Audition du 05/05/98).

« La personne qui définissait avec le plus de précision les rapports de force entre les Anglo-Saxons et nous dans cette région *[des Grands Lacs]*, c'était le Président de la République *[François Mitterrand]*, avec un grand sens de la stratégie et de l'histoire. Le Président de la République avait une conception géostratégique dans cette région tout à fait précise, culturellement et historiquement étayée, qu'il exprimait sans cesse dans les conseils de Défense ». (François Léotard [UDF], ancien ministre de la Défense. Audition du 21/04/98).

« Le président Mitterrand avait une véritable politique africaine. [...] Il estimait que les Américains, qui aidaient de façon évidente aussi bien les Ougandais que le FPR, avaient une volonté hégémonique sur cette région *[des Grands Lacs]* et peut-être sur l'Afrique. Il n'avait pas tort [...]. Ainsi François Mitterrand, ayant clairement élaboré sa politique, a décidé d'aider Habyarimana, [...] l'ami de la France, même si à la fin des années 80 c'était plus un dictateur qu'un démocrate ». (Bernard Debré [RPR], ancien ministre de la Coopération, médecin de François Mitterrand. Audition du 02/06/98) [12].

« La présence de la France en Afrique [...] *[est]* un objectif majeur de notre diplomatie. La France a une responsabilité historique, des intérêts, et la France est une puissance. [...] Ce serait irresponsable pour un gouvernement français quel qu'il soit de baisser les bras et de renoncer à une présence. [...] Sur la nécessité d'une présence amicale de la France auprès des pays d'Afrique pour les aider dans leurs efforts pour le développement, j'espère que cela peut faire l'objet d'un consensus entre les différentes sensibilités représentées dans le cadre de cette mission ». (Alain Juppé [RPR], ancien ministre des Affaires étrangères et Premier ministre. Audition du 21/04/98).

« À partir d'avril 1993 [...], nous avons décidé un allègement de notre présence militaire, ce qui ne veut pas dire laisser la place à d'autres

---

12. Glissons un "commentaire" de Jean-François Bayart : « *L'"anti-intellectualisme" du Président, sa conception ethnologisante des sociétés subsahariennes, ses doutes sur la viabilité de la démocratie se doublaient d'un véritable "historicisme"* au dire *d'Hubert Védrine.* "[...] Il avait une conscience aiguë, innée, puis légitimée par l'élection, d'être le continuateur de l'épopée française". *On devine combien cette disposition d'esprit a pu le rendre réceptif aux arguments de ceux qui, dans son entourage ou son état-major particulier, dénonçaient la poussée des "Anglo-Saxons"* [...], *conseillaient de jouer la carte Charles Taylor au Liberia pour tailler des croupières aux "anglophones" dans l'Ouest africain* [attisant ainsi une terrible guerre civile], *plaidaient la cause de Paul Biya contre son opposant* [anglophone] *John Fru Ndi* [...] *ou voyaient dans la défense de Juvénal Habyarimana l'opportunité de laver l'affront de Fachoda* ». (Intervention au Colloque des 13-15 mai 1997 sur *La politique extérieure de François Mitterrand*).

15

trop contents d'arriver au prix d'ailleurs d'un nombre de malveillances, pour ne pas dire de calomnies, répandues sur l'action de la France et de son armée ». (Édouard Balladur [RPR], alors Premier ministre. Audition du 21/04/98).

« Au Rwanda, nous avons agi par ignorance et suffisance. Nous savions qu'Habyarimana était un dictateur faible et criminel, et nous avons confié aux militaires un rôle qui n'aurait dû appartenir qu'aux politiques et aux parlementaires. [...] L'armée française avait un rôle d'armée d'occupation ». (Michel Cuingnet, chef de la mission de coopération française au Rwanda de 1992 à 1994. Audition du 28/04/98).

« En juillet 1994, j'ai posé la question *[de la prolongation des livraisons d'armes au Rwanda au printemps 1994]* à Mitterrand, à *[l'hôpital]* Cochin. Réponse : *"Vous croyez que le 7 avril le monde s'est réveillé en se disant : « Le génocide commence » ?"*. J'ai pris cette phrase ambiguë comme une possible affirmation que des armes avaient été livrées après le début du génocide ». (Bernard Debré. Audition du 02/06/98).

« *[En]* Afrique, au sens des anciennes zones de colonisation française, [...] nous avions, depuis des lustres, [...] des accords de coopération militaire, avec parfois des clauses secrètes. Le cadre juridique général d'intervention y était à la fois incertain, peu connu par les parlementaires, et ennuyeux pour tout le monde. C'est une situation qui doit cesser. [...]
La tradition d'intervention plus ou moins forte de la France dans ses anciennes colonies ou dans les anciens territoires coloniaux de pays proches était passée dans les mœurs. [...]
En Afrique, [...] la France a poursuivi sa tradition colonialiste. [...] *[Les]* accords militaires [...] donnaient à l'ambassadeur un rôle qui était celui qu'avait autrefois le gouverneur. [...] Personnellement, je n'ai jamais réussi à obtenir la totalité des accords et leurs clauses secrètes, [...] tellement secrètes que je ne sais même pas qui les connaît ». (Pierre Joxe [PS], ancien ministre de la Défense... Audition du 09/06).

« Sur les conditions de l'intervention militaire *[Noroît]* au Rwanda [...], le seul souvenir que je garde est celui d'une matinée dans le Golfe *[persique]* à bord de la frégate Dupleix avec le Président de la République et l'amiral Lanxade. Je nous revois. À ce moment là on apporte un message chiffré où il apparaît que le président Habyarimana demande l'intervention militaire de la France. La scène est très brève : le Président de la République, ayant pris connaissance du message, demande à l'amiral Lanxade de répondre favorablement. [...] Je ne suis pas consulté, je comprends fort bien ne pas l'avoir été, car sur le Rwanda ma science était courte ».   (Jean-Pierre Chevènement, alors ministre de la Défense [PS] depuis plus de 30 mois. Audition du 16/06/98).

« Le Président de la République donne comme directive de répondre positivement à la demande du président Habyarimana. Ensuite on dira que c'est pour assurer la protection de nos ressortissants, ça c'est ce qu'on dit toujours ». (Jean-Pierre Chevènement, ibidem).

« Les Rwandais nous ont habilement manipulés [...]. Nous avons entraîné les miliciens du génocide, en étant trop bêtes pour nous en apercevoir. [...] Les extrémistes avaient l'impression que la France était derrière eux. [...] Nous avons collaboré ». (Gérard Prunier, chercheur au CNRS. Audition du 30/06/98).

« Ce que je souhaite de la part des universitaires *[que nous audition-nons]*, c'est quand même un travail de rigueur et pas d'être des témoins à charge ne serait-ce que pour vendre des livres. [...] Il y a d'un certain côté un exercice d'auto-flagellation d'un certain nombre de milieux intellectuels français. [...]
Nous sommes dans une région du monde où, à intervalles réguliers, malheureusement, les gens se massacrent allègrement [...]
Je rappelle que *[l'opération]* Noroît a été lancée pour des raisons humanitaires. [...] Le Parlement était parfaitement au courant [...]. Je pense que le chef de l'Etat *[François Mitterrand]* [...] a eu une action extrêmement cohérente et je pense que ce n'était pas inintéressant, y compris pour la France, y compris pour le développement des Africains eux-mêmes, que la France, je dirais, intervienne au Rwanda. Que certaines puissances en aient pris ombrage, ça nous le savons... » (Jacques Myard député RPR, diplomate, membre de la mission d'information. Interview sur *LCI* le 05/04/98).

« Je n'ai jamais entendu parler du Rwanda pendant cette période. J'ai appris l'opération Noroît dans la presse ». (Michel Rocard [PS], alors Premier ministre. Audition du 30/06/98).

Si l'information sur ces pratiques, leurs enjeux et leurs risques, est si mal diffusée au sommet de l'État, qu'en est-il du citoyen de base ?   C'est le moment d'exercer votre droit à l'information.

Présence militaire française en Afrique
(relevant du ministère de la coopération)

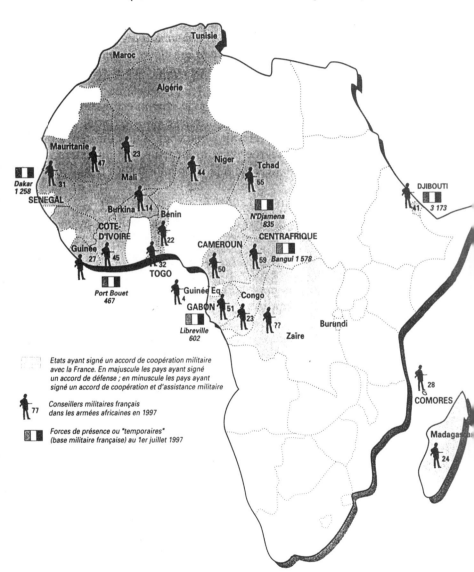

Etats ayant signé un accord de coopération militaire
avec la France. En majuscule les pays ayant signé
un accord de défense ; en minuscule les pays ayant
signé un accord de coopération et d'assistance militaire

Conseillers militaires français
dans les armées africaines en 1997

Forces de présence ou "temporaires"
(base militaire française) au 1er juillet 1997

1. GABON ET COMPAGNIE(S)

Bongo, au cœur des réseaux

Pour un peu plus d'un million d'habitants, le Gabon dispose de richesses exceptionnelles : pétrole, uranium, bois, manganèse. Et pourtant le pillage de ces richesses est si intense qu'en termes de santé publique, il est plus mal classé que certains des pays les plus pauvres de la planète : on n'y compte que 19 médecins pour 100 000 habitants, l'espérance de vie n'est que de 54 ans, seulement la moitié des enfants sont vaccinés contre la tuberculose et 38 % contre la rougeole (contre, respectivement, 90 % et 79 % en moyenne dans les pays en développement) [1]. Cette couverture vaccinale compte parmi les plus faibles du monde. Un enfant sur 7 meurt avant l'âge de cinq ans. Quant à la politique d'éducation, elle a laissé analphabètes plus d'un tiers des adultes. Le classement du Gabon à l'Indicateur du développement humain (IDH) le fait reculer de 26 places par rapport à un classement seulement basé sur le revenu par habitant [2].

On ne s'étendra pas ici sur les circuits de dilapidation des ressources du Gabon, œuvre conjointe d'Omar Bongo et de ses nombreux amis français : il y faudrait plusieurs ouvrages.

---

1. Dernières statistiques connues. Celles de ce paragraphe sont issues du *Rapport mondial sur le développement humain 1998* du PNUD, Économica.
2. Le président Omar Bongo, comme toute la Françafrique dont l'IDH mesure la gestion ruineuse, déteste cet indice établi depuis 1991 par le Programme des Nations-unies pour le développement (PNUD). En 1995, dans son discours d'ouverture au Sommet francophone de Cotonou, il a suggéré que la Francophonie fabrique son propre indice du développement (*La Lettre du Continent*, 14/12/95). Outre le PIB par habitant, l'IDH intègre l'effort d'éducation et l'espérance de vie - qui ne sont pas vraiment des priorités des gouvernements "aidés" et protégés par la France. Si l'on agrégeait dans un Indice de jouissance françafricaine (IJF) une mesure de l'évasion des capitaux, la concentration des lieux de naissance des membres de la garde présidentielle, et l'inverse du taux d'imposition réel des plus grosses fortunes, nul doute que le Gabon ou le Togo prendraient la tête du peloton.

Le Gabon en quelques chiffres [3]

Superficie : 257 670 km²
Population : 1,25 million d'habitants (1998)
Croissance de la population : 2,4 % par an (1995-2015)
Espérance de vie : 54 ans (1995)
Mortalité des moins de 5 ans : 14,5 % (1996)
Principales agglomérations : Libreville, Port-Gentil
Produit national brut (PNB) : 5,0 milliards de $ (1995)
Produit intérieur brut (PIB) : 3,8 milliards de $ (1995)
PIB réel/hab., en parité de pouvoir d'achat : 3 766 $ (1995)
Dette extérieure : 4,5 milliards de $ (1995), soit 122 % du PNB
Aide publique au développement reçue : 127 millions de $ (1995),
   118 $/hab., presque 5 fois la moyenne des pays les plus pauvres
Taux d'alphabétisation des adultes : 63 % (1995)
Population ayant accès à l'eau potable : taux inconnu.
Agriculture : 52 % de la population active (1990)
Taux annuel de déforestation : 0,5 % (1990-95)
Monnaie : franc CFA (FCFA). 1 FF = 100 FCFA

Les juges Éva Joly et Laurence Vichnievsky sont en train d'ailleurs d'en écrire quelques chapitres. Avec *Affaires africaines* [4], Pierre Péan défricha le domaine. Plus tard, dans *L'homme de l'ombre*, il raconta comment, en 1964, une troupe française vint sauver la mise du premier président gabonais, Léon M'Ba. Celui-ci, mis en place par Jacques Foccart [5], se rendait de plus en plus insupportable. Il fut renversé par un groupe d'officiers patriotes. Lesquels se firent tuer par un corps expéditionnaire français, sur ordre des collègues de la métropole qui les avaient formés [6].

Léon M'Ba rétabli, on fabriqua *a posteriori* les fausses demandes d'intervention "justifiant" l'ingérence française. Car il

---

3. Cf. *Rapport mondial sur le développement humain 1998* du PNUD, Économica.
4. Fayard, 1983.
5. Qu'il n'est sans doute pas besoin de présenter. Cette éminence grise du gaullisme, dotée de pouvoirs considérables, a géré les vraies-fausses indépendances des colonies françaises au sud du Sahara et leur mise sous tutelle néocoloniale. Cf. François-Xavier Verschave, *La Françafrique* (à presque toutes les pages, et notamment p. 286-288) ; Pierre Péan, *L'homme de l'ombre. Jacques Foccart,* Fayard, 1990.
6. Pierre Péan, *L'homme de l'ombre,* p. 308.

faut toujours sauver les apparences, celle notamment de l'indépendance des pays clients. Mais l'on choisit dès lors de garrotter serré ce pays de cocagne. Un ex-baroudeur du Sdece [7], Bob Maloubier, est chargé de monter une Garde présidentielle, cofinancée par Elf. Un trio de choc, révélé lors de la terrible répression du parti indépendantiste camerounais UPC, obtient carte blanche au Gabon. Maurice Delauney, qui conduisit cette répression, devient ambassadeur à Libreville. Georges Conan y transfère son savoir-faire en matière de police politique [8]. Le lieutenant-colonel Maîtrier, qui commanda au Cameroun des pelotons de chasse aux Upécistes (avant de superviser au Togo l'assassinat du président Olympio, qu'il était censé protéger), est chargé d'instruire et diriger la gendarmerie gabonaise.

L'action du trio punitif n'est pas laissée au hasard. L'ambassadeur Delauney le confirme : « *J'allais régulièrement prendre les instructions de Jacques Foccart qui suivait de très près l'évolution de la situation au Gabon* [9]». Ce pays n'a donc pas pour rien été appelé "Foccartland" [10].

« Léon M'Ba, cependant, est vraiment trop impopulaire, et il est atteint d'un cancer. Il faut le remplacer. Foccart opte pour le directeur du cabinet présidentiel, Albert-Bernard Bongo, ancien sous-officier de l'armée française. C'est le bon profil pour gouverner une néocolonie, on l'a vu avec Eyadéma. Le colonel Maurice Robert est déjà son ami. Et André Tarallo, qui va s'affirmer comme le futur grand manitou financier d'Elf, a pu jauger son ouverture aux circuits extra-gabonais.

Quelques scrutins truqués plus tard, Bongo se retrouve vice-président, investi de tous les pouvoirs. Il devient Président fin 1967, à la mort de Léon M'Ba. Il instaure un parti unique, le PDG : Parti démocratique gabonais (sic). Trente ans plus tard, "légitimé" par une démocratisation trafiquée [11], le PDG Bongo de l'entreprise France-

7. Ancienne appallation de l'actuel service de renseignement extérieur, la DGSE.
8. Vingt ans plus tard, continuant de diriger la police gabonaise, il a été mis en cause dans l'assassinat d'un entrepreneur français, Robert Gracia. Cf. Pascal Krop, *Le génocide franco-africain*, JC Lattès, 1994., p. 154-157.
9. Cité par Pierre Péan, *L'homme de l'ombre*, op. cit., p. 314-316.
10. Voir F.X. Verschave, *La Françafrique*, op. cit., p. 132-134.
11. Sur la fraude électorale au Gabon, avec l'appui des meilleurs spécialistes français, cf. *Dossiers noirs n° 1 à 5*, op. cit., p. 289, et Éric Fottorino, *Charles Pasqua l'Africain*, in *Le Monde* du 03/03/95.

Gabon est toujours en place. Fortune faite. Sous un parapluie militaro-policier français. [12]»

On doit à Omar Bongo la définition probablement la plus explicite du clientélisme néocolonial : « *L'Afrique sans la France, c'est une voiture sans chauffeur. La France sans l'Afrique, c'est une voiture sans carburant* [13]». On pourrait ajouter : sans l'uranium africain, et particulièrement la filière gabonaise, ultra-protégée, point d'indépendance atomique de la France. Les liens croisés entre Elf, le CEA (Commissariat à l'énergie atomique), la Comuf (Compagnie des mines d'uranium de Franceville) et la Comilog (exploitation des mines de manganèse) sont impressionnants. Cette dernière échut à l'ambassadeur Delauney, pour bons et loyaux services foccartiens. C'est cette société que, curieusement, l'on chargea d'élargir son savoir-faire sécuritaire à l'uranium de Franceville. Quitte à y "perdre" beaucoup d'argent [14].

Service Action

L'ambassade de France à Libreville n'est pas une sinécure. À l'officier Maurice Delauney a succédé un autre grand foccartien, plus à l'ombre, le colonel Maurice Robert. Il dirigea longuement le Sdece-Afrique, dans la période cruciale qui suivit les indépendances. Il suscita des "filiales" de renseignement en maints pays, aux méthodes parfois terrifiantes (le Sédoc camerounais, par exemple). Puis il passa tout naturellement à la tête du service de sécurité d'Elf, devint ambassadeur au Gabon, avant d'animer à Paris les Clubs 89 - le rendez-vous des Foccartiens. Une trajectoire exemplaire.

---

12. *La Françafrique*, op. cit., p. 134-135.
13. Interview à *Libération* du 18/09/96.
14. D'après *La Françafrique*, op. cit., p. 135. Un "trou" inexpliqué de 400 millions de FF a été constaté en 1995 (cf. *La note du manganèse*, in *La Lettre du Continent* du 08/06/95). Au détriment de la Caisse française de développement (Christophe Grauwin, *Les milliards perdus du banquier de l'Afrique*, in *Capital*, 11/97), et donc du contribuable français.

Jacques Foccart fut l'inventeur, et Maurice Robert le pilote ("l'officier traitant") du mercenaire Bob Denard, autoproclamé « corsaire de la République [15]». Denard est un vivant catalogue des ingérences militaires occultes de la France en Afrique, aux effets souvent ravageurs : de l'ex-Congo belge en 1960 aux Comores en 1995 (deux pays où il intervint maintes fois), en passant par le Biafra, le Gabon, le Bénin, etc.

Lors de la mortelle sécession du Biafra, stimulée puis portée à bout de bras par Foccart et son grand ami ivoirien Houphouët, le Gabon fut la base arrière d'une énorme logistique de soutien, en armes et mercenaires. L'affaire mobilisa toute la Françafrique - et, au-delà : les régimes d'apartheid sud-africain et rhodésien, le Portugal et l'Espagne coloniaux de Salazar et Franco. Trio organisateur : les deux Maurice, Delauney et Robert, et leur factotum Bob Denard. Ils établirent au départ de Libreville un véritable pont aérien (jusqu'à 30 tonnes d'armes par jour), usant et abusant d'une ruse classique : l'envoi d'armes par avions-cargos sous protection ou déguisement humanitaires, y compris le sigle de la Croix-Rouge [16].

Le 16 janvier 1977, c'est de Libreville que part un DC7 empli d'une centaine d'hommes lourdement armés, emmenés par Bob Denard pour renverser le régime béninois de Mathieu Kerekou. L'opération échouera, mais elle est significative du rôle joué par le Gabon : l'une des bases préférées des aventures déstabilisatrices menées en Afrique par le tandem Foccart-Houphouët. Avec le fréquent concours de quelques partenaires choisis : Hassan II, Eyadéma, voire Mobutu. Et bien sûr Albert-Omar Bongo, le gardien de la base. Dans les années soixante-dix, il hébergeait Denard dans sa propriété de Donguila, une sorte de ranch. Denard et sa troupe s'y entraînaient à loisir [17]. Bongo lui

---

15. Titre de ses "mémoires". Fixot, 1998.
16. Cf. Jacques Baulin, *La politique africaine d'Houphouët-Boigny*, Eurafor-Press, 1980, p. 107-108 et 120-123.
17. *Foccart parle*, Entretiens avec Philippe Gaillard, Fayard, 1997, tome 2, p. 263.

devait bien cela : le mercenaire a trempé dans l'assassinat de son principal opposant, Germain M'Ba [18].

Dans les années quatre-vingt, Foccart vieillissant, Bongo s'est mis à traiter en direct avec le poulain français du "Monsieur Afrique" : Jacques Chirac. Mais aussi avec le "filleul" prodigue du vieil homme, Charles Pasqua, en train de tisser son propre réseau. Dans le grand marchandage franco-iranien de "l'affaire des otages du Liban" (1987-88), Libreville a discrètement accueilli les négociations entre Pasqua et Gorbanifar, l'homme des missions délicates du régime de Téhéran. On a beaucoup évoqué à ce sujet des livraisons d'armes conventionnelles, mais aussi d'uranium enrichi pour la bombe iranienne [19].

Ni Jacques Chirac, ni Charles Pasqua n'ont admis l'éviction en 1990-91, par une Conférence nationale souveraine, de leur ami congolais Denis Sassou Nguesso - par ailleurs beau-père d'Omar Bongo. Une note du 27 novembre 1991, saisie par les juges Joly et Vichnievsky lors d'une perquisition à la Tour Elf [20], prouve que, dès cette époque, Bongo, Elf (le colonel Daniel, André Tarallo), le réseau Foccart (Maurice Robert), et le réseau Pasqua (Daniel Leandri, Jean-Charles Marchiani) complotaient pour renverser le successeur élu de Sassou Nguesso : « *Une équipe de mercenaires est prête à agir depuis LBV* [Libreville] ».

Six ans plus tard, *Le Canard enchaîné* découvre [21] qu'une curieuse livraison de 25 tonnes de fret aérien est partie du Bourget (France) sous label « Présidence du Gabon », et qu'elle a été transférée aux partisans de Sassou Nguesso via Franceville (Gabon). Le départ du Bourget a eu lieu le 3 juin..., deux jours avant le déclenchement de la guerre civile. Par la suite, les amis

---

18. D'après *La Françafrique*, op. cit., p. 322.
19. Comme l'expose Dominique Lorentz, dans une enquête explosive (*Une guerre*, Les Arènes, 1997), qui n'a jamais été démentie.
20. Note du chef du service de renseignement d'Elf, le colonel Jean-Pierre Daniel, citée par Karl Laske, *Chute d'une barbouze*, in *Libération* du 21/07/98.
21. Claude Angeli, *Le très curieux périple de 25 tonnes de fret bizarre entre Paris, le Gabon et le Congo*, 13/08/97.

françafricains de Sassou Nguesso utiliseront largement le territoire gabonais, l'aéroport de Franceville et les liaisons terrestres avec le Congo-Brazzaville, pour surarmer les milices du général rebelle : « *selon les services de renseignement français, les "cobras" de M. Nguesso* [...] *ont pu disposer d'armements lourds et individuels en provenance de plusieurs États africains proches de la France, comme le Gabon* [22]». Mais quels sont les armements au Gabon qui ne sont pas contrôlés par la France ?

Bongo est désormais bien plus que l'hôte d'un ranch à mercenaires ou le concierge d'un arsenal. Après la disparition de l'Ivoirien Houphouët, il est devenu le co-doyen de la Françafrique (avec Eyadéma), sa mamelle préférée et la mémoire de ses coups tordus (depuis le Biafra). Lorsque, régulièrement, il vient occuper une suite à l'hôtel Crillon, le Tout-Paris politique s'empresse de lui rendre visite [23].

De l'Élysée, Jacques Chirac sollicite régulièrement ses avis. Le 4 janvier 1997, il se trouve face à l'échec lamentable de 35 ans de protectorat militaire français en Centrafrique : le pays est pillé et déchiré, une poussée de francophobie provoque la mort de deux soldats français. Que faire ? Selon *Le Canard enchaîné* [24], Jacques Chirac n'a guère pris conseil à Paris, mais téléphoné à son collègue Omar, « *un ami de longue date* », qui « *a témoigné de sa fidélité à nos idéaux communs et à notre engagement commun pour une certaine idée franco-africaine* [25]».

« *Il faut cogner* », dit le parrain africain. Le président français engage alors les troupes françaises dans une action de repré-

---

22. Jacques Isnard, *Des "cobras" très bien ravitaillés en armes*, in *Le Monde* du 17/10/97.
23. Il a ainsi reçu, fin octobre 1996 : Roland Dumas, Lionel Jospin, Laurent Fabius, Michel Rocard, Charles Pasqua et son homme d'affaires libanais Hassan Hejeij, André Tarallo, Philippe Séguin, Jean-Louis Debré, Jean Arthuis, Michel Roussin, Fernand Wibaux (bras droit de Foccart), Alain Juppé, Dominique de Villepin (secrétaire général de l'Élysée), Jacques Toubon, Hervé Bourges. Entre autres. Cf. *Bongo, en cohabitation*, in *La Lettre du Continent* du 07/11/96.
24. Claude Angeli, *Aucun texte n'autorisait l'intervention de l'armée à Bangui*, 08/01/97.
25. Allocution à Libreville, le 22/07/95.

sailles : pour deux Blancs tués, on fera une trentaine de morts noirs, comme au beau temps des colonies. Et les mutins arrêtés sont livrés aux milices adverses... Au niveau du colonel Pélissier, responsable de la communication de l'armée française (SIRPA), la sentence de Bongo devient : « *La France est déterminée à en découdre avec les rebelles*[26]». *Le Figaro* peut titrer, le 6 janvier : « *La France venge ses soldats* ».

Avec la fin de Mobutu, la Françafrique s'accroche à l'émir gabonais comme à une planche de salut. De par son accord de défense avec le Gabon et la présence d'un contingent militaire permanent, elle peut se servir de ce pays pour se mêler de n'importe quelle crise dans le voisinage. Ce fut le cas à Brazzaville, on l'a vu. Ce pourrait être le cas au Congo-Kinshasa. Vers la fin septembre 1998, le ministre de la Défense gabonais Idriss Ngari a été « *très discrètement reçu* [à Paris] *par des officiers supérieurs. Au menu : la situation au Congo-K. Une stratégie commune aurait été élaborée*[27]».

Un ploutocrate bien protégé

Le Gabon est l'un des six pays africains "couverts" par un accord de défense avec l'ex-métropole, depuis août 1960. Les clauses secrètes de ces accords prévoient souvent une protection personnelle des présidents et, incidemment, de leurs régimes. Une sorte d'assurance tous risques. Elle est mise en œuvre de trois manières : la présence de troupes françaises, une garde présidentielle supervisée et choyée par Paris, le nursing des services secrets.

Les troupes françaises au Gabon sont constituées du 6ème bataillon d'infanterie de marine (600 hommes) et d'une compagnie tournante (quatre mois) de l'armée de l'Air[28].

---

26. Cité par Hassane Zerrouky, *Douze morts dont deux soldats français*, in *L'Humanité* du 06/01/97.
27. *Bongo sur tous les fronts*, in *La Lettre du Continent* du 08/10/98.
28. Cf. *Marchés tropicaux* du 02/10/98.

Créée par Bob Maloubier, la Garde présidentielle est commandée par le général français Loulou Martin. Équipée de blindés légers, c'est la meilleure unité combattante du pays [29].

Quant à la DGSE, elle dispose bien évidemment d'un chaperon auprès du président local, de même qu'une forte présence dans ce pays-clef. Elle soigne également sa capacité d'analyse politique, comme en témoigne son ancien directeur Claude Silberzahn. Y compris en soudoyant experts ou journalistes [30]. Surtout, sa vigilance et son action sont doublées (parfois au sens figuré) par le service de renseignement d'Elf :

« Premier président d'Elf, Pierre Guillaumat avait été, durant la guerre, l'un des fondateurs de la Direction générale des services spéciaux (DGSS), avant de devenir, en 1958, ministre de la Défense du général De Gaulle. [...] Dès le début des années 60 [...], il avait doté le secrétariat général du groupe *[Elf]* d'une "*cellule de renseignement*" non officielle [...]. La direction en avait été confiée à Guy Ponsaillé, ancien agent des services spéciaux, [...] chaudement recommandé par [...] Jacques Foccart. Constituée de transfuges de la "Piscine" (le Sdece), du contre-espionnage, voire du Quai d'Orsay, dotée de véritables unités d'action, sous la forme de sociétés de sécurité basées en France et au Gabon, cette structure parallèle devait encore accroître son influence sous la conduite du colonel Maurice Robert, ancien responsable des services secrets en Afrique, puis patron du "SR" ([...] la principale branche du Sdece). [...]

Devenu ambassadeur de France au Gabon en 1978 - Maurice Robert [...] parraina l'entrée à Elf du colonel Daniel [...]. *[Celui-ci]* régnait sur une galaxie de "*correspondants*" plus ou moins honorables, dont on ne sait si elle coopérait ou concurrençait les structures officielles, service dans les "services", comme il y a des "*États dans l'État*" [31] ».

On reviendra sur ce demi-monde des "sociétés de sécurité" et des "correspondants" des services, qu'ils soient "publics" (la DGSE, travaillée par les réseaux) ou "privés" (Elf). Ils sont

29. Selon Philippe Chapleau et François Misser, *Mercenaires S.A.*, Desclée de Brouwer, 1998, p. 161
30. Claude Silberzahn avec Jean Guisnel, *Au cœur du secret*, Fayard, 1995, p. 95-97.
31. Hervé Gattegno, *L'étrange interpénétration des services d'Elf et de la France*, in *Le Monde* du 28/09/97.

truffés de représentants de la droite extrême, de repris de justice, voire de transfuges du terrorisme. Ainsi, lors d'une négociation avec le FLNC-Canal historique, il a été envisagé de "recycler" un certain nombre d'auteurs d'assassinats ou de braquages dans la surveillance des plates-formes pétrolières d'Elf au Gabon[32]. Il faut dire qu'ils ne dépareraient guère dans le paysage gabonais, surinvesti par la Corsafrique (notamment dans les paris hippiques et les casinos).

La gâchette est facile, et les assassinats de gêneurs n'ont pas manqué[33]. Bref, Bongo et le pétrole sont bien gardés.

Après le soulèvement de Port-Gentil, en 1990, il fallut cependant lâcher du lest aux revendications démocratiques. Mais le processus a pu jusqu'à l'automne 1998 être tenu en main. Il suffit d'alterner la corruption d'opposants (en nombre limité du fait de la démographie du pays, qui ne compte guère plus de 700 000 nationaux) et la fraude électorale massive.

Les Gabonais signifient dans les urnes leur rejet du système Elf-Bongo. Mais leur volonté en sort transformée. Lors de l'élection présidentielle de 1993, supervisée par les "coopérants électoraux" du réseau Pasqua, Bongo ne fut pas seulement devancé : il aurait été carrément relégué en quatrième position ! Évincé du second tour, il se proclama vainqueur du premier, avec 51 % des voix...

En 1995, une cinquantaine de cadres et chefs de partis désignés par Bongo furent conviés à Paris à l'hôtel Concorde. "Choyé" par le clan franco-gabonais, cet aréopage convint gaiement d'un nouveau partage du gâteau. Mais cette concorde parisienne resta très étrangère à la majorité de la population, qui vit de plus en plus mal la dégradation économique, sociale et politique[34] de son pays. Officiellement, plus de 60 % des électeurs ont boycotté le référendum du 23 juillet 1995 ratifiant ces "accords de Paris". Officieusement...

---

32. Guy Benhamou, *Ce que François Santoni a choisi de ne pas dire*, in *Libération* du 29/10/96.
33. À commencer par l'opposant Germain M'Ba, cf. Pierre Péan, *L'homme de l'ombre*, op. cit., p. 532-534. Pour le cas de l'entrepreneur Robert Gracia, cf. Pascal Krop, *Le génocide franco-africain*, JC Lattès, 1994, p. 154-157.
34. Comme au Cameroun, il est question de rituels sataniques, voire anthropophages.

Ce n'est pas faute, côté français, de remettre de l'argent public dans le circuit. Mi-1996, Jacques Chirac a "gracié" 400 millions de FF de dettes gabonaises envers la France. Auto-amnistie de financements électoraux ?

Mais les informations qui transpirent de l'affaire Elf, les chiffres faramineux qui transitent sur les comptes suisses du président Bongo [35], exaspèrent une majorité de Gabonais. Qui adhèrent volontiers aux propos virulents de l'écrivain camerounais Mongo Béti [36]:

> « Au Gabon [...], ce ne sont que chaussées défoncées, mouroirs tenant lieu d'hôpitaux, écoles ressemblant à des chenils [...]. Question : où va l'argent du pétrole gabonais ?. [...] Elf [...] ne se contente-t-il pas d'un pourboire dérisoire versé au dictateur local ? ».

Soumis à réélection en décembre 1998, Bongo est furieux du déballage judiciaire parisien. Il en a boudé les obsèques de Foccart. Dans la nuit du samedi 29 au 30 mars 1997, il a passé au président Chirac un long "savon" téléphonique, parlant d'« *atteintes à la souveraineté du Gabon* ». Une première !

La presse est priée de ne pas en rajouter. Le 12 août 1998, le directeur de publication et une journaliste de l'hebdomadaire satirique *La Griffe*, Michel Ougoundou Loundah et Pulchérie Beaumel, ont été condamnés à huit mois de prison pour un article jugé diffamatoire envers le directeur général d'Air-Gabon, René Morvan [37] : ils y racontaient par le détail l'utilisation d'un appareil de la compagnie nationale pour un trafic de défenses d'éléphant.

Mais on ne peut pas faire taire le procureur général de Genève, Bernard Bertossa. Lors d'une émission de la *Marche du siècle*, sur *France 3*, il a laissé entendre que les comptes en Suisse du président Bongo pouvaient avoir servi à blanchir des fonds importants. Lors d'une audience agitée le 26 août 1998,

---

35. Il a admis posséder, à Genève, un compte "Kourtas" qui abrita jusqu'à 303 millions de francs suisses (1,2 milliard de FF). Cf. Hervé Gattegno, *La justice helvétique refuse de lever la saisie d'un compte bancaire du président gabonais*, in *Le Monde*, 06/08/97.
36. In *L'autre Afrique* du 01/04/98.
37. Cf. *Afrique Express* du 10/09/98.

l'avocat des autocrates africains Me Jacques Vergès s'est élevé contre les propos du magistrat genevois : « *Il s'agit d'une offense à chef d'État que mon client, dans sa bienveillance, n'a pas voulu cette fois-ci poursuivre* »[38].

« *Il faut sauver le soldat Bongo* »

L'opposition gabonaise s'est prise au jeu du scrutin présidentiel de décembre 1998. Elle bataille sur un minimum de garanties, au travers d'une Commission nationale électorale bien sujette aux pressions. Si elle gagne son bras de fer, comme a su le faire l'opposition togolaise avec l'appui d'observateurs européens, Bongo sera battu.

Or, il ne manque pas de soutiens inconditionnels à Paris. Plus d'un milliard de FF a transité par les comptes suisses d'Alfred Sirven, pour les bonnes œuvres du groupe Elf. Personnage central de « l'affaire Elf », Sirven a été curieusement bien peu recherché... Il faut dire qu'avec ses fonds pétroliers, il a apparemment beaucoup redistribué en France. Ses comptes en Suisse ont des noms étranges : « *Christophe* », « *Lille* »,... [39]. On n'empêchera pas les mauvais esprits de penser à un Monsieur Afrique ou à l'adresse d'un parti politique...

Bongo est œcuménique : « *J'ai beaucoup d'amis dans la nouvelle majorité* [de gauche]*, mais ne me demandez pas leurs noms* [40]». La consigne est donc générale dans les bureaux des "décideurs" parisiens : « *Il faut sauver le soldat Bongo !* [41]». Avec quels soldats ?

---

38. Cf. *Règlement de comptes suisses pour Bongo*, in *Le Canard enchaîné*, 02/09/98.

39. D'après Hervé Gattegno, *Affaire Elf : un milliard de francs a transité par les comptes suisses de M. Sirven*, in *Le Monde* du 10/07/98.

40. Cité par *Jeune Afrique* du 11/06/97.

41. *Bongo sur tous les fronts*, in *La Lettre du Continent* du 08/10/98.

2. LIAISONS DANGEREUSES AU TCHAD

Déby, le mauvais choix de la DGSE et d'Elf

Des ex-colonies françaises, si l'on excepte le petit Djibouti, le Tchad est sûrement le pays où l'armée française s'est le plus investie. De la conquête contre Rabat à la guerre contre la Libye, en passant par d'incessantes contre-guérillas. Car ce territoire est resté ouvert sur d'autres pays "hors champ" (Soudan, Libye, Nigeria), via des tribus transfrontalières aux traditions guerrières immémoriales. Ces vertus n'ont pas manqué d'impressionner les officiers français - surtout depuis la cuisante défaite infligée en 1987 aux troupes de Kadhafi. La plupart restreignent leur vision du Tchad à un concours de chefs de guerre, les populations rurales du Sud étant réduites à compter et subir les coups. Tandis que les militaires et instructeurs français, toujours aussi nombreux (plus de 500), "assistent" ou "supportent" le vainqueur provisoire.

Nous avons déjà exposé cette logique [1], qui transparaît notamment dans une note sans fard destinée aux services de renseignement [2]. Nous avons aussi conté le passage de kalachnikov, fin 1990, entre Hissène Habré et Idriss Déby. Le premier, trop irritant et trop ostensiblement cruel, a été chassé comme par réaction à un accès de démangeaison. Un officier de la DGSE, Paul Fontbonne, a proposé d'autoriser Idriss Déby, ex-chef d'état-major d'Habré réfugié au Soudan, à balayer l'indésirable. Feu vert immédiat. L'armée française a grand ouvert les portes de N'Djamena à la troupe motorisée du "rebelle" et de sa tribu soudano-tchadienne zaghawa [3], cornaqués par Fontbonne.

---

1. Dans les *Dossiers noirs* n° 3 (*France Tchad, Soudan, à tous les clans*, in Agir ici et Survie, *Dossiers noirs* n° 1 à 5, L'Harmattan, 1996) et n° 8 (*Tchad, Niger. Escroqueries à la démocratie*, L'Harmattan, 1996).
2. Citée dans *Tchad, Niger*, op. cit., p. 16-22.
3. Plus précisément, Idriss Déby fait partie d'un clan, les Bideyat, apparenté à la tribu des Zaghawas.

Le Tchad en quelques chiffres [4]

Superficie : 1 259 200 km²
Population : 6,8 millions d'habitants (1998)
Croissance de la population : 2,5 % par an (1995-2015)
Espérance de vie : 47 ans (1995)
Mortalité des moins de 5 ans : 14,9 % (1996)
Principales agglomérations : N'Djamena, Sarh
Produit national brut (PNB) : 1,1 milliard de $ (1995)
Produit intérieur brut (PIB) : 1 milliard de $ (1995)
Évolution du PIB/hab. depuis l'indépendance : - 0,4 %/an (1960-95)
PIB réel/hab., en parité de pouvoir d'achat : 1 172 $ (1995)
Dette extérieure : 900 millions de $ (1995), soit 81 % du PNB
Aide publique au développement reçue : 305 millions de $ (1995),
     soit 30 % du PNB
Taux d'alphabétisation des adultes : 48 % (1995)
Population ayant accès à l'eau potable : taux inconnu.
Agriculture : 83 % de la population active (1990)
Taux annuel de déforestation : 0,8 % (1990-95)
Monnaie : franc CFA (FCFA). 1 FF = 100 FCFA

Ainsi intronisé, le général Déby a bénéficié quelque temps du lourd passif de son prédécesseur - qu'il avait pourtant férocement secondé lors des massacres du "septembre noir", en 1984. Ses conseillers français purent tenter de lui construire un apparat démocratique à travers une Conférence nationale souveraine (1993), puis une élection présidentielle truquée (1996), avec un impressionnant soutien logistique de l'armée française [5]. Mais rien ne pouvait tempérer l'irrésistible attirance de Déby et de son groupe tribal, les Zaghawas, vers le pillage de l'État, la mise à sac des populations "adverses" (celles du Sud, surtout) et leur "terrorisation". Un cocktail de criminalité économique et politique qui excède désormais les méfaits d'Hissène Habré.

---

4. Cf. *Rapport mondial sur le développement humain 1998* du PNUD, Économica.
5. Cf. Agir ici et Survie, *Tchad, Niger. Escroqueries à la démocratie*, op. cit. On y narrait l'intervention dans ce scrutin d'un spécialiste électoral du RPR, Jérôme Grand d'Esnon. On a appris depuis que ce fonctionnaire parisiano-chiraquien, suspecté d'un emploi fictif par le juge Desmures, avait été en 1995 une « *pièce maîtresse de la campagne présidentielle de Chirac* » (*Le Canard enchaîné*, 09/09/98). Ce dernier n'a donc pas lésiné dans le soutien à l'ami Déby : il lui a prêté son conseiller le plus efficace.

Car une "malédiction" s'est abattue entre-temps sur le Tchad : la proximité de l'exploitation d'un important gisement de pétrole au Sud, dans la région de Doba. Un accord tchado-camerounais prévoit son écoulement par pipeline vers Kribi. Cette perspective agit comme un multiplicateur de prédation et de violence : les couteaux s'aiguisent aux portes de la rente. Du point de vue français, il n'était pas question de laisser l'américaine Exxon mener l'exploitation sans partager avec la compagnie nationale Elf, et sans octroyer aux entreprises labellisées Françafrique une large part des juteux contrats connexes (construction de l'oléoduc et logistique). Début 1993, Elf fait son entrée dans le consortium pétrolier concessionnaire du gisement de Doba. Désormais, elle s'affirme comme le soutien financier du régime Déby ; elle devient aussi son co-tuteur politique [6] avec la DGSE et l'état-major parisien [7]. On peut supposer qu'Elf sait ce qu'elle fait. Elle sait comment fonctionne Déby et le "groupe régnant" zaghawa :

> « Du moment où une communauté d'individus est obligée de se disperser sur des espaces ouverts pour assurer sa survie, elle forme un sous-ensemble incompatible avec l'un des éléments inhérents à la notion d'État tel que le territoire. Du fait justement que la frontière est une idée trop abstraite, et dont le découpage des actuels États africains par les puissances coloniales rend sa conception encore plus insaisissable, elle s'harmonise à merveille avec ce qu'il convient d'appeler l'esprit de bordure. Ce n'est pas le simple fait que des communautés se partagent entre un ou plusieurs États. Il s'agit, pour un groupe établi sur un territoire national donné, de cultiver sa différence de façon permanente par rapport aux autres au point même d'entrer en

---

6. Dans sa "confession" (publiée par *L'Express* du 12/12/96)., l'ancien PDG d'Elf (1989-93) Loïk Le Floch-Prigent est tout à fait explicite : « *Les tâches diplomatiques qui me sont confiées [...], en Afrique [...] sont [...] de m'intéresser à la présence française au Cameroun et au Tchad. C'est la raison pour laquelle Elf entre dans le consortium pétrolier tchadien aux côtés d'Exxon* ».
7. Rappelons qu'en 1985, Idriss Déby a fait un stage à l'École de guerre, à Paris, où il a noué d'utiles contacts. Par ailleurs, comme plusieurs généraux-présidents des néo-colonies françaises, il est affilié à une obédience maçonnique très à droite, la Grande loge nationale de France (GLNF). Il y est le "frère" des ex-ministres de la Coopération Jacques Godfrain et Michel Roussin. Ce dernier étant aussi un ancien haut responsable de la DGSE.

conflit avec eux, et de trouver dans un ou des pays voisins, quelquefois indépendamment de la puissance publique, des appuis ethniques. [...]

Les groupes régnants, qui vivent de ce que fournit spontanément la nature, sont amenés dans le cadre de l'État-nation à entrer en conflit avec le restant de la population. Ce n'est pas fortuitement que ceux-ci, dont la régence dure depuis une vingtaine d'années, se précipitent sur les biens des particuliers et de l'État comme s'il s'agissait du dernier point d'eau dans le désert [8]».

Elf sait que le choix du clan Déby reporte aux calendes grecques la construction d'un État tchadien. Elle sait que l'appât du pétrole, dans une région agricole du Sud, va aggraver les divisions du Tchad (Nord/Sud, musulmans/chrétiens, nomades/agriculteurs [9]). Au risque d'une guerre civile. Mais la préférence d'Elf est claire : il lui paraît plus simple et moins coûteux de payer un garde-chiourme et ses sbires, puis de séduire quelques ténors de l'opposition "raisonnable", que de traiter avec une démocratie balbutiante. Elf adhère sans état d'âme au jugement formulé par la note aux "services" évoquée plus haut : « *Au Tchad où la guérilla est quasiment une tradition et la prise du pouvoir se conçoit par les armes et non par les urnes, seul un régime militaire est concevable* ».

Précarité, pillage, pétrole

Même si la culture du coton, une matière première qui reste très appréciée, avait relevé le niveau de vie de la paysannerie du Sud, la mauvaise gestion du pays, des problèmes fonciers,

---

8. Mand Ryaïra Ngarara, manuscrit d'un livre en préparation sur la politique et l'État au Tchad.

9. Que résume ainsi Robert Buijtenhuis : « *Les populations du Sud* [...] *sont exaspérées par les abus des autorités militaires et administratives qui se conduisent parfois comme en pays occupé, et elles supportent de moins en moins les éternels conflits avec les éleveurs du Nord qui, eux aussi, sont sur les dents. Conjugués à la montée d'un islamisme plus militant et plus menaçant pour les non-musulmans, ces problèmes peuvent très bien mener à des tentatives de séparatisme dans le Sud* » (*La Conférence nationale souveraine du Tchad*, Karthala, 1993, p. 193). Pour une description de ces oppositions, cf. *Dossiers noirs n° 1 à 5*, op. cit., p. 178-182.

de la santé publique et du système d'éducation ont enfoncé le pays dans une précarité bien plus profonde que la modicité de ses ressources : son classement à l'indice de développement humain le fait reculer de 14 places par rapport à son niveau de revenu. L'apport journalier de calories est descendu en dessous de 2 000, l'apport protéique par personne a reculé de 17 % depuis 1970, 45 % des enfants ne sont pas scolarisés, le taux de vaccination contre la rougeole, souvent mortelle, n'est que de 28 %. L'on ne compte que 2 médecins pour 100 000 habitants [10], contre 76 en moyenne dans les pays en développement.

Et pour cause : « *l'État était comme une caravane, assailli et pillé* », selon l'expression de Claude Arditi. Le clan Déby a repris les pratiques prédatrices de son prédécesseur autour de la collecte de l'impôt, d'une douane à tarif "variable", de l'achat des fonctions publiques, des fournitures aux armées, de l'octroi des marchés de l'État [11], de la société nationale Cotontchad, du transport routier, de l'aide internationale [12].

Lorsqu'il fut question de financer le démarrage de l'exploitation pétrolière et la construction du pipeline Doba-Kribi, un conglomérat d'États (Tchad, Cameroun, France, États-Unis) et de majors pétrolières sollicita auprès de l'AID, une filiale de la Banque mondiale vouée au financement des pays les plus pauvres, un prêt ultra-bonifié de 1,2 milliard de FF.

Cette demande ingénue eut un effet détonateur. Une campagne mondiale d'ONG opposées au pipeline, initialement pour des raisons écologiques, n'eut aucun mal à démontrer que les fonds rares de l'AID, réservés en principe à la lutte contre la pauvreté, iraient améliorer les résultats des multinationales et le

---

10. Chiffres de 1995, extraits du *Rapport mondial sur le développement humain 1998* du PNUD, Économica.

11. Un exemple parmi d'autres : la Société nationale d'entretien routier (SNER) appartient à la famille présidentielle. Elle s'arrange fréquemment pour ne pas achever les travaux de réfection avant la saison pluvieuse. Il faut du coup tout reprendre après les pluies. Un bon moyen de ponctionner les rallonges dites « *d'ajustement structurel* » régulièrement consenties pour boucher les trous... du budget de l'État tchadien.

12. Ce paragraphe s'inspire d'un manuscrit communiqué par Claude Arditi.

butin du clan Déby. Dans cette démonstration [13], les ONG furent puissamment aidées par les interventions très documentées du député écologiste de Doba, Ngarlejy Yorongar.

Celui-ci souleva quantité de lièvres :

- une série d'exonérations fiscales et le faible taux des royalties accordées par le consortium réduit à peu de chose la rétribution des Tchadiens, ponctionnés de leur pétrole, envahis de tuyaux et de derricks, menacés d'un désastre écologique (en raison du déversement des eaux dans le bassin du lac Tchad) ;

- le consortium justifie cette faible rémunération par la longueur du pipeline vers le sud-est du Cameroun [14] ; or ce trajet à rallonge est, clairement, un choix politique françafricain [15] ;

- pour cofinancer ce pipeline géopolitique, le Tchad devrait accroître sa dette extérieure de plus d'un milliard de FF ; le consortium et la Banque mondiale, quant à eux, se garantissent sur le pétrole à extraire ;

- sur les sites pétroliers (exploitation, pipeline), les habitants devaient céder leurs maisons, terres et vergers contre des indemnisations ridicules ;

- sur le peu de royalties officiellement accordées, Déby en rend une bonne part aux pétroliers pour qu'ils lui construisent une mini-raffinerie à N'Djamena, et la relient par un ruineux oléoduc au mini-gisement de Sedigui - dont la durée d'exploitation risque de ne pas dépasser dix ans.

Économiquement, cet investissement est une aberration : l'essence reviendra plus cher que celle importée du Nigeria.

---

13. À laquelle concourut en France la campagne *Banque mondiale, pompe A'frique des compagnies pétrolières*, animée par *Agir ici*, les *Amis de la terre* et *Survie*.

14. « *Le Gouvernement de la République du Tchad et le Consortium pétrolier se sont mis d'accord sur le taux de 12,5 % de royalties* [...]. *Ces réductions (par rapport au prix du brut de Brent cité en référence) résultent d'un certain nombre de facteurs dont le coût élevé du transport dû à la nécessité d'un long pipeline* [...] *traversant la totalité du Cameroun* ». (Jean-Pierre Petit, Directeur général d'*Esso Tchad*, réponse du 30/09/97 au député Yorongar).

15. « *Elf entre dans le consortium pétrolier tchadien aux côtés d'Exxon* [...]. *Mon rôle est de persuader les Américains de* [...] [*faire passer le pipeline par*] *la partie francophone du Cameroun* », plutôt que par le trajet direct, en partie anglophone. ("Confession" de Loïk Le Floch-Prigent, in *L'Express* du 12/12/96).

Mais Déby est en train d'"investir" toute sa famille dans la "gestion pétrolière"[16]. Il peut supposer que son gros joujou "raffinera" large. Son neveu Hassane Bakit Haggar a signé avec une société française, pour l'oléoduc Sedigui-N'Djamena et la mini-raffinerie terminale, un contrat estimatif de 160 millions de dollars. Une contre-expertise de la Banque mondiale évalue le coût des travaux à la moitié... Classique surfacturation[17].

Résultat : les Tchadiens auront un crédit sur le dos, la pollution des torchères, de 300 puits et des tuyauteries connexes, plus un éléphant blanc en forme de Centre Pompidou[18] - avant de se retrouver sans le sou, leurs gisements épuisés.

Pour extraire du pétrole, on trouve tout l'argent désirable sur les marchés financiers. Avec 1,2 milliard de FF, on pourrait réduire de manière extraordinaire les principaux facteurs de pauvreté réelle des 7 millions de Tchadiens. Investir la même somme dans la rente pétrolière des États tchadien et camerounais, c'est s'assurer non seulement d'un très faible taux de retour dans la lutte contre la pauvreté, mais surtout d'une recrudescence de la violence politique suscitée par la convoitise de ce pactole[19].

La Banque tenait cependant à ce projet[20], comptant utiliser

---

16. Idriss Déby gère le dossier pétrole avec son frère Daoussa, son neveu Hassane Bakit Haggar, ses oncles Hissein et Tom Erdimi, ses cousins Abakar et Bichara Haggar, etc. Il a envoyé une kyrielle de ses parents en formation "pétrolière" en France, aux USA, en Libye, en Algérie, en Iran, en Irak, à Doubaï...
17. Lettre du député Ngarlejy Yorongar au président de la Banque mondiale, 03/10/98.
18. Éléphant blanc = projet ruineux. Centre Pompidou (Paris) = musée habillé en raffinerie.
19. Nous avons demandé au ministre de la Coopération Charles Josselin, représentant de la France actionnaire à la Banque mondiale, ce que lui inspirait un tel "placement" de la générosité collective des Français (la contribution française à l'AID est comptée en aide publique au développement). Le projet, nous a-t-il répondu, doit permettre au Tchad « *d'accroître très sensiblement ses ressources et de multiplier ses interventions en faveur du développement au bénéfice des populations* [...]. *Le Président Déby est d'ailleurs très sensible à cette approche équilibrée du développement futur de son pays* ». C'est beau comme un derrick !
20. « *Nous pensons, tout comme le gouvernement, que les projets Doba et Sedigui devraient contribuer de façon positive à une stratégie économique globale ayant l'atténuation de la pauvreté comme objectif* », écrivait Serge Michaïlof, directeur des opérations pour le Tchad à la Banque mondiale, dans une réponse du 07/10/97 au

une partie des recettes pour se rembourser de prêts antérieurs (environ 2 milliards de FF). En ce cas le projet serait surtout destiné à éloigner le spectre de la pauvreté... des fonctionnaires et actionnaires de la Banque.

La Françafrique y tient aussi. Les militaires parce qu'ils veulent doubler le pipeline d'une voie pénétrante stratégique vers le Tchad, non loin de la frontière du Centrafrique. Les entreprises parce que leurs gros contrats sur ce chantier, à haut risque politique, bénéficieraient de la garantie du contribuable français, via l'assurance Coface... à condition que la Banque mondiale s'engage [21].

Or le premier résultat des informations distillées par le député Yorongar et de la campagne des ONG a été, via l'intervention de pays comme l'Allemagne, de dissuader la Banque mondiale de faire intervenir l'AID. Quant à prêter sur d'autres fonds, elle ne cesse de différer sa décision - au constat du manque de garanties écologiques et sociales. La nuée de lobbyistes payée par les partisans du projet n'a pas suffi. Le tour de table politico-financier est en suspens, les bulldozers restent en arrêt.

Le groupe Bolloré, par exemple, s'impatiente. Via sa filiale Saga, il a décroché « *le fabuleux contrat de la logistique du matériel d'exploitation du pétrole tchadien et de la construc-*

---

député tchadien Yorongar.

S. Michailof s'était signalé en animant, avec une grande rigueur intellectuelle, le groupe de travail sur la Coopération française qui produisit *La France et l'Afrique, Vademecum pour un nouveau voyage* (Karthala, 1993). La rigueur semble s'être évaporée lors de l'escale à la Banque mondiale. Penser « *tout comme* » Idriss Déby que la « *stratégie économique globale* » menée au Tchad a « *l'atténuation de la pauvreté comme objectif* », cela relève du mirage. Quant au projet Sedigui...

21. C'est au détour d'un article des *Échos* (*Le plus grand pipeline d'Afrique permettra d'évacuer l'or noir du Tchad vers un port du Cameroun*, 04/03/98) que l'on a soudain compris l'insistance française pour un cofinancement par la Banque mondiale : il ne s'agit pas seulement d'augmenter, par des emprunts à taux réduit, les profits de toutes les parties (depuis les compagnies pétrolières jusqu'à Idriss Déby) ; ce cofinancement conditionne l'octroi de la garantie Coface, l'assurance publique aux exportations françaises. Ainsi, Bouygues, Bolloré et consorts pourraient réaliser en toute irresponsabilité politique une part des énormes travaux du pipeline Doba-Kribi, et fournir les prestations liées : si le Tchad explose ou fait banqueroute, les contribuables français paieront... Tant pis pour ceux qui croyaient qu'après les pertes abyssales de la Coface (plus de 100 milliards de FF), on avait mis une croix sur de telles spéculations !

tion du pipeline Doba-Kribi[22]». Saga, c'est l'aventureuse monture de Pierre Aïm - fastueux brasseur d'affaires des présidents Sassou Nguesso et Idriss Déby, entre autres...[23]

On pouvait s'y attendre, l'ire de Déby envers le député Yorongar est décuplée[24]. D'autant que ce dernier accuse Elf d'avoir, en 1995, financé la campagne du président-candidat... et de son "rival" Kamougué - devenu président de l'Assemblée nationale. Tous deux ont assigné Yorongar en diffamation, l'ont fait condamner à trois ans de prison, nonobstant son immunité parlementaire, et l'ont expédié dans la sinistre geôle de N'Djamena, *« un grand mouroir ».* Il y est constamment menacé, comme tant d'autres opposants, d'un empoisonnement ou d'une exécution sommaire *« en cours d'évasion ».*

Triomphalement élu par la « circonscription des 300 puits de pétrole », le député ne refuse pas l'extraction de l'or noir : il exige qu'elle profite vraiment aux Tchadiens, à commencer par ceux qui en subiront les désagréments. L'écrivain camerounais Mongo Béti résume bien le problème[25] :

> « Où a-t-on vu que le pétrole avait jamais été en Afrique noire source de progrès et de bien-être pour les populations autochtones ? Ce qui est arrivé chaque fois, c'est très exactement le contraire : chez nous, qui dit pétrole dit malédiction des populations, dictature, violences, guerre civile. [...].
>
> L'oléoduc, au mieux, servirait à conforter l'emprise des dictateurs sur les populations ; ils auraient plus d'argent, donc plus d'armes, plus de polices, plus de moyens de corrompre. [...] Nous demandons que le consortium, par respect pour une fois de la liberté et de la dignité des Africains, renégocie les modalités de construction de l'oléoduc [...] avec les vrais représentants des populations autochtones. *[Sinon],* nous nous préparons à nous *[y]* opposer par tous les moyens ».

---

22. *Bolloré, le dernier empereur d'Afrique*, in *La Lettre du Continent* du 24/09/98.
23. Par mesure de "sécurité", Bolloré a fait entrer au conseil d'administration de Saga Michel Roussin, ancien haut responsable de la DGSE, puis argentier de Jacques Chirac et ministre de la Coopération.
24. Avant d'être élu, Yorongar a été dix fois arrêté, plusieurs fois torturé et agressé.
25. In *L'autre Afrique* du 01/04/98.

Emprise mafieuse

Une énorme affaire de faux-monnayage portée par des proches du président tchadien Idriss Déby, avec peut-être des ramifications françaises, est venue rappeler que le régime tchadien, avant de se brancher sur le pétrole, l'était déjà sur des réseaux mafieux. Lazare Pedro, un ami togolais de Déby, également introduit dans la classe politique française, a été arrêté en juillet 1998 à Paris en possession d'une incroyable quantité de dinars de Bahreïn. Il apparaît comme l'un des principaux personnages d'une extraordinaire opération de faux-monnayage, ou de blanchiment d'argent noir, s'élevant à quelque 2 milliards de FF.

Les billets sont des faux magistralement imités[26]. Ils viennent d'Argentine, via le Tchad et le Niger (du "frère" Ibrahim Baré Maïnassara). Lazare Pedro aurait expliqué qu'il voulait les déposer à Paris, pour le compte d'un conseiller de Déby, Hassan Fadoul. Deux choses intriguent : comment déposer une telle somme sans complicités (Déby a de proches amitiés dans le gratin françafricain de la politique et des affaires) ? et où est passé le brûlant Pedro ?

N'Djamena est un point de passage de la fausse monnaie (et de la drogue) en provenance du Nigeria. Déjà une banque tchadienne (la BTD) aurait tenté d'escroquer l'émirat de Dubaï avec 200 millions de faux dollars.

Un autre conseiller de Déby, Ahmed Aganaï, a été condamné en Allemagne à 20 ans de prison pour trafic de cocaïne.

Massacres

Ce régime choisi par la France, suspendu à l'aide financière octroyée ou autorisée par Paris, branché sur les trafics França-

---

26. Ou de vrais-faux billets, c'est-à-dire une série imprimée avec l'accord de la Banque centrale de Bahreïn pour solder une vaste affaire de commissions franco-saoudiennes (l'opération « Joséphine », initiée en 1983). Selon l'un des « faux-monnayeurs » arrêtés à Paris, les billets n'auraient été déclarés faux qu'à la suite d'une « *discorde entre des membres de la famille royale saoudienne et l'Émirat du Bahreïn* ». Cf. *Le mystère des faux dinars du Bahreïn*, in *Le Parisien* du 30/09/98.

fricains, militairement instruit et transporté par l'armée française, surveillé par la DGSE, ne se maintient au pouvoir que grâce à la terreur inspirée par une Garde "républicaine" (GR) tribale et une police politique tortionnaire. Les soudards de la GR sillonnent le pays par groupes de 10 à 20 dans leurs Toyota pick-up, à la recherche de proies à rançonner. Au Sud surtout, ils brûlent les villages, violent et massacrent à loisir. Ils n'ont même pas chômé durant la Conférence nationale souveraine, massacrant comme à l'accoutumée à Bongor, Doba, Goré[27] : 246 personnes tuées dans la région des deux Logone en janvier 1993 selon *Amnesty International*.

En septembre 1994, toujours dans le Logone, la Ligue tchadienne des droits de l'Homme dénonce « *72 heures d'expédition punitive et de politique de terre brûlée* ». « *Le bilan des atrocités, des tueries, des pillages en règle et des tortures* » serait « *indicible* ».

> « L'adage suivant lequel "*il faut sans cesse faire sentir à un esclave quelle est sa position*" est systématiquement appliqué envers tous ceux qui ne participent pas au pouvoir : sudistes, baguirmiens et hadjeraïs du Centre, musulmans ou non. La méthode est toujours la même. On envoie des éléments, qui seront déclarés ensuite "*incontrôlés*", provoquer un notable, un intellectuel, un chef de village parent d'un ministre mal vu, un responsable, etc. En général, ils lui demandent sa femme, ses filles ou ses biens. Dès que la personne se rebiffe, on envoie des "*éléments armés*" pour régler l'altercation. En fin de compte, la personne visée est tuée, ses parentes violées et ses biens pillés[28] ».

Ainsi, durant l'été 1995, la GR a tué, près de Moundou, le frère du ministre de la Santé, qui s'opposait au viol de son épouse - alors même que le ministre lançait une campagne de vaccination dans la région.

Au printemps 1996, la Fédération internationale des droits de l'Homme détaillait ce « *régime de terreur* » institué par Idriss

---

27. Claude Arditi, *Tchad : chronique d'une démocratie importée*, in *Journal des anthropologues*, n° 53, 1993-94, pp. 152-153.
28. Témoignage d'un coopérant, 10/95. « Septembre noir » désigne les massacres commis en septembre 1984 par les forces gouvernementales au Sud-est du Tchad.

Déby et son clan, reprochant au régime en place d'« *invoquer le prétexte de la rébellion armée* », inévitable dans ce contexte, « *pour justifier les pires exactions.* [...] *Les cas de viols individuels ou collectifs, de femmes et même de fillettes, se sont multipliés de façon très inquiétante, notamment dans la région des deux Logone* [29]». Le prétexte cache parfois le désir de s'emparer des revenus de la campagne cotonnière...

L'argument a resurgi intensément à l'automne 1997. Au printemps précédent, le régime avait négocié le ralliement des FARF (Forces armées de la République fédérale), la rébellion sudiste de Laoukein Bardé, pressée par la France jusqu'en ses retranchements centrafricains. Contre les promesses habituelles : intégration des combattants dans l'armée tchadienne, et des leaders dans le jeu politique.

Par ce joli coup, Déby se posait en pacificateur. Lionel Jospin le recevait en juin 1997. Il avalisait la « *démocratisation* » du Tchad - que le ministre de la Défense Alain Richard cautionnait en juillet. On "oubliait" qu'Idriss Déby s'était "révélé" en 1979, lors des massacres ethniques de N'Djamena, puis qu'il avait orchestré le tristement célèbre "septembre noir" de 1984, où les *codos* (rebelles) ralliés furent massacrés avec quantité de civils.

Le lifting démocratique n'a guère tenu. Le 30 octobre 1997, Déby envoie ses troupes massacrer les FARF ralliées, dans leur coordination de Moundou. Laoukein Bardé est seul, ou presque, à pouvoir s'échapper. On assassine au passage des personnalités locales, on moleste l'évêque, on enlève des enfants, on tue des parents. Interdits d'inhumation, des corps sont livrés aux cochons [30].

Cinq mille "Gardes républicains" ont répandu la terreur. Avec les gendarmes, formés par des instructeurs français, ils ont poursuivi les assassinats : fonctionnaires, lycéens, passants...

---

29. FIDH, *Situation des droits de l'Homme* au Tchad, printemps 1996.
30. L'AFP (03/11/97) n'a retransmis de ces événements que la version officielle du régime : « *des affrontements* », après une provocation des rebelles. Contrairement à Reuter (dès le 01/11/97).

Les techniques de liquidation n'ont pas changé : supplice de l'*arbatachar*[31], noyade, absorption d'acide ou de soude caustique[32]. Ou la kalachnikov :

« Monsieur Gaston Mbainaïbey est le chef de canton de Goré, dans la région du Logone occidental. Au début du mois, il reçoit une convocation du sous-préfet de Benoye pour le 11 mars 1998. La convocation précise qu'il doit être accompagné des quinze chefs de village de son canton. Gaston Mbainaïbey les prévient et, au jour dit, le 11 mars, tous sont autour de lui, attendant Monsieur le sous-préfet. [...] Au lieu du préfet attendu, ce sont trois véhicules militaires qui surgissent. Commandés par le capitaine Félix Tetangar, un ex-rebelle récemment rallié, les soldats embarquent aussitôt les chefs au bord du fleuve Logone, les lient les uns aux autres par une corde et les fusillent. Gaston Mbainaïbey, épargné, doit assister à l'exécution de ses amis. Leur forfait accompli, les militaires reconduisent chez lui le chef de canton, l'installent sur son siège traditionnel et le passent par les armes ![33] ».

Cet épisode suivait la prise de maquis du docteur Mahamout Nahor, ancien médecin-chef de l'hôpital central de N'Djamena (mais aussi neveu d'Outel Bono, une grande figure politique du Tchad, assassinée à Paris par la DGSE le 26 août 1973[34]). Écœuré par les exactions du pouvoir et leur impunité, il enleva quatre Français et prit le maquis, le 10 février 1998. Il voulait attirer l'attention sur la complicité de la France dans la prolongation du régime Déby. La chasse fut sanglante. Bien traités, les otages ont été vite libérés, avec consigne de ne rien dire[35].

---

31. « *La banalisation de la torture au Tchad, et notamment le recours à l'*arbatachar *- méthode qui consiste à lier les bras et les jambes de la victime dans le dos, provoquant des douleurs extrêmes, des blessures ouvertes, et parfois la gangrène -, est telle que cette méthode est considérée comme un acte tout à fait normal.* ». (*Amnesty International*, rapport du 10/09/96 sur le Tchad).
32. Cf. *Rapport d'enquête du collectif des associations des droits de l'Homme dans le Logone occidental*, in *N'Djamena Hebdo* du 20/11/97.
33. André Barthélémy, *Tchad : la mort des chefs de village*, in *La Lettre du mois d'Agir ensemble pour les droits de l'Homme*, 04/98.
34. Cf. F.X. Verschave, *La Françafrique*, op. cit., p. 155-171.
35. Chaperonnés lors de leur retour en France, ils ont été privés de contacts avec la presse régionale. « *Ont-ils vu ce qu'ils ne devaient pas voir* [...] *?* », s'est interrogée *L'Alsace* (12/02/98).

Mais les "ratissages" ont fait 57 victimes, en majorité des civils, et le docteur Nahor a disparu. Il est à redouter que cet avertissement n'annonce d'autres réactions, beaucoup plus exaspérées et radicales, à la mainmise française sur le destin politique du Tchad. Pour tous ceux qui le connaissaient, le docteur Nahor était un homme paisible... Comme son oncle.

Semant la haine ethnico-religieuse dans le Sud chrétien et animiste, le régime a poussé la "logique" jusqu'à fournir des armes de guerre aux commerçants musulmans de Moundou...

Autre symptôme d'un effondrement de l'État de droit, l'ordre donné le 14 novembre 1996 par l'exécutif tchadien à la gendarmerie - formée par des instructeurs français : « *Aucun voleur ne doit faire l'objet d'une procédure quelconque. En cas de flagrant délit, procéder immédiatement à son élimination physique* ». Ordre exécuté à plusieurs reprises, y compris sur une femme enceinte et un élève. Ordre justifié par le chef de l'État et le Premier ministre au prétexte d'une justice impuissante et corrompue [36] ! Avant d'être rapporté sous la pression internationale, et même française : il est des comportements qui ne s'affichent pas [37].

C'est le cas des agissements de la police politique, l'ANS (Agence nationale pour la sécurité). Nombre d'agents de l'État ayant ordonné des exécutions sommaires sous Hissène Habré ont été maintenus ou réintégrés à des postes de responsabilité sous Idriss Déby. Malgré les changements d'appellation, les structures et les "méthodes de travail" n'ont guère changé. Juste un peu plus d'apparente anarchie : à N'Djamena, des éléments de l'ANS, renforcés par des mercenaires soudanais, patrouillent

---

36. D'après Marie-Laure Colson, *Tchad : mort aux voleurs*, in *Libération* du 10/01/97.
37. Interrogé le 16 janvier 1997 lors du cycle de débats sur la coopération organisé par l'Observatoire permanent de la coopération française (Cf. OPCF, *La coopération française en questions*, BPI Centre Georges Pompidou, 1998), le général Rigot, chef de la Mission militaire de coopération, a dû admettre qu'un tel ordre était incompatible avec la poursuite du travail des instructeurs français...

le soir dans certains quartiers et passent à tabac les malheureux promeneurs qui leur tombent sous la main[38].

À part ça, le Quai d'Orsay déploie depuis des années des trésors de lobbying pour épargner au cher Déby la sollicitude de la Commission des droits de l'Homme de l'ONU.

Exportation de savoir-faire

Autant que de besoin, Idriss Déby n'hésite pas à prêter sa soldatesque pour aider son "frère" et voisin nigérien Ibrahim Baré Maïnassara à réprimer les rebelles toubous, aux confins du Niger, du Tchad, du Nigeria et du Cameroun - sous les ordres ou le contrôle d'un colonel français[39]. Mi-1997, les troupes tchado-nigériennes ont rasé le village de Danjouma, faisant 29 morts selon la presse nigérienne (qui fait de la résistance).

Cette même soldatesque tchadienne constituait la moitié des 800 hommes de la Misab (Mission interafricaine de surveillance des accords de Bangui), en Centrafrique. Elle a vite donné de cette Misab l'image d'une milice partisane, partant massacrer des civils (une centaine au moins, du 21 au 27 juin 1997) dans les quartiers "mutins". Les contingents plus maîtrisés d'autres pays francophones ont subi cette image.

La Misab était épaulée dans cette "démonstration" par l'artillerie et la logistique française. Avant d'être félicitée par le ministre français de la Défense, Alain Richard : « *Elle a fait ses preuves en matière de contrôle de terrain*[40] ».

D'autres commandos tchadiens à toute épreuve pouvaient, durant l'été 1997, rejoindre les miliciens "Cobras" de Denis Sassou-Nguesso et se mêler au Congo-Brazzaville d'une guerre civile à fort relent ethnique[41]. Dans un plan de bataille délicatement appelé *Colombe*, ils ont pour mission de « *repérer et*

---

38. Témoignage en provenance de N'Djamena, 13/06/96.
39. Cf. *Opération "Épervier" bis*, in *Alternative* (Niamey) du 15/07/97.
40. Interview à *Libération* du 04/08/97.
41. Cf. infra, chapitre II. 2, *Main basse sur Brazzaville*.

écraser les différents groupes [...] *qui représentent le fer de lance du pouvoir déchu* [42]». Selon des informations recoupées, ce corps expéditionnaire tchadien aurait été transporté par des avions français, au départ d'Abéché.

L'autre Congo, maintenant. Selon *Africa Confidential* [43], « *au plus fort de la guerre menée contre Mobutu* [en 1996-97], *le président Déby, avec les encouragements de l'Élysée, a fait parvenir des armes de fabrication chinoise fournies par la Libye et le Soudan aux mobutistes* ». Puis, à l'instigation de son mentor le général Jeannou Lacaze (également conseiller de Mobutu et d'Eyadéma), il a accueilli plusieurs généraux mobutistes.

Cela ne l'a pas empêché, fin septembre 1998, d'assurer de son « *soutien inconditionnel* » le tombeur de Mobutu, Laurent-Désiré Kabila - lequel venait d'employer un langage d'extermination raciale contre une nouvelle rébellion et de s'allier ouvertement aux forces génocidaires du *Hutu power* rwandais.

Bref, les trafics d'armes et les soudards si bien rodés dans les guerres civiles du Tchad, ouvertes ou larvées, sont mûrs pour toutes les bonnes causes. On peut observer qu'elles rejoignent, ou anticipent, celles de la Françafrique.

Et Paris qui bat la mesure... [44]

Il arrive certes aux décideurs politiques parisiens d'être déroutés par l'allié-client tchadien, et ne plus savoir comment le traiter. Mais Elf, on l'a dit, a mis dans le pétrole de ce pays des billes qu'il n'aimera pas perdre. Et l'état-major le considère toujours comme un bastion essentiel de la présence française en Afrique. De surcroît, l'implosion de l'État centrafricain a contraint l'armée française à quitter ses bases stratégiques de

---

42. Compte-rendu secret confidentiel, adressé par le chef d'état-major congolais Yves Motandeau-Monghot, en date du 26/03/98.

43. *Centrafrique/Congo-K. Encore des "Contras"*, 23/02/98. Cf. aussi *La Lettre du Continent* des 9 et 23/01/97.

44. *La valse à mille temps* de Jacques Brel renvoie à une exception culturelle française plus sympathique que son exception néocoloniale, la noce indéfinie avec les dictateurs.

Bouar et Bangui, et à se replier sur son dispositif tchadien. Lequel, renforcé, est devenu le pivot des possibles interventions militaires françaises dans les troubles du golfe de Guinée et de l'Afrique centrale. Ainsi, plus que jamais, « *le Tchad doit être maintenu dans le bloc français comme la Tchécoslovaquie devait l'être dans le bloc soviétique* [45]».

On fait donc jouer à plein les accords de coopération militaire signés en 1976, renforcés ensuite, contre les ambitions libyennes, par le dispositif *Épervier*. La Garde républicaine a bénéficié d'instructeurs et d'encadrants français [46]. C'est au tour de la gendarmerie.

On continue de conseiller les troupes et les "services". On transporte, par hélicoptère ou par avion. On tente, indéfiniment, de réduire des effectifs trop nombreux, d'en démobiliser une partie, moyennant pécule. Mais les bénéficiaires n'envisagent guère d'autres occupations que celle des armes...

> « Malgré ces déconvenues *[dans la réorganisation des troupes de Déby]* [...] les militaires français au Tchad, plaident pour la poursuite de l'assistance. [...] Ils souhaitent que la France ne soit pas amenée à se retirer [...]. À N'Djamena, les hommes de la mission d'assistance et ceux d'"Épervier" veulent croire que l'histoire de l'armée française au Tchad n'est pas finie [47]».

À Paris, ce que « *souhaitent* » les officiers qui passent ou sont passés au Tchad (un lobby considérable) est perçu comme un ordre. *Amnesty International* objecte :

> « Les autorités françaises affirment [...] que leur mission est de restructurer les forces de sécurité tchadiennes. Cependant, [...], au cours de la période étudiée *[04/95-09/96]*, des exécutions extrajudiciaires, des viols, des arrestations arbitraires accompagnées de torture se sont poursuivis. Les autorités françaises ne peuvent pas ignorer que les véhicules tout-terrain, le carburant, les moyens de

---

45. Jean-Pierre Magnant, in *États d'Afrique noire*, Jean-François Médard éd., Karthala, 1991, p. 180.

46. Cf. Tibe Kalande, in *Non-Violence Actualité*, 11/94.

47. Thomas Sotinel, *Au Tchad, les soldats français participent à la réorganisation de l'armée comme au processus de démocratisation*, in *Le Monde* du 10/06/96.

transmission et les menottes livrés au titre de l'AMT *[Assistance militaire technique]* ont été détournés de leur fonction initiale pour exécuter et torturer. [...]

Manifestement, dans le cadre de l'AMT, la question des droits de l'Homme n'a pas sa place. Cela a été confirmé à la délégation d'Amnesty International à N'Djamena en avril 1996 par les autorités françaises qui ont affirmé que ce sujet n'était pas traité par ses instructeurs [48]».

Des massacres du « septembre noir » de 1984 à ceux de l'automne-hiver 1997-98, c'est l'armée française qui assure la logistique, comme on dit pudiquement, c'est-à-dire amène les tueurs à pied d'œuvre. Puis les instructeurs ou autres conseillers qui accompagnent cette troupe « regardent ailleurs » - comme nous en avons encore, récemment, eu confirmation. *Le Monde* nous signale également que, lors du massacre de Moundou le 30 octobre 1997, un détachement de militaires français, tout proche, « *est resté stationné* [49]».

On songe à deux observations de Jean-François Bayart :

« *[En 1990]*, à l'état-major du président de la République et au ministère de la Défense, l'approche classique des troupes de marine *[RPIMa]*, favorable à une instrumentalisation de l'ethnicité au service de la coopération militaire, dans la plus pure tradition coloniale, continuait de l'emporter *[à propos du Tchad]*. Ancien responsable de l'opération Manta, le général Huchon était le porte-parole de cette vision, qui devait également jouer un rôle crucial dans la crise concomitante du Rwanda [50]».

« Tous les signes annonciateurs *[du génocide]* sont passés à la machine culturelle [...], les faits ont été soit tus soit déformés. On peut en donner pour exemple l'accueil du rapport de mars 1993 qui apportait des éléments d'information extrêmement précis sur les massacres [51]. Il

48. Amnesty International, Rapport du 10/09/96 sur le Tchad.
49. Thomas Sotinel, *Au Tchad, les rebelles du Sud rendent les armes*, in *Le Monde* du 23/05/98.
50. Intervention au Colloque sur *La politique extérieure de François Mitterrand* (Paris, 13-15/05/97).
51. *Rapport de la Commission internationale d'enquête sur les violations des droits de l'Homme au Rwanda depuis le 1er octobre 1990 (7-21 janvier 1993)*, FIDH, Africa Watch, etc., mars 1993.

est évident que les militaires français étaient au courant, les tueurs partaient des casernes et les Français conseillaient l'armée rwandaise. On ne peut pas penser que les conseillers militaires étaient satisfaits de ces tueries, mais ils les ont tues, ou camouflées. Ces informations, on les détenait mais elles ont été passées dans la moulinette de notre représentation et les gens qui tenaient un autre discours étaient suspects, c'était les gauchistes de la FIDH ou bien, encore plus grave, c'était des Anglo-Saxons d'Africa Watch [52]»

Pour la note de synthèse adressée à la DGSE, tout ça n'est pas bien grave. Certes, il s'agit d'« *un régime typiquement féodal basé sur la solidarité clanique et la vassalisation de représentants de chaque ethnie par un mélange de peur et de corruption* ». Certes, « *la population semble exaspérée par le pouvoir actuel* [...] *par le comportement des "combattants". Mais existe-t-il un pays africain* [...] *où le pouvoir ne soit pas vilipendé par les populations ?* [53]»

Pour le gouvernement français de gauche plurielle, issu des élections du printemps 1997, tout cela paraît aussi secondaire. Dès le 30 juillet 1997, le ministre de la défense Alain Richard annonçait son grand dessein pour le Tchad :

« La France [...] a jugé utile de consolider son implantation à N'Djamena [...] qui permet des mouvements rapides vers les différents lieux où l'intérêt de la France s'avère nécessaire. C'est pourquoi, le site de l'Opération Épervier sera maintenu, consolidé et renforcé en compagnie de combat [54]. [...]

Le choix de N'Djamena comme base aérienne française a pour objectif l'efficacité militaire d'abord et ensuite le soutien au président Déby dans ses efforts dans la consolidation de la paix civile, le développement démocratique et le renforcement économique du pays ».

Autrement dit, on choisit N'Djamena parce qu'on en a besoin comme porte-avions de l'interventionnisme militaire français en

---

52. Extraits d'un entretien du 15/03/95, in *Les politiques de la haine - Rwanda, Burundi 1994-1995, Les Temps Modernes* n°583, 07/95.
53. *Tchad, Niger. Escroqueries à la démocratie*, op. cit., p. 21-22.
54. Rappelons que le programme électoral du Parti socialiste, publié trois mois plus tôt, prévoyait le fin du dispositif *Épervier*.

Afrique centrale[55], et on maintient Déby parce que son régime apparaît comme le meilleur garant de la présence française à N'Djamena.

Car question « *paix civile, développement démocratique et développement économique*[56] », les Tchadiens sont servis...

Après quelques nuages dus à divers intrigues et coups tordus, le chef d'état-major de l'armée française, le général Jean-Pierre Kelche, s'est rendu à N'Djamena début septembre 1998, pour verrouiller le dispositif *Épervier* revu et augmenté. Idriss Déby s'offusquait que les forces françaises ne s'impliquent pas davantage dans la répression du Sud tchadien. Qu'à cela ne tienne : selon *Le Monde*, « *l'armée française s'impliquera davantage* [...] *dans l'assistance logistique auprès de l'armée nationale tchadienne* ». On a vu ce que cela signifiait, tant en disponibilité interne qu'externe...

La France devait aussi livrer des véhicules et autres moyens de communication à la GNNT (Garde nationale et nomade du Tchad), qui se signalait par ses exactions. Suspendue après le massacre de Moundou, cette livraison devrait être débloquée, selon *N'Djamena Hebdo*. La GNNT pourrait ainsi plus rapidement semer la terreur.

Le général Kelche était censé « *préparer* » la visite du ministre de la Coopération Charles Josselin. Il bouclait en fait le dossier, car au Tchad, depuis un siècle, l'armée française précède, dans tous les sens du terme, le pouvoir civil.

Fort civil, justement, le ministre a pris la peine avant son départ d'écouter longuement les ONG. Elles lui ont démontré l'impossibilité, en l'état, d'une coopération honorable avec le régime Déby.

---

55. Voire « *la plaque tournante de la présence militaire française en Afrique* » (Jacques Isnard, *Le Tchad restera au centre du dispositif militaire français en Afrique*, in *Le Monde* du 10/09/98).
56. Lionel Jospin avait précédé son ministre. Recevant Idriss Déby le 3 juillet, il déclarait que le Tchad « *est aujourd'hui dans une situation de stabilité, de progrès vers la démocratie* ».

Communiquant au conseil des ministres du 16 septembre le résultat de son très bref voyage, Charles Josselin indiquait que le dispositif Épervier n'était pas remis en cause et que « *l'examen des projets de coopération militaire* [...] *ne soulève pas de difficulté particulière* »... Certes, ajoutait le ministre, la lourde condamnation du député Yorongar est un « *facteur de tension* ». Car il faut « *que les autorités tchadiennes nous aident à défendre leurs dossiers* »... En mai 1994, c'est un langage similaire que tenait le général Huchon à l'émissaire des FAR, l'armée génocidaire du Rwanda : aidez-nous à vous aider, en étant plus présentables aux yeux de notre opinion publique.

Sinon, pour Charles Josselin, « *cette visite s'est déroulée dans un climat détendu. Elle aura sans doute contribué à rasséréner nos relations avec ce pays* ». D'ailleurs, « *il vaut mieux, vis-à-vis des États* » qui violent les droits de l'Homme, « *une présence critique qu'une absence moralisatrice.* [...] *Notre volonté de partenariat avec les Africains autorise cette politique de franchise* [57]».

Si certains à Paris ont quelques velléités de débarquer Déby [58], ils butent sur un axiome : la France doit conserver la maîtrise du Tchad, donc de l'alternative au tyran actuel. Selon le schéma géopolitique dominant, le successeur doit être agréé par la Libye et, surtout, par le Soudan : ces pays risqueraient sinon de déclencher des manœuvres hostiles [59]. Prévenir ces manœuvres est d'ailleurs l'une des raisons de l'alliance Paris-Khartoum.

Et si, simplement, on laissait le problème du Tchad aux Tchadiens, comme ils le réclament presque unanimement ? Et de moins en moins poliment. Attendra-t-on que ça dégénère ? Certes, changer de politique française au Tchad signifierait une

---

57. Interview à Radio Notre-Dame, citée par *La Croix* du 19/09/98.
58. Ceux par exemple qui, au Parti socialiste ou ailleurs, s'intéressaient au Dr Nahor.
59. « *Quelques centaines d'hommes basés au Darfour et équipés avec des Toyota peuvent monter une attaque contre N'Djamena et renverser le régime* », expose un responsable français (*France and Soudan. What a murky Deal* (*The Middle East*, 02/95).

« révision stratégique déchirante ». Mais il vaut mieux quelques blessures conceptuelles ou d'amour-propre qu'une sanglante impasse.

3. DJIBOUTI L'INABOUTIE

Stratégique, disent-ils

Le territoire de Djibouti est un comptoir entouré d'un bout de désert, colonisé et délimité en 1896 sous le nom de Côte française des Somalis. Ce petit pays de 600 000 habitants n'a accédé à l'indépendance qu'en 1977. Il tourne autour du port du même nom, base militaire, logistique et commerciale à l'évident intérêt stratégique : face au détroit de Bab-el-Mandab, il contrôle l'accès des pétroliers au canal de Suez ; il recèle d'importantes ressources minérales et géothermiques ; il est la tête de ligne d'un chemin de fer et le terminus d'une route ouvrant sur l'Éthiopie - un pays cinquante fois plus vaste et cent fois plus peuplé que Djibouti.

L'Éthiopie est privée de toute façade maritime depuis l'accès à l'indépendance de l'Érythrée. L'ex-comptoir français est devenu pour elle un débouché d'autant plus essentiel qu'une guerre s'est rallumée avec l'Érythrée, précarisant l'accès (plus direct) au port d'Assab. Dès lors, Addis-Abeba se pose en grand frère sourcilleux, doublant la tutelle très serrée que continue d'exercer la France. Ou plutôt son armée.

Car, sous les képis de l'état-major parisien, Djibouti demeure perçue comme un enjeu stratégique : avec 3 000 hommes, elle va rester la première base de l'armée française en Afrique, son principal relais vers le Moyen Orient et l'Océan Indien, un lieu de carrière exotique et accélérée [1]... et même un terrain d'entraînement à bombes réelles pour ses avions [2]. C'est un pays plus facile à gendarmer que le grand Centrafrique, où pour cause d'"anarchie" les militaires français ont dû fermer leurs bases, et

---

1. L'actuel chef d'état-major Jean-Pierre Kelche (11/98), passé par Djibouti, est un exemple vivant de cet effet accélérateur.
2. A une dizaine de km au nord d'Obok. On y aurait même testé des bombes à effet de souffle, tuant du bétail, asphyxiant quelques vieillards et traumatisant des enfants. La population locale peut moins se faire entendre à Paris que les paysans du Larzac...

que le Tchad où ces bases ont été transférées. Cela justifie que l'on choisisse un relais local efficace, un tyranneau qui, avec son clan, "tienne la baraque". Dût-on fermer les yeux sur ses méthodes dictatoriales, sur la corruption et la criminalisation croissantes, sur le délabrement de l'État. Et sur l'ethnisme en dérivatif ultime. En "compensation", les dépenses de l'armée française représentent plus de la moitié du PIB djiboutien (une donnée que les statistiques de l'ONU laissent en pointillé...).

Cet argent-là ne profite pas à tout le monde. L'apport calorique par habitant, très faible, a baissé depuis l'indépendance. Et la ration quotidienne de protéines, descendue à 39 grammes, est la plus maigre du monde après le Mozambique et l'ex-Zaïre.

Autocratie et apartheid

Il était difficile à la France, au milieu des années soixante-dix, de conserver ouvertement une colonie en Afrique. Aussi poussa-t-on vers l'indépendance formelle, le "Territoire des Afars et des Issas". Comme son nom l'indique, ce territoire est habité par deux ethnies principales : les Afars, une population autochtone plutôt urale, et les Issas, des Somalis cousins de

---

3. Cf. *Rapport mondial sur le développement humain 1998* du PNUD, Économica.

ceux d'Éthiopie et de Somalie, venus progressivement s'établir dans la ville de Djibouti. Cette bipartition aurait exigé un pouvoir partagé. Mais celui que l'on avait promu leader des Issas, Hassan Gouled Aptidon - grand ami d'une partie de la classe politique française, et de François Mitterrand en particulier -, inaugura l'indépendance en 1977 par un coup de force. La Chambre des députés, présidée par le leader afar Ahmed Dini, l'élut consensuellement président de la République. Le poste de Premier ministre devait revenir à Dini. Or Gouled accapara aussi les fonctions de chef du gouvernement. Il légiféra par ordonnances, et refusa pendant quinze ans de promulguer une constitution. La France cautionna la marginalisation des afars et l'installation d'une hégémonie issa - ou plutôt celle des Mamassanes, le clan de Gouled. L'opposant Mohamed Kadémy résume parfaitement l'effet de cette domination interminable :

> « À l'heure actuelle, on parle beaucoup d'intégrisme religieux ; mais il n'y a rien de pire que l'intégrisme clanique. Il n'offre pas à autrui la possibilité de se convertir. À partir du moment où vous êtes né de l'autre côté, c'est définitif. Il est exclusif et destructeur. Seulement, lorsque l'on commence à détruire les autres, on se détruit soi-même ».

Bien entendu, les Afars étaient plus « détruits » encore, au sens figuré et parfois au sens propre, que les Issas non-Mamassanes. Après 14 ans de répression anti-afar et de torture banalisée [4], Ahmed Dini crée un Front pour la restauration de l'unité et de la démocratie (FRUD). Avec 10 000 combattants, essentiellement afars, il conquiert 70 % du territoire et s'apprête à conquérir la capitale. Me Antoine Comte, que la défense des victimes de la répression à Djibouti a familiarisé avec ce pays, résume la suite des événements :

> « L'armée française s'interpose, au nom d'intérêts prétendus humanitaires - aller porter de l'eau, des aliments, des médicaments aux

---

4. Quelques mois après l'indépendance (juin 1977), Me Antoine Comte reçoit des appels à l'aide : « *Nous arrivons à Djibouti pour y découvrir que, pendant que les opposants sont torturés, les gendarmes français dressent les procès-verbaux dans les règles de l'art* ». *De Kigali à Djibouti*, in *Maintenant*, 08/02/95.

populations qui sont derrière la ligne de la guérilla -, mais elle poursuit en réalité un but totalement militaire. À l'abri de cette espèce de "ligne Maginot nouvelle manière", l'armée djiboutienne recrute en Somalie de nombreux mercenaires et quadruple ses effectifs *[jusqu'à 20 000 hommes]*. Mais, à la fin de l'année 1992, cette interposition cesse miraculeusement, alors que les conditions objectives qui avaient justifié sa mise en place n'ont pas cessé. Se produit alors une offensive de l'armée régulière qui, compte tenu de son renforcement, balaye la guérilla et la repousse vers l'Éthiopie.

[Hassan Gouled songe enfin à mettre en place une Constitution, ultra-présidentielle. Il organise des élections truquées, et procède à] un véritable génocide tribal. Les gens sont massacrés par centaines, repoussés dans le meilleur des cas vers les frontières érythréennes, le régime dictatorial ayant toujours prétendu que le FRUD n'était pas djiboutien. La répression est féroce : des témoignages de députés de la majorité attestent que les routes sont jonchées de cadavres. À travers cette opération militaire, on cherche à liquider une fois pour toutes l'opposition dans ce pays [5], et celle-ci étant en grande partie afar, à exterminer cette ethnie [6]».

Tout ceci en présence de 5 000 soldats français d'élite, et parfaitement opérationnels - mais qui remisent leur propension "militaro-humanitaire" dès lors qu'un "protégé" de la France a des envies de nettoyage ethnique. Moins passivement, d'ailleurs, l'état-major tricolore à Djibouti renseignait le régime sur les positions du FRUD et dressait les plans de reconquête.

Notons que parmi les mercenaires recrutés par le clan Gouled, on comptait déjà des Serbes. Le considérable effort de guerre du président fut financé par les pétrodollars des monarchies du Golfe et le détournement des taxes portuaires. Pendant ce temps, l'aide publique au développement française assurait les fins de mois de l'État djiboutien.

---

5. Le 23 mai 1997, à Londres, la France a proposé que cette remarquable armée djiboutienne - qui, durant l'offensive anti-FRUD, fit preuve de tant de "retenue" à l'égard des populations civiles (elle a aussi commis de nombreux viols) - fournisse l'un des premiers contingents d'une future force interafricaine de paix (*Libération*, 06/06/97).
6. *De Kigali à Djibouti*, in *Maintenant* du 08/02/95. Texte déjà cité in *Dossiers noirs n° 1 à 5*, op. cit., p. 257-258. Même les *Nouvelles de la francophonie* (04/95) ont parlé, à propos de ces massacres, de « germes de génocide ».

En France, on parla fort peu à l'époque de la glorieuse manœuvre, en deux temps (interposition, puis éclipse) de l'armée française. Celle-ci, il est vrai, ne jugea pas utile d'inviter autant de journalistes que pour l'opération Turquoise... Plus généralement, elle semble avoir les moyens de faire respecter un théorème : le traitement d'un pays africain par les médias français est inversement proportionnel au nombre de militaires tricolores durablement stationnés dans ce pays.

Pour parfaire le black out, les ONG françaises sont dissuadées d'intervenir à Djibouti, alors qu'y abondent misère et pénuries. De même, les avocats français sollicités par les opposants et victimes du régime sont désormais refoulés. Y compris Me Arnaud Montebourg, pourtant député et président du Groupe d'amitié parlementaire France-Djibouti[7] !

Faux dollars et fausse paix

Plus une dictature vieillit, plus sa clientèle s'épaissit. Son train de vie augmente, et donc sa boulimie financière. Non content de garder par devers lui le produit des taxes sur le considérable transit éthiopo-djiboutien (troquée pour l'essentiel contre des armes et de l'équipement militaire éthiopiens), le clan au pouvoir s'est lancé dans toutes sortes de trafics.

C'est peut-être pour les avoir approchés de trop près que le magistrat français Bernard Borrel, coopérant judiciaire à Djibouti, a été étrangement "suicidé" le 19 octobre 1995. Il était de ces coopérants qui croient à ce qu'ils font - aider en l'occurrence au renforcement d'un État de droit. Mais Djibouti n'en est pas un. Le "porte-avions" français se double d'un petit Panama. Le magistrat s'est retrouvé plongé dans un concentré de Françafrique : rivalités claniques locales sur fond d'opposition franco-américaine, excroissance des "services", "coopérants" hors-la-loi, Corsafrique casinotière, blanchiment d'argent sale, trafics de drogue et de faux-dollars, pédophilie et meurtres d'enfants.

---

7. Cf. Ghislaine Ottenheimer, *Le débouté de Djibouti*, in *L'Express* du 16/10/97.

La raison d'état-major tient Djibouti sous tutelle. Pour faire croire au "suicide" du juge trop consciencieux, elle a opéré tous les faux et manipulations nécessaires. Au point, un temps, de faire douter l'épouse, Élisabeth Borrel, elle-même magistrat. Mais celle-ci est passée à la contre-offensive. Avec l'appui opiniâtre de la députée Yvette Roudy, elle a fini par obtenir la réouverture du dossier de la disparition de son mari [8].

Pendant ce temps, à Djibouti, la liste des prisonniers politiques ne cesse de s'allonger. Ils sont détenus dans des conditions épouvantables. Mi-1998, l'un d'eux est mort d'une grève de la faim pour qu'elles soient améliorées [9]. Tous les efforts d'organisation de la société civile, notamment des enseignants, sont sabotés, les leaders menacés, arrêtés, ou contraints à l'exil.

En même temps, à travers le ralliement de quelques personnalités du FRUD, le pouvoir et ses relais extérieurs tentent d'accréditer la fin des hostilités. Il est vrai que l'Éthiopie, qui a pris le parti de (sou)tenir fermement le régime Gouled, n'hésite pas à lui livrer les opposants, ni même à combattre la rébellion en territoire djiboutien. Mais on voit mal comment pourrait durer une "paix" excluant tous ceux qui n'appartiennent pas au clan dominant et refusent la logique clanique.

Finalement, la base militaire de Djibouti s'apparente à un gisement de pétrole : c'est une rente étrangère dont la convoitise stimule la criminalité économique et politique. Telle Shell au Nigeria ou Elf au Congo-Brazzaville, l'armée française n'envisage pas de se passer de son "gagne-pain", quitte à valider toutes les dérives d'une dictature cliente.

Tout cela béni par le ministre des Affaires étrangères Hubert Védrine : « *Par l'aide qu'elle accorde à ce pays, la France entend œuvrer en faveur de la paix et du développement* [10]».

---

8. Cf. Mehdi Ba, *France-Afrique, La coopération empoisonnée*, in *Le Nouvel Afrique-Asie*, 07/97. Remontée contre les forfaitures qu'elle a subies, Élisabeth Borrel préside désormais l'*Association d'aide et de soutien aux victimes d'infractions commises à l'étranger, à leurs familles et amis* (AASVIEFA, 4 rue V. Déqué, 31500-Toulouse). Car il ne manque pas de cas similaires. Avec Éva Joly et Laurence Vichnievsky, les femmes magistrats s'avèrent de redoutables adversaires de la criminalité françafricaine.
9. Cf. Jean Chatain, *Djibouti. Depuis la nuit des prisons, un S.O.S.*, in *L'Humanité* du 03/06/98 ; Victòr Leneveu, *La tyrannie de Gouled*, in *Le Nouvel Afrique-Asie*, 11/98.
10. Réponse à une question écrite, *Journal officiel* du 14/09/98.

4. LES COMORES À L'ENCAN

SCI Comores

À mi-route de Madagascar et du continent africain, dans le canal du Mozambique, les quatre îles principales de l'archipel des Comores (la Grande Comore, Anjouan, Mohéli, Mayotte) devaient former en 1975 un État indépendant. Lors du référendum d'autodétermination, la France colonisatrice imposa un décompte par île ; contre l'histoire et la géographie, elle conserva Mayotte où une majorité avait préféré le maintien dans le giron français. Le président Giscard d'Estaing validait ainsi une dissension cultivée par des ambitions et intérêts locaux. L'État comorien ne s'en est jamais remis. D'autant qu'on lui fit très vite comprendre qui restait son maître.

Durant deux décennies (1975-1995), c'est le mercenaire Bob Denard, homme de main de la DGSE et de Jacques Foccart, qui a installé les présidents comoriens successifs (Ali Soilihi, Ahmed Abdallah, Saïd Mohamed Djohar, Mohamed Taki). Avant de les éliminer (en 1978 et 1989) ou les remiser (1995) lorsqu'ils cessèrent de plaire. On pourrait dire "débarquer" : deux de ces renversements furent consécutifs à un abordage par voie maritime, l'une des techniques préférées du « corsaire de la République ».

De 1978 à 1989, les Comores furent quasiment le domaine personnel de Denard, qui s'y faisait appeler Richard Sanders. Foccart raconte : « *Denard était l'homme fort des Comores, à la tête d'une garde présidentielle de six cents hommes dont trente Européens, sans compter la centaine de civils qu'il employait à sa ferme, tout cela payé par l'Afrique du Sud* [1]». Car en réalité ce domaine n'était laissé à Denard qu'en usufruit, par un réseau franco-sud-africain. Au service de l'apartheid, des coups tordus néocoloniaux et de multiples intérêts peu avouables.

---

1. *Foccart parle*, t. II, op. cit. p. 434.

Les Comores en quelques chiffres [2]

Superficie : 2 230 km²
Population : 650 000 habitants (1998)
Croissance de la population : 2,9 % par an (1995-2015)
Espérance de vie : 56 ans (1995)
Mortalité des moins de 5 ans : 12,2 % (1996)
Produit national brut (PNB) : 0,2 milliard de $ (1995)
PIB réel/hab., en parité de pouvoir d'achat : 1 320 $ (1993)
Dette extérieure : 0,2 milliard de $ (1995)
Aide publique au développement reçue : 40 millions de $ (1995),
   soit 17 % du PNB
Taux d'alphabétisation des adultes : 57 % (1995)
Population ayant accès à l'eau potable : taux inconnu
Agriculture : 77 % de la population active (1990)
Taux annuel de déforestation : 5,6 % (1990-95)
Monnaie : franc comorien

L'Afrique du Sud, pour miner les arrières de l'ANC anti-apartheid, entretenait d'effroyables guerres civiles en plusieurs pays de la "ligne de front", au Mozambique notamment. En contrepartie d'une aide logistique (armement, tenues de combat, véhicules) et d'une assistance financière à la "Garde présiden-tielle" de Denard (20 millions de FF en 1985), elle a pu ins-taller sur la Grande Comore une station d'écoute des communi-cations régionales. Et obtenir la fourniture de passeports como-riens à de discrets voyageurs sud-africains [3]. Jean-Paul Guerrier, l'adjoint de BD (Bob Denard), avait servi dans un bantoustan, le Bophuthatswana [4].

L'"homme d'affaires" Jean-Yves Ollivier est un intermédiaire central dans le triangle Paris-Pretoria-Moroni. Il s'est investi dans le négoce charbonnier - un secteur très concerné par le contournement de l'embargo anti-apartheid. Il est lié au groupe sud-africain Sun, enrichi par les casinos. Il est montré du doigt

---

2. Cf. *Rapport mondial sur le développement humain 1998* du PNUD, Économica.
3. Cf. Philippe Chapleau et François Misser, *Mercenaires S.A.*, Desclée de Brouwer, 1998 p. 59 et 76.
4. Idem, p. 58.

à propos d'une livraison d'armes au *Hutu power* rwandais, passée par l'Afrique australe [5].

> « Le journaliste Yves Loiseau [6] impute à Jean-Yves Ollivier un coup plus audacieux entre Téhéran, Pretoria et Paris : l'échange de pétrole contre des armes, sur fond de prise d'otages au Liban. On aurait apaisé les exigences des mollahs en dépannant le régime d'apartheid ! Acheteur théorique du pétrole destiné à l'Afrique du Sud, l'archipel des Comores aurait servi de support à ce *"grand troc"* [7]».

Le « *support* » était bien surveillé. La Garde présidentielle était encadrée par une vingtaine de mercenaires européens. « *Remarquablement entraînée et équipée,* [elle] *constituait objectivement la seule force armée crédible de la République fédérale islamique des Comores* [8]».

Cela coûtait cher. Pour accroître ses recettes, Denard créa la Sogecom (Société générale comorienne), en vue d'accueillir deux établissements de la chaîne hôtelière Sun. Dont le luxueux Galawa. Le lieutenant Didier, chargé des relations publiques de la Garde présidentielle, bras droit de Denard à la Sogecom, assurait la sécurité de l'hôtel et le transport des touristes [9]. Attraction : un casino blanchisseur d'argent sale, qualifié de « *maillon de l'économie internationale du crime* » par Jean-François Bayart [10]. Au total, sur onze années (1978-89), le chiffre d'affaires du "groupe Denard" aux Comores « *pourrait dépasser le quart de milliard de francs* [11]».

Les Comoriens, eux, peuvent se contenter, en moyenne, de 1 794 calories par jour, l'une des rations les plus basses de la planète, et d'un médecin pour 10 000 habitants. D'autre part, le management du groupe Denard est assez spécial. Il inclut la

---

5. Cf. Caroline Dumay et Patrick de Saint-Exupéry, *Les armes du génocide*, in *Le Figaro* du 03/04/98.
6. Dans son livre *Le grand troc*, Hachette Littératures, 1988.
7. *La Françafrique*, op. cit., p. 192.
8. *Mercenaires SA*, op. cit., p. 75.
9. D'après *Mercenaires SA*, op. cit., p. 78-79.
10. *L'Afrique en voie de malversation*, in *Croissance*, 01/96.
11. *Mercenaires SA*, op. cit., p. 80.

torture des opposants politiques [12]. Car il faut rappeler qu'une bonne partie des mercenaires participent d'une idéologie proche de la droite extrême, assez peu soucieuse de droits de l'Homme et de démocratie.

Quant à Bob Denard, sa bonne conscience est inébranlable : « *Je suis un homme qui a passé dix ans aux Comores, qui a apporté beaucoup de choses à ce pays* [13]».

Il y avait quand même un président aux Comores durant cette période : Mohamed Abdallah, dont BD était censé assurer la garde. Dans la nuit du 25 au 26 novembre 1989, il n'est pas sorti vivant d'un entretien auquel son protecteur participe. Les sponsors sud-africains et français de ce gérant à la gâchette facile le rapatrient le plus discrètement possible. Ils remplacent Abdallah par Saïd Mohamed Djohar, à la suite d'un scrutin truqué. Un officier français qui avait dénoncé la magouille électorale est assassiné [14].

En août 1991, le président Djohar ne doit son salut qu'à l'intervention d'un lieutenant-colonel français. Après la tentative de coup d'État du 26 septembre 1992, assortie de la mutinerie d'une partie de l'armée comorienne, c'est une aide logistique française qui permet aux forces de l'ordre présidentiel de reprendre l'initiative. Les conseillers militaires français prennent le commandement de fait des troupes comoriennes. Certains sont basés au camp de Kandani, où sont incarcérés dans des conditions déplorables plusieurs des officiers mutins...

Série BD...

Mais les Comores n'en avaient pas fini avec Denard :

« Été 1995. Chirac est à l'Élysée, branché sur Foccart. Dans cet archipel comorien où quelques manitous françafricains soignent leurs

---

12. Cf. Pierre Péan, *L'homme de l'ombre*, op. cit., p. 534.
13. Interview à *La Une* , 08/98.
14. Cf. *La Françafrique*, op. cit., p. 11 et 323.

trafics et leurs propriétés, Djohar a fini par faire désordre. Passe encore qu'il s'avère un surdoué de l'"exploitation familiale" de son propre pays. Mais il devient trop gourmand dans le partage des flux externes (de l'aide et du "commerce"), et sa dictature trop caricaturale. Dans un archipel qui, manifestement, doit rester sous influence française, il convient de sauver les apparences. Comment se débarrasser du gérant indélicat ? Simple : il suffit de faire débarquer Bob Denard et ses joyeux drilles. Le 28 septembre, ils s'emparent sans peine de la Grande Comore.

Qui, le premier, suggéra la réponse : un Denard toujours aussi affairé et friand d'aventures exotiques en dépit de ses 66 ans, ou ses honorables correspondants ? Qui a commencé, de l'œuf Denard ou de la poule DGSE ? N'ergotons pas : le poulailler était au parfum - du moins le noyau foccartien qui, depuis 35 ans, mijote ce genre de coups tordus. Que le réseau Pasqua, le régime libyen, des clans marocains ou des groupes sud-africains aient, comme d'aucuns le suggèrent, misé quelques plaques dans l'expédition - escomptant les profits d'une régence Denard [15]- n'est pas incompatible avec un contrôle participatif de la DGSE. Et donc, peut-on supposer, de l'Élysée. La phrase d'un haut gradé français : *"Soit on a aidé Bob Denard, soit on est des nuls* [16]*"*, vaut aussi pour le Château. [17]»

L'aide à BD (un genre qui relève de l'exception culturelle) ne fait guère de doute. Un Transall de l'armée française a procédé à des parachutages, quelques heures avant le coup d'État. Un Zodiac a fait la navette entre un bateau de guerre français et la côte tenue par la bande à BD. Le dispositif de protection du président Djohar, animé et encadré par des officiers français, s'est évanoui [18]. « *Tous les portails étaient ouverts. Comme s'ils*

15. Selon Jean-François Bayart, l'aventure de Bob Denard aux Comores aurait eu « *pour enjeu le contrôle d'un casino et du circuit de blanchiment de l'argent sale qu'il abritait. Un groupe sud-africain et un réseau proche d'un ancien ministre de l'Intérieur français se seraient livré une âpre lutte pour s'emparer de ce maillon de l'économie internationale du crime. L'hypothèse n'est pas aussi rocambolesque qu'il y paraît. Les Comores sont un haut-lieu de trafic depuis des lustres* ». (*L'Afrique en voie de malversation*, in *Croissance*, 01/96).
16. Cité par *La Tribune de Genève*, 05/10/95.
17. *La Françafrique*, op. cit., p. 323.
18. Cf. Jean-Philippe Ceppi, *Les services français ont peut-être aidé Bob Denard*, in *Le Nouveau Quotidien* (Lausanne) du 03/10/95.

nous attendaient », feignait de s'étonner un mercenaire [19].

En réalité, comme l'a révélé un article du *Point*[20], tout s'est passé entre agents des "services" et des régiments d'élite qui leur sont dédiés - y compris les anciens et les faux retraités. L'article cite le général Paul Aussaresses, et son association d'anciens barbouzes *Bagheera*, proches de Foccart. Il évoque les viviers du 11e Choc (le service Action de la DGSE), des 2e et 4e RIMa, du 6e RPIMa. Il signale la présence probable du capitaine Jean-Luc Kister, ex-plastiqueur du *Rainbow Warrior* en Nouvelle-Zélande. Rien d'étonnant : dans *Au coeur du secret*[21], l'ancien directeur de la DGSE Claude Silberzahn admet que celle-ci détient la réalité du pouvoir aux Comores.

Certes, Paris fait mine de se scandaliser du nouveau coup de force de l'"incontrôlable" Denard. L'armée française, après avoir pris son temps, finit par intervenir et l'arrêter. BD négocie sa "reddition" avec le général Germanos, ancien patron du 11e Choc, chef du cabinet militaire au ministère de la Défense. Quelque temps emprisonné, il est défendu par Me Soulez-Larivière, l'avocat des faux époux Turenge - ces deux agents de la DGSE accusés d'avoir saboté le *Rainbow Warrior*. Juste avant sa reddition, il pouvait déclarer, philosophe : « *La France ne m'a pas lâché, et c'est bien là le problème, je crois qu'elle va encore me tenir quelque temps* ».

Signalons d'ailleurs, dans le jeu des sept familles frança-fricaines, que le fils Denard, Éric, dirige une société de sécurité aux Comores. Mohamed Taki lui a permis de gérer le patrimoine local de son père - ou plutôt son butin. Selon *SOS Démocratie aux Comores*, une association plutôt bien informée, Éric Denard serait pourtant « *fiché par Interpol qui le suspectait de tremper dans les affaires de drogue et de prostitution*[22] ».

19. Cf. Jean-Philippe Ceppi, *L'intervention des forces françaises aux Comores chasse les putschistes*, et *Aux Comores, la douloureuse reddition*, in *Libération*, 5 et 6/10/95.
20. Paul Guéret, *Affaire des Comores. Les secrets d'un coup tordu*, 06/01/96.
21. Fayard, 1995.
22. *Démocratie-Info*, 01/98.

Métastases

Transformées en base de mercenaires et relais de trafics en tous genres, les Comores sont devenues un point d'appui idéal pour nombre d'actions inavouables. Au profit du camp de l'apartheid, par exemple, dans les années quatre-vingts : elles servirent de point de départ à des raids contre le Mozambique, et d'escale aux livraisons d'armes chinoises à l'Unita angolaise, alliée de l'Afrique du Sud. On laissait Denard prélever sa dîme au passage [23]. Plus largement, une vraie noria aérienne transitait par l'aéroport comorien d'Hahaya pour contourner le boycott anti-apartheid [24].

En mars 1988, c'est très probablement aux Comores que l'assassin de Dulcie September, la représentante de l'ANC à Paris, a été engagé par les services sud-africains :

> « Ces derniers auraient recruté l'assassin de Dulcie September et ses complices dans le milieu des mercenaires issus des troupes d'élite de l'armée française, commandos et légionnaires. Ces exécutants auraient été payés par l'agent et marchand d'armes sud-africain Dirk Stoffberg. L'assassin serait venu des Comores [25]. Un Suédois vivant au Cap, Heine Hüman, l'aurait attendu à Roissy à la demande du capitaine Dirk Coetzee, chef d'un escadron de la mort sud-africain. Le Suédois et l'ex-légionnaire auraient confronté les deux moitiés du même billet d'un dollar, détenues par chacun d'eux [26]».

En sens inverse, un projet d'intervention mercenaire aux Comores a été signalé à l'automne 1997. Vingt Serbes se pré-

---

23. Ainsi, il récupéra pour "sa" Garde présidentielle 500 des 5 000 paquetages complets achetés à la Chine par le régime de Pretoria pour armer l'Unita. Cf. *Mercenaires S.A.*, op. cit., p. 77.
24. Idem.
25. Selon les confidences de Dirk Stoffberg au journaliste sud-africain Jacques Pauw, ces exécutants seraient d'anciens légionnaires français (cf. Frédéric Chambon, *Les services secrets français sont accusés de collusion avec l'ancien régime d'Afrique du Sud*, in *Le Monde* du 21/11/97). Une source nous a confirmé la provenance comorienne de l'assassin (suggérée par l'article de Paskal Chelet, *Les révélations du capitaine Cœtzee*, in *La Croix* du 07/02/90). Craignant des représailles de l'ANC, l'ambassadeur des Comores à Paris se fit invisible.
26. *La Françafrique*, op. cit., p. 199.

paraient, dans le nord de Madagascar, à un débarquement sur l'île sécessionniste d'Anjouan [27]. Dans le même genre, des milieux d'extrême-droite française se servent des Comores comme d'un relais pour leurs trafics d'armes - jusqu'en Tchétchénie...

Anjouan au feu

Fin 1995, le renversement du président Djohar permit d'installer "démocratiquement" à Moroni un nouvel allié des réseaux Foccart et Pasqua, Mohamed Taki [28] - manifestement "au parfum" du putsch de Bob Denard. Ce vieux routier de la politique comorienne, sensible aux sirènes intégristes et aux appétits mafieux, a vite engagé son régime sur une pente totalitaire. La captation des rentes étatiques au profit d'un clan de la Grande Comore a attisé les rivalités entre les îles. La répression a ouvert la voie à une aventure sans issue : la sécession d'Anjouan.

Une aubaine. Pour les milieux de l'extrême-droite française, très influents localement, qui nourrissent le fantasme d'une néocolonie à la Mayotte. Pour le réseau français qui contrôle le marché des essences locales de parfumerie, et certains milieux financiers françafricains : ils « *ont vu l'intérêt d'une émancipation d'Anjouan.* [...] *Anjouan indépendante et libre de traiter directement des contrats, c'était* [...] *pour les instigateurs du projet une sérieuse économie : plus besoin de soudoyer les grandes familles commerçantes de Grande Comore ou de s'entendre avec le gouvernement chroniquement désargenté de Mohamed Taki* ». « *En outre a resurgi la vieille idée de Bob Denard de créer une zone franche dans l'archipel* [29] »...

27. *Mercenaires S.A.*, op. cit., p. 91.
28. Le président Taki a été adoubé par une galaxie d'amis RPR (Jean-François Charrier, Jean-Jacques Guillet, Robert Bourgi, Fernand Wibaux), animée à Paris par l'homme d'affaires comorien Saïd Hilali - héritier apparent de l'hôtel Galawa Sun.
29. *Mercenaires S.A.*, op. cit., p. 91-92. Visé par la manœuvre, le président Taki a dénoncé sans détour les lobbies françafricains « *qui tirent les ficelles de la crise comorienne* » : « *S'ils veulent utiliser Anjouan comme plaque tournante pour le blanchissement de l'argent sale, non ! Et je crois que c'est ce qu'ils veulent* ». (*Jeune Afrique Économie*, 05/01/98).

La « coordination » qui a pris le pouvoir à Anjouan est con-seillée par un magma monarcho-lepéniste. Elle a constitué une milice, *Ambargo*, entraînée par des mercenaires et des retraités de l'armée française (Bacar Ahmed, Abed Abdérémane, Fahari Salim, ...) [30], qui lui permet de bâillonner toute opposition.

Le gouvernement français ne fait pas grand-chose, c'est le moins qu'on puisse dire, pour enrayer la division de l'archipel. Le préfet de Mayotte, l'île "française", aide Anjouan via une "ONG", *Humanis*, vraiment très introduite : elle est représentée dans l'île sécessionniste par le directeur de cabinet du leader séparatiste Abdallah Ibrahim ; à Mayotte, le responsable des Renseignements généraux parle pour elle ; et elle est largement subsidiée par la cellule d'urgence du Quai d'Orsay.

Ce préfet de Mayotte, Philippe Boisadam, résume ainsi le point de vue français : « *L'unité des Comores est une construc-tion artificielle de l'histoire coloniale. Il n'y a pas de race co-morienne* [31]». Faut-il rapatrier ce haut fonctionnaire, pour venir nous parler de l'unité raciale de la France ? L'ambassadeur de France à Moroni, Gaston Le Paudert, est sur la même longueur d'onde. Avec son premier conseiller, ils ont, devant le média-teur de l'OUA Pierre Yéré, « *relevé les différences d'origine entre les habitants de la Grande Comore et ceux d'Anjouan : les premiers viennent d'Afrique de l'Est, alors que les seconds sont d'origines perse et arabe* [32]». Il n'y a pas qu'au Rwanda d'Habyarimana que les ambassadeurs de France ont une grille d'interprétation ethniste !

La Grande-Comore n'est pas non plus "aidée" par l'activisme des réseaux françafricains. Les conseillers français René Dulac et Jacques Lallemand, prêtés au président Taki par le "doyen" Bongo, n'ont pas vraiment poussé le régime vers la démocratie

---

30. Cf. *Ya Komori Masiwa*, 11/97.
31. Déclaration devant le comité d'experts chargé d'étudier le futur statut de Mayotte. Citée par *Démocratie-Info*, 01/98.
32. Rapport au Secrétaire général de l'OUA, 10/08/97.

et le bien commun... Ni les éminences grises locales : Mouzaoir Abdallah, impliqué dans tous les coups d'État "mercenaires" qui ont escamoté comme des marionnettes les présidents comoriens successifs ; Mtara Maecha, ex-ministre des Affaires étrangères, qui fut en affaires avec Jean-Christophe Mitterrand.

La galaxie RPR qui a parrainé Taki n'était pas pressée de le lâcher - avant son décès en novembre 1998 . Avec la DGSE et les banquiers de la coopération française, elle assurait la survie d'un régime discrédité. Qui aura tout gagné : le dépeçage du pays, sa faillite économique [33], et des émeutes mortelles (mai 1998).

Dans ce désastre, les responsabilités de la France sont accablantes. Si elle achevait l'État comorien, elle risquerait de voir s'installer des turbulences durables parmi l'importante communauté d'origine comorienne établie dans l'Hexagone.

Il faudra bien que les Comoriens se ressaisissent de leur histoire. Et que Paris, tuteur abusif, cesse de les en empêcher en déchaînant sur l'archipel ses mercenaires, ses "services" et ses réseaux.

---

33. La Banque mondiale relève que plus de 70 % des dépenses publiques vont au train de vie de la superstructure politique. Tandis que les salaires des fonctionnaires n'avaient pas été payés depuis plusieurs mois, on apprenait que le président Taki importait trois voitures de luxe, et se faisait expédier par avion, depuis les pays du Golfe, les matériaux d'une somptueuse résidence (*Afrique-Express*, 18/05/98).

1. ET ELF CRÉA BIYA

« *C'est grâce à Elf que la France maintient une présence en Afrique francophone et l'élargit à d'autres pays. C'est* [...] *vrai pour le Cameroun, où le président Biya ne prend le pouvoir qu'avec le soutien d'Elf pour contenir la communauté anglophone de ce pays* ». Ce passage de la "confession" de l'ancien PDG d'Elf Loïk Le Floch-Prigent [1] nous épargne de longues démonstrations. Un personnage-clef signe l'aveu de ce que nous répétons à longueur de *Dossiers noirs*, mais qui reste évidemment inavouable dans le discours officiel : les indépendances des ex-colonies françaises restent un mythe ; Elf joue un rôle essentiel dans la politique franco-africaine ; celle-ci est surdéterminée par l'anglophobie (le "syndrome de Fachoda").

Supposant connue la version camerounaise du système françafricain, exposée dans *France-Cameroun. Croisement dangereux* [2], nous prolongerons l'histoire d'un protectorat à haut risque. Le 12 octobre 1997, le bail du gardien Biya a été reconduit, au mépris des électeurs. La fête rentière continue, ignorant le haut degré de sismicité ethnique. Mais Elf, l'armée française et l'Élysée ne sont plus à une catastrophe africaine près.

Après nos rentes, le déluge

Comme au Gabon, les rentes pétrolière et forestière n'ont que faire du sort de la population. Le budget public de santé représente 1 % du PIB. On ne compte que 14 médecins pour 100 000 habitants, l'espérance de vie n'est que de 55 ans. Seulement la moitié des enfants sont vaccinés contre la tuberculose et 46 %

---

1. Publiée par *L'Express* du 12/12/96.
2. Agir ici et Survie, *Dossier noir* n° 7. L'Harmattan, 1996.

Le Cameroun en quelques chiffres [3]

Superficie : 435 400 km²
Population : 14,3 millions d'habitants (1998)
Croissance de la population : 2,7 % par an (1995-2015)
Espérance de vie : 55 ans (1995)
Mortalité des moins de 5 ans : 10,2 % (1996)
Principales agglomérations : Douala, Yaoundé
Produit national brut (PNB) : 8,6 milliards de $ (1995)
Produit intérieur brut (PIB) : 8 milliards de $ (1995)
PIB réel/hab., en parité de pouvoir d'achat : 736 $ (1995)
Dette extérieure : 9,4 milliards de $ (1995), soit 124 % du PNB
Aide publique au développement reçue : 413 millions de $ (1995)
Taux d'alphabétisation des adultes : 63 % (1995)
Population ayant accès à l'eau potable : taux inconnu
Agriculture : 70 % de la population active (1990)
Taux annuel de déforestation : 0,6 % (1990-95)
Monnaie : franc CFA (FCFA).

contre la rougeole. Quant à la politique d'éducation, elle a laissé analphabètes plus d'un tiers des adultes. Le classement du Cameroun à l'Indicateur du développement humain (IDH) le fait reculer de 13 places par rapport à celui que devrait lui valoir son PIB [4].

Le pétrole commence à s'épuiser, et son prix a chuté. Les folles années pétroles ont garni quelques coffres, mais laissé au Cameroun une dette impayable, à fort goût d'arnaque [5]. Et cela se sait trop. L'homme le mieux informé des secrets du palais présidentiel s'est "mis à table" : Titus Edzoa, mentor de Paul Biya et son Grand-maître en Rose-Croix, s'est rebellé contre son disciple. Le 5 mai 1997, dans une longue interview au pé-

3. Cf. *Rapport mondial sur le développement humain 1998* du PNUD, Économica.
4. Idem.
5. Rappelons cette citation du *Dossier noir* n° 7 : « *Au Cameroun, les recettes pétrolières ont longtemps été gérées "hors budget" sur des comptes spéciaux à New York et à Paris. Officiellement, il s'agissait de "réserves" pour les temps difficiles, qui depuis sont arrivés [...]. Mais les Camerounais n'ont rien vu venir [...]. La société française de négoce Sucres et Denrées (Sucden) a [...] eu droit à "l'enlèvement" hebdomadaire d'un pétrolier, à la destination inconnue. La pratique n'avait rien d'exceptionnel* ». (A. Glaser et S. Smith, *En Afrique sur la piste de l'argent sale*, *Libération*, 03/02/96).

riodique camerounais *L'Expression* (aussitôt saisi), il dépeint le président comme une sorte de Mobutu, accaparant les recettes pétrolières de son pays et devenu «*le Camerounais le plus riche*». Après les révélations de Le Floch, celles d'Edzoa achèvent de dénuder le roi Paul.

Évidemment, Titus Edzoa est jeté en prison. Pour corruption ! L'écrivain Mongo Béti, sans contester le grief, dénonce un embastillement politique à quelques mois du scrutin présidentiel. Par la suite, il stigmatisera avec virulence le rôle joué par Elf dans le pourrissement explosif de la politique camerounaise :

> «Elf Aquitaine, avec sa mafia de gangsters, de parrains, de putes, tous de haut vol, c'est la malédiction de l'Afrique, sa gangrène. [...] En Afrique centrale [...], le pétrole est synonyme de pauvreté, ce qui n'est pas trop grave, mais surtout de guerre civile, aujourd'hui, et demain, de génocide. [...]
> La politique française du pétrole en Afrique, *[c'est]* [...] la quête, sur le dos des Africains, de l'indépendance énergétique de la France [6]».

Il faut y lire l'exaspération des populations "exportatrices" de pétrole, contraintes d'échanger leur or noir contre un cocktail détonant de criminalité économique et politique. La distribution des "caramels" (comme l'amie de Roland Dumas, Christine Deviers-Joncour, se plaît à appeler les millions de FF de la corruption d'Elf [7]) appelle celle des "châtaignes" : la castagne.

En attendant, pour que le pillage de l'État camerounais ne l'empêche pas de payer ses policiers et soldats, les décideurs parisiens ("caramélisés"?) en appellent aux contribuables français pour boucler les fins de mois de Yaoundé : 4,4 milliards de FF en dix ans [8].

---

6. In *L'autre Afrique* du 01/04/98.
7. Elle se plaît aussi à s'auto-désigner comme *La putain de la République*, titre de sa confession publiée à grand bruit chez Calmann-Lévy (1998), sous le contrôle des avocats de son ami Dumas. Mongo Béti n'est donc pas insultant puisqu'Elf et la France (en la personne du président du Conseil constitutionnel, Roland Dumas) étalent dans les kiosques leur manque total de scrupules.
8. Cf. Christophe Grauwin, *Les milliards perdus du banquier de l'Afrique*, in *Capital*, 11/97.

Elf est rejointe dans son soutien au régime Biya par d'autres poids lourds très persuasifs. À la tête d'un véritable « *empire africain* », le tandem Bolloré-Bouygues entend « *faire un malheur pour le transport et l'équipement du pipeline qui doit évacuer le pétrole du Tchad*[9] » en traversant tout le Cameroun. Les forestiers français ne sont pas en reste :

« Les Pygmées *[du sud-est camerounais]* sont directement victimes de la déforestation. [...] Un prêtre bantou nous a déclaré [...] : "[...] *Ce n'est plus de la coupe, c'est du massacre*". [...] *[La surexploitation profite]* massivement à des sociétés françaises. Sept d'entre elles [...] réalisent 50 % des exportations de bois au Cameroun. Dans les scieries, [...] tous les postes qualifiés sont occupés par des Blancs, qui vivent en circuit fermé, dans de véritables camps retranchés [...]. Des employés d'*Africa Security*[10] [...] montent la garde. [...]

Le directeur français d'une des principales sociétés forestières du Cameroun nous a confié sans problème le montant du pot-de-vin qu'il allait bientôt remettre au plus haut niveau : 80 millions de francs CFA - 800 000 FF -, en liquide, pour pouvoir exploiter 200 000 hectares de mieux. [...] Les dernières vraies forêts primaires [...] auront disparu d'ici cinq ans[11] ».

La farce électorale continue

Un an et demi avant l'élection présidentielle d'octobre 1997, *Jeune Afrique* nous prévenait[12] : le président Biya peut compter, pour sa réélection, « *sur un soutien français qui, quoi qu'on en dise, ne se démentira pas tant que l'adversaire principal sera un anglophone* », John Fru Ndi. Fachoda, nous revoilà !

Conseillé par ses amis français, Paul Biya commença par refuser une Commission électorale indépendante[13]. Puis il se dé-

9. *Bolloré/Bouygues : Un empire africain*, in *La Lettre du Continent* du 29/01/98.
10. Sur cette société de sécurité d'un genre spécial, voir ci-après p. 78-79.
11. Jean-Pierre Edin, de retour d'une mission d'étude au Cameroun. Interview à *Politis* du 30/07/98. Ces observations édifiantes renforcent la pertinence, ou l'impertinence, de la campagne *De quel bois bricolons-nous ?*, animée par *Agir ici*.
12. 20/03/96.
13. Le chef de la délégation des observateurs du Commonwealth, le Canadien Jean-Jacques Blais, osa préconiser la « *création d'une Commission électorale indépendante* », à l'instar des démocrates camerounais. La représentante et observatrice de la

brouilla pour empêcher l'inscription d'un pourcentage considérable d'électeurs [14] - allant jusqu'à contester la nationalité camerounaise de Mongo Béti, candidat à la députation dans sa ville natale de Mbalmayo. Opération de diversion ? D'étranges attaques "rebelles" surgirent fin mars 1997 dans le Nord-Ouest anglophone, causant une dizaine de morts.

Le scrutin législatif du 17 mai servit de répétition générale. Certes, les calculs effectués à partir des procès-verbaux accessibles (d'autres furent soustraits aux regards indiscrets) ont montré que l'opposition, notamment le SDF de John Fru Ndi, était nettement majoritaire. Mais, confiantes dans le bourrage des urnes et l'opacité de la centralisation des résultats, les autorités purent annoncer, avant même le décompte des voix, que le parti au pouvoir RDPC avait raflé 100 sièges sur 180.

Quant au déroulement de l'élection présidentielle, boycottée par les trois principaux adversaires de Paul Biya, laissons un observateur mesuré, René-Jacques Lique, résumer son caractère surréaliste [15] :

« Des urnes bourrées avant le début des opérations de vote. Des centaines de cartes d'électeurs retenues par l'administration, des bureaux de vote au domicile de particuliers très "particuliers". Des listes d'électeurs incomplètes, déplacées. Des "barrages" d'intimidation des militants du parti au pouvoir. Des procès-verbaux qui arrivent tardivement sur les lieux du scrutin. Ou qui mettent des heures, une fois le vote clos, pour faire les quelques centaines de mètres qui séparent un bureau de vote de la commission départementale de recensement des opérations électorales.

Des chefs coutumiers qui s'enfuient, l'urne sous le bras, dans quelque "forêt sacrée". Des blessés pendant le vote. Des morts, avant [...]. Des morts après le vote [...]. Un découpage électoral taillé sur mesure,

Francophonie, Christine Desouches (fille de Maurice Ulrich, éminence grise de Jacques Chirac), lui fit clairement comprendre qu'il se mêlait de ce qui ne le regardait pas, et qu'en tout cas il n'appartenait pas à la Francophonie de « *dicter la création d'une commission électorale indépendante ou autonome aux autorités camerounaises* » (*Afrique-Express*, 29/05/97). On peut se demander ce que « la Francophonie » venait observer...
14. 2,5 millions sur 6, selon le parti SDF, soit environ 40 % du corps électoral potentiel.
15. Sous un titre assorti, *Un jour, il neigera sur Yaoundé* (*Afrique-Express*, 29/05/97).

avant le scrutin. Un découpage électoral "affiné", par décret présidentiel, la veille au soir des élections, afin de "créer" deux nouvelles circonscriptions dans l'Extrême-Nord [...]. Des résultats clamés à la parade par des "Rdépécistes" *[militants du parti au pouvoir, le RDPC]* quelques heures à peine après la clôture du scrutin.

Tout était prévisible et encore une fois le Cameroun n'a pas déçu. Un jour ou l'autre, le ministre de la Communication Augustin Kontchou Kouomegni annoncera qu'il a neigé sur Yaoundé, et les braves journalistes de la télévision nationale répéteront qu'il a neigé sur Yaoundé ».

Gare à l'avalanche ! Après la "victoire" du RDPC aux législatives du 17 mai, un ancien ministre camerounais s'exclama : « *S'ils veulent un Kabila, ils l'auront* [16]». En termes plus choisis, le politologue Jean-François Bayart ne disait pas autre chose :

« Au Cameroun, au Gabon, au Tchad, les présidents Biya, Bongo et Déby ne sont arrivés (ou restés) à la tête de l'État qu'au prix de fraudes électorales grossières. Leurs outsiders ne risquent-ils pas d'en conclure que seul paye le recours à la violence ou à la guerre ?

Telle est la redoutable exemplarité d'un Museveni en Ouganda, d'un Kagame au Rwanda, d'un Kabila au Congo-Kinshasa. Elle menace notamment de faire école au Cameroun si Paul Biya se voit "confier" à nouveau un mandat de cinq ans en octobre. Un scénario-catastrophe auquel la France serait bien avisée de prendre garde... [17]».

Quant à l'archevêque de Douala, il estime que désormais « *toutes les conditions sont remplies pour que le pays éclate* [18]».

Cadeaux

Pour fêter ce processus démocratique et l'inéluctable nouveau bail de Paul Biya, la France n'a pas été chiche en 1997. Elle a apporté au total 730 millions de FF au Cameroun. Toutefois, l'opération n'est peut-être pas si "généreuse" qu'il y paraît. Un décaissement de 200 millions n'aurait servi qu'à payer... une partie de la dette du Cameroun à la Caisse française de dévelop-

---

16. Cité par *Afrique-Express* du 29/05/97.
17. Contribution à *La Croix* du 08/07/97.
18. Interview à *Libération* du 11/10/97.

pement (CFD) et à des entreprises françaises. 130 autres millions sont destinés à « *l'achèvement du processus de restructuration* » de deux banques commerciales camerounaises... liées à d'importants intérêts français [19]. Ainsi, ces deux banques malmenées par une gabegie françafricaine exemplaire (les débiteurs "défaillants" sont fréquemment richissimes) seraient renflouées avec l'argent du contribuable français. Sans bien entendu qu'elles aient pesé d'aucune manière sur une décision aussi favorable...

Un ancien militaire français, Patrick Turpin, a fondé au Cameroun une véritable armée privée, *Africa Security*, dont nous reparlerons. Il en a laissé la direction à son épouse camerounaise pour un job apparemment beaucoup plus lucratif : porteur de valises à très haut niveau, se vante-t-il, entre Yaoundé, la rue du Faubourg Saint-Honoré et Genève. Le train qu'il mène, plus voyant encore que les bottines de Roland Dumas, confirmerait ses dires [20]. Cela, bien sûr, n'a rien à voir avec ceci : malgré la gestion désastreuse de l'État camerounais, la coopération financière Paris-Yaoundé se poursuit "à fond la caisse"...

Que mi-septembre 1998 Paul Biya ait reçu avec tous les honneurs l'ancien ministre Charles Pasqua, lui offrant même un dîner d'État, relève de la simple politesse. Et l'interprétation qu'offre de ce voyage le journal *Le Messager* (du député Pius Njawe, alors emprisonné) ne peut qu'être l'effet d'une basse vengeance : Charles Pasqua serait venu, en jet privé, « *à la rescousse* » du Pari mutuel urbain camerounais (PMUC) créé par son ami Robert Feliciaggi [21] et dont il serait lui-même action-

---

19. Cf. *Afrique-Express* du 02/10/97.
20. Témoignage.
21. Pape des casinos et des paris dans le golfe de Guinée, Robert Feliciaggi est l'un des membres fondateurs du club pasquaïen *Demain la Corse*. Ce brasseur de liquidités est un proche de celui qui passe pour le "parrain" de la Corse du Sud, Jean-Jé Colonna (cf. Assemblée nationale, Rapport n° 1077, p. 181-184 et 446-447. Le rapporteur Christian Paul insiste : ce rapport est à lire entre les lignes). Robert Feliciaggi a tissé en Afrique francophone un réseau de loteries et de paris hippiques très apprécié des pouvoirs en

naire ; il serait « *venu obtenir auprès de Paul Biya le maintien des avantages exclusifs accordés au PMUC* », menacé par l'arrivée sur le marché camerounais des sociétés Lotelec et Cameroon Foot-Pools.

C'est enfin pur hasard, ou pur mérite, si, à la fin de l'été 1998, le groupe Bolloré a obtenu l'adjudication des chemins de fer camerounais (la Régifercam), en association avec le groupe sud-africain Comazar. Il s'agissait d'un enjeu stratégique, le groupe ayant aussi remporté, via sa filiale Saga, « *le fabuleux contrat* » de la logistique du pétrole tchadien et du pipeline qui devrait l'écouler vers le sud du Cameroun. [22]

Presse sous pression

Grain de sable dans ces rouages si bien huilés, une certaine presse s'obstine à être libre. Ce n'est pourtant pas faute, pour le régime, d'employer tous les moyens disponibles, y compris les plus brutaux. Il multiplie les interdictions de paraître, les amendes et les emprisonnements à l'égard des journalistes et journaux récalcitrants (*Le Messager, Le Nouvel Indépendant, Cameroon Post, La Nouvelle Expression*, etc.).

L'incessante persécution du *Messager* et de son directeur Pius Njawe est emblématique à cet égard. Le comble a été atteint lorsque ce dernier a été condamné à deux ans de prison pour avoir fait état d'un léger malaise (cardiaque ?) de Paul Biya, assistant à un match de football. Autrement dit, le régime se sent si fragile que le seul rappel de la faiblesse humaine de son chef est une atteinte à la sûreté nationale.

Emprisonné depuis le 22 décembre 1997, Pius Njawe a fini par être gracié sous la pression internationale [23]. Son témoi-

---

place. Des variantes locales du PMU (Pari mutuel urbain) permettent aux parieurs camerounais, gabonais, brazzavillois ou maliens de miser sur les courses françaises.
22. *Bolloré, le dernier empereur d'Afrique*, in *La Lettre du Continent* du 24/09/98.
23. Pas celle de l'Élysée, apparemment. Venu rencontrer Jacques Chirac au printemps 1998, Paul Biya a vu fuser, sur le perron du "Château", les questions de journalistes sur le sort de leur confrère camerounais. « *Hors sujet !* », a coupé Chirac.

gnage à la sortie du cachot "illustre" les résultats de la "bonne gouvernance" de Paul Biya :

> « *[À la prison de Douala sévissent]* la torture morale et physique, la misère, j'ai vécu la mort en direct... On y retrouve une population cosmopolite, des gens qui viennent de toutes les couches sociales. Et qui n'ont rien fait : le plus souvent, ils sont là simplement pour avoir refusé de donner de l'argent. Soit par manque d'argent, soit par principe. C'est une lutte permanente que le détenu doit mener pour survivre [24]».

Depuis la fin de l'été 1997, le journaliste camerounais Aimé Moussy est l'objet, lui aussi, d'une persécution acharnée de la part du pouvoir. Le 11 septembre, son journal *La plume du jour* a été interdit pour avoir comparé le couple Biya au couple philippin Marcos. Puis on a retiré à Aimé Moussy sa carte de presse, et confisqué ses papiers. Le 28 mai 1998, des membres d'un service de l'armée sont venus le soir à son domicile et l'ont enlevé. Après un passage dans un site réservé au commandement des armées, auquel peu de militaires ont accès, il a été emmené de nuit dans un lieu non identifié, à une certaine distance de Yaoundé. Là, pendant trois jours, il a subi une dizaine de séances d'interrogatoires d'environ 6 heures chacune, assorties de tortures, tabassage, pendaison par les pieds jusqu'à l'évanouissement, etc. [25].

Les militaires français votent Biya

Au Cameroun, les services de renseignement français ont décelé début février 1994 un projet de coup d'État, au stade ultime de sa préparation, visant à déloger le président Biya. François Mitterrand a choisi d'en aviser l'ami de la famille, puis envoyé le chef de la DGSE, le général Jacques Dewattre, pour "déminer" l'armée camerounaise [26]...

---

24. Déclaration sur RFI le 13/10/98, citée par *L'Humanité* du 14/10.
25. Informations diffusées par Odile Biyidi, 29/09/98.
26. D'après Stephen Smith, *Un vacancier au pouvoir à Yaoundé*, *Libération*, 16/02/95.

De même qu'au Tchad l'armée française choisit les Nordistes contre les Sudistes, elle ne cesse au Cameroun de prolonger son hostilité envers les gens de l'Ouest, anglophones ou non, bamilékés ou "assimilés", qu'elle massacra durant dix ans au tournant des années soixante [27]. Face à eux, l'ethnie béti de Paul Biya serait le meilleur rempart de la présence française. Toute la coopération militaire tricolore s'ordonne autour du maintien de la prééminence béti au sein de l'armée camerounaise [28]. Autrement dit, Biya développe un système clanique et la France en assure la reproduction dans l'armée. Ce qui rend encore plus invraisemblable une alternance démocratique.

Celle-ci, de toute façon, est tout à fait seconde dans l'esprit de l'état-major parisien au regard des enjeux géopolitiques d'une Afrique centrale instable. L'anarchie centrafricaine a changé la donne de l'implantation française, et l'axe ouvert dans l'Est du Cameroun par le pipeline vers le Tchad pourrait ouvrir des "pistes" intéressantes. Une fois de plus, l'armée tricolore se retrouve donc l'alliée d'Elf.

Elle n'a pas lésiné dans le renforcement des capacités de maintien de "l'ordre Biya". En 1993, elle a fourni au régime 50 millions de FF de matériel militaire de répression. La mise en œuvre de cet accord était supervisée par le général Jean-Pierre Huchon, chef de la Mission militaire de coopération [29] - par ailleurs très engagé au Rwanda [30].

À côté des militaires français officiels , on trouve l'habituelle nébuleuse du renseignement et/ou du "privé". On l'a dit, le fon-

27. Cf. Agir ici et Survie, *France-Cameroun. Carrefour dangereux*, L'Harmattan, 1996, p. 60-63 et 66-68 ; F.X. Verschave, *La Françafrique*, op. cit., p. 91-108.
28. Cf. *Cameroun : Un nouveau gouvernement ?*, in *La Lettre du Continent*, 28/03/96. La coopération militaire française ne peut pas ignorer, par ailleurs, que de hauts responsables de l'armée camerounaise sont impliqués dans les casinos et salles de jeux où se blanchit l'argent sale. Cf. *Mémorandum au sujet des menaces de mort à l'encontre du professeur Jean-Marc Ela et de son départ forcé du Cameroun*, 30/08/95.
29. *La France arme le Cameroun*, in *Challenge nouveau* (Cameroun) du 18/03/93.
30. Cf. *Dossiers noirs de la politique africaine de la France n° 1 à 5*, L'Harmattan, 1996, p. 9-10, 13-16 et 21-26.

dateur d'*Africa Security* (AS), Patrick Turpin, est un ancien militaire. Sa société de sécurité a compté jusqu'à 2 500 employés, avec un chiffre d'affaires annuel de 25 millions de FF. Ses hommes n'avaient pas de permis de port d'arme individuel mais... collectif[31]. AS propose ses services, notamment, au clan présidentiel, à Elf et aux groupes forestiers. Il est difficile d'imaginer qu'elle ait été aussi introduite, dans des mondes aussi fermés, sans bénéficier d'un « agrément Françafrique ». Elle est moins en grâce depuis la disparition de son parrain Jean Fochivé, l'indéfectible patron de la "sécurité intérieure" camerounaise, formé par les séides de Jacques Foccart. Si AS est remplacée, ou doublonnée, le nouvel arrivant aura bénéficié du même agrément.

Danse sur un volcan

Laissons René-Jacques Lique poursuivre son bilan du scrutin présidentiel d'octobre 1997 :

> « Le boycott a été un franc succès dans les trois-quarts du pays, y compris à Yaoundé, supposée être le fief du président *[Biya]*. [...] Les trois principaux partis *[opposés à Biya]* ont "gagné" en démontrant leur représentativité. Ils ont aussi "perdu", car le président Biya est toujours aux commandes, réélu pour un mandat de sept ans [...].
> Le risque est grand aujourd'hui pour ces partis de se voir "débordés" par quelques groupuscules qui se lanceraient dans des actions violentes. [...] Une bonne partie des armes de guerre que les mutins de Bangui n'ont pas restituées à la force interafricaine aurait commencé à prendre la direction du Cameroun. [...] Des quartiers populaires comme New Bell à Douala sont de véritables poudrières en veilleuse [32]».

> « Qui s'étonnera demain si le Cameroun [...] plonge à son tour dans la guerre civile ? Qui ne sait pas que les crispations dues aux frustrations électorales ont atteint un point extrême [...] ? Au nom de la non-ingérence, aucun État ne s'est permis de crier *"stop-danger"*. Mais demain sans doute, ces mêmes États enverront à peu de frais des

31. D'après Philippe Chapleau et François Misser, *Mercenaires S.A.*, op. cit., p. 162.
32. *Cameroun. Une élection "sans objet"*, in *Afrique-Express* du 23/10/97.

contingents de maintien de la paix pour dire *"stop-trop de morts"*. Quel progrès ! [33]».

Si l'on est d'accord avec le constat de danger, on peut discuter la problématique : ce n'est pas l'absence d'ingérence ou son report qui sont en cause, mais l'option de Paris en faveur de Biya. Si la France lui retirait son soutien financier, le régime s'effondrerait très vite. Or elle a décidé que Biya représentait le « moindre pire » pour le Cameroun, et que l'opposition n'avait d'autre choix que s'incliner [34]. Au nom de qui ?

---

33. *L'ingérence, avant ou après la boucherie ?*, in *Afrique-Express* du 23/10/97.
34. Ainsi le ministre de la Coopération Charles Josselin s'est-il permis d'admonester l'opposition, qui « *a trop tendance à se réfugier dans le boycott d'une institution lorsqu'elle n'y est pas majoritaire. [...] Il y a besoin pour les Africains [...] d'apprendre à être dans l'opposition* » (Interview du 31/10/97, in *Afrique-Express* du 06/11/97). Depuis cinq ans, « *l'opposition* » est majoritaire au Cameroun. On ne voit plus bien ce qu'elle peut « *apprendre* » des conseilleurs français.

2. MAIN BASSE SUR BRAZZAVILLE

La démocratie en sandwich

Principale richesse du Congo-Brazzaville [1], le pétrole devrait assurer le bien-être de ses 2 800 000 habitants. Il a en fait durci les luttes intestines, jusqu'au déchaînement de milices ethniques, et mis entre parenthèses une aspiration démocratique pourtant très clairement exprimée. Elf et les réseaux françafricains connexes [2] font en ce pays la politique de la France, et souvent la politique tout court. C'est du moins leur ambition.

La démocratisation la contrecarrait. Il était plus simple de réchauffer le plat du dictateur Denis Sassou-Nguesso, un officier dont on avait pu apprécier, depuis 1963, l'intégration de plus en plus manifeste à la famille et à l'esprit françafricains. N'est-il pas devenu le beau-père de Bongo ? N'est-il pas initié à la Grande Loge nationale de France ? Lui qui joua au marxiste pur et dur, n'a-t-il pas noué de solides amitiés avec les chefs du RPR et les "huiles" d'Elf [3] ? N'use-t-il pas en virtuose de leurs émissaires, leurs barbouzes et trafiquants d'armes, leurs communicants, leurs circuits de financement ? Un tel homme paraît insubmersible. Il faut rappeler comment il a "croqué" le Congo.

Durant les trois années qui ont suivi l'indépendance (1960), le Congo-Brazza de l'abbé-président Fulbert Youlou goûte une relative démocratie : pluripartisme, liberté d'association et d'expression. À la mi-août 1963, l'officier de réserve Denis

---

1. Depuis que le Zaïre est redevenu Congo, il n'est pas simple de le distinguer clairement et sans périphrase de son voisin homonyme. Le caractère « démocratique » de la République de Kinshasa n'étant pas vraiment assuré, on parlera de Congo-Kinshasa ou Congo-K. Et, au nord-ouest, de Congo-Brazza ou Congo-B.
2. On le verra, Jacques Chirac se comporte avec Denis Sassou-Nguesso beaucoup plus en tête de réseau qu'en chef de l'État.
3. Notons ce passage savoureux de la "confession" de Loïk Le Floch-Prigent (*L'Express*, 12/12/96) : « *C'est grâce à Elf que la France maintient une présence en Afrique francophone et l'élargit à d'autres pays. [...] C'est vrai du Congo, devenu quelque temps marxiste, toujours sous contrôle d'Elf* ».

Le Congo-Brazzaville en quelques chiffres [4]

Superficie : 341 500 km²
Population : 2,8 millions d'habitants (1998)
Croissance de la population : 2,8 % par an (1995-2015)
Espérance de vie : 51 ans (1995)
Mortalité des moins de 5 ans : 10,8 % (1996)
Principales agglomérations : Brazzaville (40 % de la population.),
    Pointe-Noire
Produit national brut (PNB) : 1,8 milliards de $ (1995)
Produit intérieur brut (PIB) : 2 milliards de $ (1995)
PIB réel/hab., en parité de pouvoir d'achat : 2 544 $ (1995)
Dette extérieure : 5,24 milliards de $ (1996), trois fois le PNB
Aide publique au développement reçue : 430 millions de $ (1995),
    163 $/hab., plus de 6 fois la moyenne des pays les plus pauvres
Taux d'alphabétisation des adultes : 75 % (1995)
Population ayant accès à l'eau potable : 34 % (1990-96)
Agriculture : 49 % de la population active (1990)
Pétrole : extraction de 13 millions de tonnes en 1998 (prévision)
Taux annuel de déforestation : 0,2 % (1990-95)
Monnaie : franc CFA (FCFA). 1 FF = 100 FCFA

Sassou-Nguesso et quelques collègues déclenchent une insurrection : ils revendiquent leur réintégration dans l'armée - un peu à la manière du sergent Eyadéma au Togo, six mois plus tôt. L'abbé Youlou doit s'enfuir, la page de la démocratie est tournée - comme elle le fut à Lomé avec l'assassinat du président Sylvanus Olympio.

Les dirigeants de la « révolution congolaise » adoptent l'idéologie du socialisme scientifique et créent un parti unique, le MNR (Mouvement national de la Révolution). Le président de l'Assemblée nationale, Alphonse Massamba-Debat, devient président de la République.

Le 31 juillet 1968, une aile "radicale" du MNR, soutenue par des officiers dits "progressistes" (parmi lesquels Denis Sassou-

---

4. Cf. PNUD, *Rapport mondial sur le développement humain 1998*, Économica ; The World Bank, *World Development Indicators*, 1998. Les données économiques et sociales datent d'avant les destructions provoquées par la guerre civile de 1997.

Nguesso) veut durcir le régime. Marien Ngouabi est propulsé à la tête du Conseil national de la Révolution (CNR). Le parti unique s'appelle désormais le PCT, Parti congolais du travail. L'Internationale et le drapeau rouge deviennent l'hymne et l'emblème nationaux. L'économie est étatisée. Le Congo est le premier pays marxiste-léniniste en Afrique, il le restera 23 ans.

Le régime, policier, est agité de luttes intestines et régionales, s'achevant en "rectifications idéologiques". Denis Sassou-Nguesso (DSN) commande le GAP (Groupe aéroporté) dont sont issus les maîtres du pays. Il organise et dirige la sécurité d'État.

Une série de dirigeants, Kiganga et ses amis, sont éliminés en 1970. En 1972, c'est au tour d'Ange Diawara et de la gauche historique du PCT. Une centaine de personnes sont exécutées.

Au début de 1977, le Président en exercice Marien Ngouabi veut ouvrir et assouplir le régime. Il rencontre à plusieurs reprises son prédécesseur Massamba-Debat. Cela inquiète DSN. En mars 1977, un opportun coup d'État permet d'assassiner les deux présidents, ainsi que l'influent cardinal Émile Biayenda. Les assassins ne pourront parler : DSN les fait exécuter sans jugement. Le 5 février 1979, il achève de faire place nette : il embastille pour 13 ans le successeur de Ngouabi, Jacques-Joachim Yhomby-Opangault, et s'installe à sa place.

Le pétrole coule à flots sous le premier règne de Sassou (1979-91) qui n'est pas cependant un long fleuve tranquille. La Conférence nationale souveraine lui imputera trois mille assassinats. Le capitaine Pierre Anga, membre du Comité militaire, avait osé accuser DSN d'être l'instigateur du meurtre du président Ngouabi. Sassou assigna à résidence cet importun, dans son village natal. En 1988, prétextant une rébellion, il y dépêche l'armée, les blindés et l'artillerie. Un massacre s'en suit.

Qui a transporté les troupes et leurs armes lourdes ? Un avion militaire C-130, envoyé par le Premier ministre français d'alors, Jacques Chirac. Sassou, le "colonel rouge" est déjà au mieux avec le RPR [5].

Il faut dire qu'entre 1979 et 1991, DSN a réussi à engranger non seulement les recettes du pétrole, mais 6 milliards de dollars de dettes. De quoi se faire des amis [6]. Et se tailler une armée sur mesure, recrutée sur une base ethnique dans son Nord natal.

Cet argent très inégalement redistribué, l'insupportable fardeau de la dette et la faillite du pays suscitent l'ire plutôt que la faveur des Congolais. Ils le font savoir en imposant, début 1991, une Conférence nationale souveraine (CNS).

Durant un peu plus de cent jours (25 février-10 juin), le peuple suit passionnément un débat politique de haute tenue. Un moment fondateur. Le bilan est tiré de trois décennies d'indépendance. DSN est formellement condamné pour ses crimes et détournements, mais l'ambiance n'est pas à la vengeance. Il bat sa coulpe : « *L'avenir de la démocratie appartient non à ceux qui prétendent être innocents, purs et sans tache, mais à ceux qui sauront se convertir à cette nouvelle exigence* [7]».

Sensible à cette offre de conversion, la CNS maintient Sassou à la tête de l'État. Mais elle transfère ses prérogatives à un Premier ministre de transition. Elle élit à ce poste André Milongo et décrète la fin du parti unique.

Mais (on l'a vu dans le chapitre sur le Gabon) DSN complote immédiatement avec Elf et les réseaux (Foccart et Pasqua), qui lui fournissent des mercenaires. Il cherche à renverser le gouvernement de transition à partir de Libreville - chez son gendre Bongo. Il tente un coup d'État le 15 janvier 1992. Sans succès.

---

5. Selon Stephen Smith, *Les puissances africaines dament le pion à l'Occident*, in *Libération* du 16/10/97.
6. « [Sous la présidence de Mitterrand,] *le système Elf Afrique* [est resté] *managé par André Tarallo (PDG d'Elf-Gabon), en liaison avec les milieux gaullistes* [...]. *Les deux têtes de pont étaient Jacques Chirac et Charles Pasqua.* [...] *Tarallo* [...] [maintient] *des liens permanents avec Foccart, Wibaux, etc. L'argent du pétrole est là, il y en a pour tout le monde* ». ("Confession" de Loïk Le Floch-Prigent, *L'Express*, 12/12/96).
7. Cité par Bernard Debré, *Le retour du Mwami*, Ramsay, 1998, p. 250.

Le processus de démocratisation va jusqu'à son terme. En 1992, une Constitution est adoptée par référendum, avec 97 % des suffrages, et Pascal Lissouba est élu à la présidence de la République, avec 60 % des voix.

DSN doit quitter le pouvoir, mais il emporte avec lui une grande partie des armes de son ancienne garde présidentielle. Il va conserver, et pour cause, une influence décisive sur l'armée qu'il a modelée. Dès 1994, il va rassembler les moyens de son retour au pouvoir. Par la force, puisque tous les scrutins ont montré que son camp, ou son clan, étaient très largement minoritaires dans le pays.

Contraintes et égarements

Pascal Lissouba est lui aussi un vétéran de l'ancien régime, blanchi par la CNS. A priori, il n'a pas la tâche facile : l'endettement est colossal, l'État est en cessation de paiement, l'armée est acquise à Sassou. Il parvient à desserrer l'étau financier en mettant Elf en concurrence (ô sacrilège !) avec des pétroliers américains. Il obtient ainsi que la part des recettes pétrolières reversées à l'État congolais passe de 17 % (sous Sassou) à 33 %. Mais politiquement, au lieu de miser sur l'adhésion populaire capitalisée par la CNS, il entre littéralement en guerre avec le maire de Brazzaville Bernard Kolelas. Pour l'affronter, en même temps que pour se garder de DSN, il choisit de se doter de milices ethniques, formées de jeunes désœuvrés et "chanvrés"[8].

C'est l'engrenage. Kolelas et DSN se dotent aussi de milices, respectivement les Ninjas et les Cobras. Pour équiper son armée privée (et s'assurer une retraite confortable), Lissouba entre dans le grand jeu de la corruption. Elf, qui ne cesse d'être

---

8. Soucieux d'améliorer l'ordinaire, les chefs des factions congolaises parrainent la production et le trafic de drogues, dont le chanvre. "Chanvrés", leurs miliciens n'en sont que plus violents. Cf. *La Dépêche internationale des drogues*, 10/95.

en relation avec DSN[9], abonde aussi le camp de Lissouba - gardien officiel des robinets du pétrole. Sous l'influence délétère de sa conseillère Claudine Munari, le président rejoint la Françafrique, ses pompes et ses loges[10].

Une gestion ruineuse, une politique ethnicisée et manœuvrière, Pascal Lissouba n'est pas en très bonne posture pour le scrutin présidentiel de juillet 1997. Sassou-Nguesso non plus. Mais il est surarmé, et dispose à l'étranger de solides alliances. Il est clair que les deux hommes vont en découdre par les armes, plutôt que par les urnes. À la suite d'une escalade de provocations, les rivaux dégainent leurs milices. La guerre civile est déclenchée le 5 juin. Elle va détruire Brazzaville.

La Françafrique dans la guerre

Même si Lissouba avait perdu beaucoup de son crédit, il n'aurait pas dû être question, pour la France, de soutenir le retour en force d'un dictateur. Au minimum, Paris se devait d'être neutre - et c'est la position à laquelle se tint le gouvernement, excipant d'une volonté toute neuve de non-ingérence (une fois rapatriés les ressortissants français). En réalité, court-circuitant le Premier ministre Lionel Jospin, à peine installé à Matignon, la République mobilisa tous ses moyens occultes pour faire gagner Sassou[11].

9. Deux ministres de Lissouba ont accusé Elf d'avoir versé 150 millions de dollars en 1995 à Sassou-Nguesso. De quoi fourbir une guerre civile... Cf. Claude Angeli, *Elf tiraillé au Congo*, in *Le Canard enchaîné* du 03/09/97.
10. Pascal Lissouba s'est fait initier à Besançon dans une loge du Grand-Orient de France (GOF) ; il a pris pour conseillers financiers l'ancien Grand Maître du GOF, Jean-Pierre Prouteau, longtemps président des "investisseurs" français en Afrique, et Pierre Moussa, proche de Jacques Chirac ; il est allé en pèlerinage à Colombey avec Jacques Foccart. D'après Antoine Glaser et Stephen Smith, *L'Afrique sans Africains*, Stock, 1994., p. 124-125.
11. Pour Stephen Smith (entretien à *La Libre Belgique* du 03/11/97), ce genre de dédoublement, entre un État, prétendûment purgé de ses réseaux, et des lobbies "irresponsables", permettrait à la France de « gagner sur tous les tableaux ». Il assure par ailleurs que durant la guerre civile au Congo-B, « *le président Chirac n'a rien voulu faire* [...], *converti à une politique africaine d'inaction* » (*Les puissances africaines dament le pion à l'Occident*, in *Libération* du 16/10/97). Une conversion qui semble aussi sincère que celle de DSN lors de la Conférence nationale souveraine...

On a déjà signalé, à propos du Gabon, un curieux envoi de 25 tonnes de fret au départ du Bourget et à destination des partisans de DSN, deux jours avant le début du conflit. À propos du Tchad, on a évoqué le transport aérien de soldats d'Idriss Déby, envoyés se battre aux côtés de Sassou-Nguesso. L'opposition tchadienne affirme que les avions convoyeurs étaient français. Le service d'information de l'armée, le SIRPA, n'a pas voulu démentir... On le comprend : la présence de soldats tchadiens au Congo-B est avérée ; ils n'y sont pas allés en Toyota, et leur capacité de projection est entre les mains de l'armée française. Au Tchad, celle-ci pratique volontiers l'autogestion. Mais il est impensable que l'accord de l'Élysée n'ait pas été sollicité pour un engagement aérien hors du Tchad [12].

Ce ne fut pas qu'un acquiescement. Tant dans les diverses cellules élyséennes qu'à l'état-major, ou dans les officines parallèles, chacun avait compris que « *Tout et tous derrière Sassou* » représentait, sinon le mot d'ordre explicite, du moins le vœu très cher du chef des Armées :

> « On voit réapparaître la très serviable PME *Geolink*, qui monta l'intervention des mercenaires et avions serbes au Zaïre : elle procurerait cette fois une centaine de mercenaires à Sassou [13]. Selon *La Lettre du Continent* [14], même des conseillers élyséens recherchent des "instructeurs" pour le beau Denis. Lequel s'allie ouvertement à d'autres alliés de la Françafrique : une partie des forces du *Hutu power* [...] *[impliquées dans le génocide rwandais]* et la Division spéciale présidentielle de Mobutu, repliées au Congo-Brazza. [...]
>
> *Le Canard enchaîné* [15] décrit comment le tandem Chirac-Bongo mobilise tous azimuts en faveur de l'ami Nguesso, contre le président élu Lissouba - interdit de visite à l'Élysée et Matignon. Un responsable

---

12. Cet engagement, en septembre-octobre 1997, est à rapprocher du propos tenu le 30 juillet précédent par le ministre de la Défense Alain Richard : « *la France* [...] *a jugé utile de consolider son implantation à N'Djamena* [...] *qui permet des mouvements rapides vers les différents lieux où l'intérêt de la France s'avère nécessaire* ».
13. Selon Claude Angeli, *Le sort du Congo se joue au fond du puits de pétrole*, in *Le Canard enchaîné* du 11/06/97.
14. *Recherche "instructeurs" militaires*, 19/06/97.
15. Claude Angeli, *Chirac s'ingère dans la guerre du Congo*, 10/09/97, et *Chirac au standard "africain" de l'Élysée*, 17/09/97.

du RPR confirme le feu vert de l'Élysée et de certains dirigeants d'Elf aux livraisons d'armes à Sassou-Nguesso. L'un des circuits, initié par un homme d'affaires chiraquien et un haut responsable d'Elf, passe par l'Angola [16]. D'autres passent par le Gabon et le Centrafrique » [17].

« Dans les états-majors français, on a du mal à cacher le parti pris en faveur de Denis Sassou-Nguesso. [...]
Selon les services de renseignement français, les "Cobras" de M. Nguesso [...] ont pu disposer d'armements lourds et individuels en provenance de plusieurs États africains proches de la France, comme le Gabon. Les mêmes sources françaises laissent entendre que ces milices ont pu, grâce à des circuits de financement occultes fréquents dans les milieux pétroliers, acheter des matériels en Europe » [18].

Écrit sous la plume de Jacques Isnard, le météorologue officieux des "services" et de la "Grande muette", ce paragraphe (déjà signalé à propos du Gabon) est transparent. Il permettra d'éviter le reproche d'une « guerre secrète », puisque tous les éléments en sont décelés. Mais seulement aux initiés, capables de lire entre les lignes, de mettre un nom derrière « *milieux pétroliers* », de relativiser l'indépendance des « *États africains proches de la France* » et des intermédiaires en armements. Le grand public, lui, peut continuer de croire aux protestations de non-ingérence et au désir de paix du Quai d'Orsay, s'émouvoir ou se lasser de ces "luttes tribales" auxquelles il n'y aurait rien à faire, ni à comprendre.

Pourtant, dès avril 1997, on pouvait lire ceci dans *Billets d'Afrique* : « *On peut s'attendre à ce que les troupes françaises usent et abusent du mystérieux accord de défense franco-gabonais* ». On n'a pas dû attendre longtemps. Cet accord de défense autorise les troupes françaises, sous couvert de manœu-

---

16. Cf. *Bagatelles autour des massacres en Afrique*, in *Le Canard enchaîné*, 09/07/97.
17. F.X. Verschave, *La Françafrique*, op. cit., p. 311-312.
18. Jacques Isnard, *Des "cobras" très bien ravitaillés en armes*, Le Monde, 17/10/97. P. Lissouba a accusé Elf d'avoir financé le camp Nguesso - dont il estime les dépenses militaires à 100 millions de $. Il a demandé l'examen de la comptabilité d'Elf, celle notamment de sa banque très privée, la Fiba. Une demande restée sans effet, un an plus tard. Cf. A. Glaser et S. Smith, *Lissouba attaque Elf en justice*, et Stephen Smith, *Elf-Congo : Lissouba dénonce un "pacte de corruption"*, Libération, 26 et 28/11/97.

vres conjointes franco-gabonaises, à évoluer avec tous leurs équipements à proximité de la frontière congolaise. Une telle manœuvre, "Koubia", a eu lieu à la fin de l'été 1997. Elle a permis de masquer le soudain apport à Sassou de considérables renforts extérieurs, notamment l'entrée de chars de combat.

Multinationale pro-Sassou

La France officielle affichait sa neutralité. Omar Bongo, ami de Chirac et obligé d'Elf, présidait le Comité international de médiation chargé de dénouer la crise... Mais dans le même temps, les présidents français et gabonais planifiaient clandestinement, avec le soutien d'Elf, l'assaut final de l'ami et parent Sassou-Nguesso.

Oublié le lourd passif du général (trois décennies d'intrigues, de dictature, de massacres, d'assassinats, de mise à sac de l'État) ; méprisé, l'avis des électeurs congolais qui, à plusieurs reprises, ont clairement signifié qu'ils ne voulaient plus de ce dirigeant-là. L'Élysée et Elf en voulaient. Ils croyaient pouvoir, à travers lui, asseoir la "stabilité" du Congo-Brazza et la tranquillité de l'exploitation pétrolière.

Seules, les forces congolaises de DSN (ses miliciens "Cobras" et une partie de l'armée) ne pouvaient espérer l'emporter. D'autant qu'en face venait de se constituer, le 29 août, un front anti-Sassou, l'ERDDUN (Espace républicain pour la défense de la démocratie et de l'unité nationale), rassemblant 90 % des parlementaires et des élus locaux. Bernard Kolelas, le président de l'ERDDUN, devenait un Premier ministre à la représentativité peu contestable.

Pour vaincre, il fallait des renforts extérieurs massifs. L'on achemina donc des troupes tchadiennes, si respectueuses de leur propre population, et des combattants marocains. L'on y ajouta des morceaux de l'ancienne Division spéciale présidentielle de Mobutu, surarmée, des militaires et miliciens co-auteurs du génocide rwandais, regroupés par le général Augustin Bizi-mungu, et les inévitables mercenaires (instructeurs et pilotes) [19].

> « Un recrutement de mercenaires français a été lancé par la DGSE. Pour l'occasion, l'officier français qui a monté l'opération a pris contielle des Comores, blessé pendant son séjour aux îles et évacué en Afrique du Sud a servi d'intermédiaire entre le colonel Bob et le militaire français en question. D'ailleurs, cet ancien officier de la GP pourrait bien s'imposer comme le dauphin du "Vieux", un titre revendiqué sans succès par bien des hommes du milieu mercenaire hexagonal [20]»

Surtout, l'on ouvrit la porte début octobre à une armée angolaise prépositionnée dans l'enclave de Cabinda, toute proche [21]. Une conquête-éclair succéda alors à la guerre de position entre milices [22]. Mi-octobre 1997, Sassou et ses alliés tenaient le pays.

Le régime de Luanda avait ses propres raisons d'intervenir, par delà l'amitié entre le président dos Santos et le général Nguesso. Il souhaitait frapper les deux rébellions angolaises que Lissouba ne cessait de favoriser : l'Unita de Jonas Savimbi et les sécessionnistes du FLEC-Rénové (Front de libération de l'enclave de Cabinda). Les généraux angolais ambitionnent par ailleurs de faire de leur pays une puissance régionale. L'Angola deviendrait le "parrain" d'une longue côte gorgée de pétrole, allant de ses propres gisements *offshore* jusqu'au Cameroun, en passant par Cabinda, Pointe-Noire au Congo-B, le Gabon et la Guinée équatoriale.

---

19. Pascal Lissouba a lui aussi recruté des mercenaires, des Ukrainiens, pour piloter ses hélicoptères de combat.

20. Philippe Chapleau et François Misser, *Mercenaires S.A.*, op. cit., p. 199.

21. Coincé entre les deux Congo (Brazza et Kinshasa) ce petit territoire de 7 000 km², coupé du reste de l'Angola, n'en produit pas moins les deux-tiers du pétrole de ce pays.

22. Est-ce un hasard si peu de temps après (18/02/98), *Le Canard enchaîné* signale à notre attention un Monsieur Afrique méconnu, Patrick Maugein, un proche de Jacques Chirac et son émissaire auprès de quelques amis milliardaires : le Premier ministre libanais Hariri, les présidents angolais et congolais dos Santos et Sassou-Nguesso... ? Patrick Maugein est dans les meilleurs termes avec Roland Dumas. Il a fait ses premières armes d'intermédiaire en Afrique au début des années 80, dans les opérations de contournement du boycott anti-apartheid.
Autre canal : à la mi-97, Jean-Charles Marchiani, qui oscille entre Jacques Chirac et Charles Pasqua, est « *en liaison directe avec* [...] *Jose Eduardo dos Santos* ». (*RPR "Afrique" 1 et 2*, in *La Lettre du Continent* du 19/06/97).

Manifestement, cette ambition a l'agrément de Jacques Chirac[23] - qui plus tard félicitera publiquement l'Angola pour son intervention. Symboliquement d'ailleurs, le corps expéditionnaire angolais a rejoint au Congo-B des commandos venus du prolongement septentrional de cet axe pétrolier Angola-Cameroun : le Tchad, bastion de la présence française en Afrique, dont le ministre de la Défense socialiste Alain Richard venait de confirmer le rôle stratégique.

> « Mais [...] il est clair qu'en toute cette affaire la stratégie du groupe pétrolier *[Elf]* a été déterminante. Alors qu'il vient d'enchaîner les découvertes de champs pétroliers majeurs au large des côtes angolaise et congolaise, il voyait cet eldorado marin exposé à la vague révolutionnaire issue de la région des Grands lacs. Les régimes corrompus du Gabon, du Cameroun et de Guinée équatoriale étaient menacés. Celui de Brazzaville sombrait... Il y avait le feu au lac... de pétrole !
> Des bateaux-navettes ordinairement utilisés par Elf ont débarqué des unités angolaises et des "Cobras" de Nguesso pour s'emparer du port de Pointe-Noire, centre névralgique de l'exploitation pétrolière et clef de la conquête du Congo.
> Opportunément, en 1996, le réseau Pasqua-Marchiani avait gavé d'armements russes les troupes angolaises[24]. En avril 1997, le PDG d'Elf Philippe Jaffré avait fait un séjour remarqué à Luanda. À l'Élysée, Jacques Chirac n'avait donc plus, en ligne directe avec l'ami Bongo, qu'à sceller la coalition anti-Lissouba, sans lésiner sur les moyens proprement français : l'armée de l'Air et les "services" spécialisés dans les trafics d'armes. Les services secrets de l'État et ceux d'Elf, rappelons-le, ont beaucoup d'agents en commun. Depuis le temps du Biafra, ils savent organiser conjointement des livraisons occultes d'armements[25]».

Toutefois, ce serait faire injure à la réputation d'Elf que d'omettre le fait suivant : elle a armé les deux côtés, comme elle le fit jadis en Angola. Elle a continué de verser des rede-

---

23. Proche de Jacques Chirac, Alexandre Adler écrit : « *La France* [...] *appuie la nouvelle alliance dans l'Atlantique Sud du Congo-Brazzaville de Sassou-Nguesso et du Gabon avec le nouveau protégé d'Elf-Erap que devient insensiblement l'Angola postcommuniste* ». (*Les Grands Lacs et la France*, in *L'Express* du 05/02/98).
24. Pour 2 milliards de FF, via le vendeur d'armes franco-russe Arcadi Gaydamak et l'homme d'affaires Pierre Falcone (*La Lettre du Continent*, 25/07/96).
25. F.X. Verschave, *La Françafrique*, op. cit., p. 313-314.

vances mensuelles au gouvernement de Lissouba, jusqu'à ce que sa chute soit assurée. Elle aurait garanti ses achats d'armes en Iran, au Kirghizistan et en ex-Yougoslavie. Deux anciens dirigeants d'Elf, encore très liés au groupe, se seraient fortement impliqués dans ces achats, avec l'argent de la célèbre mais discrète banque Fiba (une tirelire Elf-Bongo) [26]. Toutes les victimes de la guerre civile peuvent donc dire : « Merci, Elf ! ».

L'ancien ministre de la Coopération Jean-Pierre Cot en reste tout perplexe :

> « L'affaire du Congo-Brazzaville pose problème. S'il s'agit pour nous de ne plus intervenir avec notre mission militaire de coopération, ou par les accords de défense, mais par l'intermédiaire d'une société pétrolière, en l'occurrence Elf, je ne vois pas très bien où est l'avantage en fin de compte [27]».

La loi d'Elf

> « Aujourd'hui encore, la France, dans certains pays d'Afrique, se confond avec Elf. [...] *[Au Gabon et au Congo]*, Elf est depuis les années 60, années des indépendances, plus qu'une simple compagnie pétrolière : tout à la fois la *banque* et le *parrain* des pouvoirs locaux [28]».

Le Monde s'interroge [29] :

> « Avant d'incriminer la démocratie *[dont, selon certains, la crise congolaise confirmerait l'inadaptation à tout ou partie du continent africain]*, mieux vaudrait s'interroger sur l'influence déstabilisatrice qu'a pu avoir la seule vraie puissance économique du pays : Elf [...]. Si la France peut quelque chose au Congo, c'est sans doute de ce côté-là qu'il faut regarder ».

Mais la France des "décideurs" peut-elle regarder Elf dans les yeux sans en être aveuglée ? On s'en aperçoit chaque jour un peu plus : Elf s'est placée délibérément hors des lois de la

---

26. Cf. Claude Angeli, *Elf prend un coup de pompe au Congo*, in *Le Canard enchaîné* du 29/04/98 ; *Sassou met Elf à l'amende*, in *La Lettre du Continent* du 07/05/98.
27. Entretien à *La Croix* (15/04/98).
28. Antoine Glaser, Stephen Smith et Sylvaine Villeneuve, *La saga africaine d'un géant français*, in *Libération* du 20/01/94.
29. *Brazzaville : l'effondrement*, 14/06/97.

République française, et elle a beaucoup dépensé à cet effet. Dans le même temps, Elf a fait et continue de faire la loi dans un certain nombre de pays d'Afrique : de manière hégémonique (au Gabon, au Congo-Brazza, au Cameroun) ou en association (au Tchad, au Nigeria, en Angola, etc.).

Création foccartienne, Elf a tellement arrosé la classe politique hexagonale qu'elle y a noyé toute velléité de rompre les liens néocoloniaux. Elle a contribué à dissoudre dans la corruption le rapport droite-gauche, faisant le lit du Front national.

Des députés, des syndicats, des associations, français et africains, ont lancé le mot d'ordre : *Elf ne doit plus faire la loi en Afrique* [30]. Ajoutons : ni dans les hautes sphères de la vie politique française [31]. Un beau programme, qu'alimentent heureusement quelques juges intègres. Et un menu vitaminé, détaillé dans une édifiante plaquette [32].

Elf a attaqué en justice, et a perdu, au nom du droit à la liberté d'expression. Les députés écologistes, co-initiateurs de cette campagne, ont obtenu fin 1998 la création d'une mission parlementaire d'information, présidée par Marie-Hélène Aubert, sur le rôle des compagnies pétrolières. De leur côté, les juges Éva Joly et Laurence Vichnievsky ont osé mener une double perquisition à la Tour Elf.

Il faut continuer de faire la lumière, sur des courts-circuits

---

[30]. C/o Cédétim, 21 ter rue Voltaire, 75011-Paris. Tél. (0)1 40 63 83 52. Fax (0)1 40 63 98 81.

[31]. Visé lui aussi par les enquêtes des juges Joly et Vichnievsky, Pascal Lissouba, encore président du Congo-B, menaçait : « *Si je suis impliqué officiellement, je ferai des révélations fracassantes qui ne manqueront pas d'avoir de graves répercussions intérieures françaises* » (*Le Nouvel Afrique-Asie*, 05/97). Lissouba avait demandé à Jack Sigolet, un associé du président d'Elf-Gabon André Tarallo, de créer une Société financière congolaise (SFC), théoriquement destinée à aider les PME. Il s'agirait en réalité, selon un audit réalisé par le cabinet Ernst & Young, d'une "caisse noire" destinée à récompenser en France les prestations de "professionnels" et de personnalités politiques amies. Cf. *La Financière à la loupe*, in *La Lettre du Continent* du 07/05/98.

Le Parisien du 10/08/98 évoque encore un prêt évaporé de 150 millions de $, consenti en 1993 avec la caution d'Elf-Congo. Selon des proches du dossier, il aurait « *abouti chez des proches de Pascal Lissouba, mais aurait également servi à financer des campagnes électorales françaises* ».

[32]. 20 p. Disponible à l'adresse du Collectif.

ruineux ou incendiaires. Dans l'écheveau des relations d'André Tarallo, par exemple. Celui-ci, "confesse" Le Floch-Prigent[33], manageait le « *système Elf Afrique* », dont « *les deux têtes de pont étaient Jacques Chirac* » (son camarade de promotion à l'ENA) et « *Charles Pasqua* ». Albin Chalandon, prédécesseur de Le Floch à la tête d'Elf, précise : « *Compte tenu des procédures internes, ceci* [le financement occulte à grande échelle] *a forcément nécessité la mise en place d'une véritable organisation parallèle, genre mafia, avec un grand architecte, mais il m'étonnerait que Loïk Le Floch-Prigent soit le chef mafieux que cherche Éva Joly...* [34]».

Le duo corse Tarallo-Pasqua est branché sur ce qu'on peut appeler la Corsafrique, via notamment :

- Pierre Pasqua, le fils de Charles, qui (en vrac) est administrateur d'une société de vente d'armes, la Cecri[35], s'affiche à l'extrême-droite[36], et a multiplié les prouesses africaines, de Nouakchott à Kinshasa[37] ; Pierre Pasqua a fourni à son père les locaux parisiens, 14 rue Clément Marot, où se traitaient les affaires africaines du réseau[38].

- Robert Feliciaggi, l'empereur pasquaïen des jeux et casinos en Afrique centrale ; Feliciaggi est lui-même le grand ami de Jean-Jé Colonna, le parrain de la Corse du Sud[39], commensal à Propriano du conseiller élyséen Maurice Ulrich[40].

Le Congo est la base d'origine et le lieu de la première fortune des frères Feliciaggi, alors chefs d'entreprises. Leur seconde fortune s'est faite à partir de l'amitié intime et du

---

33. In *L'Express* du 12/12/96.
34. Cité par *Le Nouvel Observateur* du 22/05/97.
35. Valérie Lecasble et Airy Routier, *Forages en eau profonde*, Grasset, 1998, p. 292.
36. Cf. Daniel Carton, *La deuxième vie de Charles Pasqua*, Flammarion, 1995.
37. Selon Daniel Carton (op. cit., p. 185) c'est la menace de diffuser un dossier sur les affaires africaines de Pierre Pasqua qui a empêché son père de pousser son avantage contre Chirac lors des Assises RPR du Bourget, en 1990.
38. Cf. Frédéric Ploquin, *Les hommes de Monsieur Charles*, in *L'Événement du Jeudi* du 25/08/94.
39. D'après Franck Johannes, *Grosses mises en Corse du Sud*, in *Libération*, 07/05/97.
40. Cf. *Les Dossiers du Canard*, *La Corse démasquée*, 07/96, p. 36.

conseil financier de Sassou-Nguesso[41], vers l'empire des jeux dits de hasard (casinos, loterie, PMU). Cette amitié n'est pas terminée. Peu après le retour de DSN au pouvoir, son épouse Antoinette est entrée dans la Cogelo, la loterie nationale congolaise de Robert Feliciaggi[42].

On ne s'éloigne pas forcément d'Elf à s'intéresser au monde des jeux[43]. En perquisitionnant la Tour Elf, la juge Joly a trouvé des agendas où figuraient les adresses personnelles de deux hommes d'affaires corses, tenanciers de casinos, lesquels sont l'objet d'insistantes rumeurs de « *blanchiment de fonds* »[44].

Raffineries

D'un côté, l'argent afflue, de l'autre il s'évapore. Malgré les recettes du pétrole, DSN avait fait du Congo-B, en 1991, l'un des pays les plus endettés du monde. La gestion lissoubienne n'a pas arrangé les choses. Jacques Chirac a estimé qu'il convenait de faire un effort exceptionnel de remise de dettes pour ce pays trop riche en pétrole. Les moins riches attendront. Au tribunal des indulgences (le Club de Paris), les créanciers publics ont accordé au Congo un taux d'annulation inespéré[45] : 67 %. On s'en réjouirait sans arrière-pensée si, d'une part, l'avocat de cette remise était moins concerné par la faillite du Congo et si, d'autre part, ce coup d'accordéon n'avait donné le signal d'une foire à l'endettement plus folle encore.

41. Antoine Glaser et Stephen Smith, *L'Afrique sans Africains*, op. cit., p. 124-125.

42. Cf. *Pierre Aïm sur tous les fronts*, in *La Lettre du Continent* du 28/05/98.

43. Relevons au hasard ce passage du livre déjà cité de V. Lecasble et A. Routier, *Forages en eau profonde* (p. 393) : « *Avec Charles Pasqua, Roland Dumas entretient depuis des lustres des relations fortes. Les deux hommes connaissent aussi bien l'un que l'autre les milieux des cercles de jeux et des machines à sous. Franc-maçon, au Grand-Orient, comme Roland Dumas, Alfred Sirven* [le pivot de l'affaire Elf, étrangement oublié] *est lié aux deux hommes. C'est loin d'être leur seul ami commun. Roland Dumas fait partie, comme Charles Pasqua, du groupe des 21, une association d'hommes politiques des deux bords qui déjeunent ensemble régulièrement* ».

44. D'après Laurent Valdiguié, *La Tour Elf livre ses secrets au juge*, in *Le Parisien* du 22/05/97.

45. Cf. *Un Club de Paris inespéré*, in *La Lettre du Continent* du 25/07/96.

Car une nuée d'intermédiaires financiers, parfois douteux, se sont précipités auprès de Lissouba puis de Sassou pour gager le pétrole des années 2 000 (celui des années quatre-vingt-dix a été pré-vendu depuis longtemps par DSN). Ils suivent l'exemple de Michel Pacary, un spécialiste du refinancement de la dette des collectivités locales qui a reconnu avoir contribué au financement occulte du RPR, du Parti Républicain et de personnalités PS [46].

Pacary a monté sa propre association "humanitaire", *Congo-Renaissance*. De source judiciaire, cette "ONG" a été financée par *Coopération 92*, une Société d'économie mixte du département des Hauts-de-Seine présidée par Charles Pasqua. Et elle a elle-même aidé des mouvements de sécession de l'enclave de Cabinda, le mini-Koweit angolais au sud-ouest du Congo... [47]

Dans la même veine,

> « Des organismes financiers tels que Luxembourg Marketing Corporation ou Comissimpex (d'Hassan Hojeij, le partenaire privilégié de Charles Pasqua et de *Coopération 92* au Gabon), par exemple, se retrouvent avec des créances de 330 millions $, gagées sur les redevances pétrolières d'Elf et d'Agip, et menacent de faire bloquer les comptes ou saisir les biens du Congo... ou de ses dirigeants [48] ».

Il ne faudrait pas faire une fixation sur l'entourage de Charles Pasqua. De telles entremises sont "œcuméniques". Au printemps 1998, par l'intermédiaire de Michel Dubois, le Monsieur Afrique de Michel Rocard, Elf négociait ses retrouvailles avec Denis Sassou-Nguesso [49] : elle décaisserait 310 millions de dollars, et obtiendrait un nouveau rééchelonnement de la dette du pays [50]. Autrement dit, Elf apportait dans la balance l'argent pu-

---

46. Selon Antoine Glaser et Stephen Smith, *En Afrique sur la piste de l'argent sale*, in *Libération* du 03/02/96.
47. D'après Éric Fottorino, *Charles Pasqua l'Africain*, in *Le Monde* du 04/03/95.
48. *Créanciers privés à l'offensive*, in *La Lettre du Continent* du 28/05/98.
49. Celui-ci n'a confié à personne d'autre que son neveu Bruno Itoua le soin de créer la nouvelle Société nationale pétrolière congolaise (SNPC). Cf. *Sassou met Elf à l'amende*, in *La Lettre du Continent* du 07/05/98.
50. *Raids du groupe Elf sur Brazzaville*, in *Le Canard enchaîné* du 13/05/98.

blic de l'aide au développement[51] : le coût financier du rééchelonnement. À condition que le nouveau président, Sassou II, ne reparle plus du passé, l'argent versé à Lissouba. Quant aux économies de Sassou I, elles sont depuis longtemps placées. Ou dissipées. Dans le financement de la guerre civile qui a détruit Brazzaville, par exemple.

Poursuivons l'intéressant panorama des spécialistes de la pétrofinance. Sassou II a récupéré Ely Khalil, un ancien conseiller pétrolier du dictateur Sani Abacha[52], que les Nigérians ne sont pas prêts d'oublier. Même l'ex-PDG d'Elf, Loïk Le Floch-Prigent, est venu communiquer son savoir-faire[53].

On retrouve encore quelques prestataires polyvalents. Jean-Yves Ollivier, éminence des tractations clandestines francoafricaines (de l'Afrique du Sud à la Libye, des Comores à l'Angola), est le pivot des nouvelles relations Paris-Brazza.

Pierre Aïm, conseiller du groupe Bolloré, se montre tout aussi proche du général-président de Brazzaville que de celui de N'Djamena. Il a pris une option sur le chemin de fer Congo Océan[54]. Le 24 mai 1998, en sa résidence de Rambouillet, il a royalement fêté l'anniversaire d'Antoinette Sassou[55].

Il n'est pas seul à célébrer la nouvelle ère :

> « Réjouissons-nous : enfin un pays d'Afrique centrale où nous pouvons encore mettre les pieds après une petite guerre. Pour une fois, c'est le camp francophile qui l'a emporté... ». (Un Français expatrié[56]).

> « Les entreprises *[principalement françaises]* sont décidées à *[faire]* repartir *[leur activité]* au plus vite. [...] *"Grâce à la production pétrolière en plein boom, les perspectives économiques sont prometteuses"*, souligne un diplomate. *"Les sociétés ont très bien gagné leur vie avant la guerre et ont accumulé suffisamment de réserves pour repartir"*,

---

51. Ce n'est pas une première. « *Elf est un* [...] *abonné au guichet public.* [...] *En 1995,* [la Caisse française de développement a prêté] *440 millions de francs à Elf-Congo* » (Christophe Grauwin, *Les milliards perdus du banquier de l'Afrique*, Capital, 11/97).
52. D'après *Les détails du contrat RAIL*, in *La Lettre du Continent* du 24/09/98.
53. Selon *La Lettre du Continent* du 26/02/98.
54. Cf. *Bolloré, le dernier empereur d'Afrique*, in *La Lettre du Continent* du 24/09/98.
55. Cf. *Pierre Aïm sur tous les fronts*, in *La Lettre du Continent* du 28/05/98.
56. Cité par *Le Figaro* du 22/06/98.

reconnaissent leurs responsables en privé. Quand elles n'ont pas fait de juteuses affaires à Pointe-Noire pendant les affrontements[57]».

Autrement dit, ces entreprises ont fait de gros profits avant ou pendant la guerre civile. Avant celle-ci, l'espérance de vie au Congo-B n'était que de 51 ans ; seulement la moitié des enfants étaient vaccinés contre la tuberculose et 42 % contre la rougeole. Le classement du pays à l'Indicateur du développement humain (IDH) le faisait reculer de 14 places par rapport au produit par habitant[58]. Bravo la redistribution !

La guerre n'a évidemment rien arrangé. L'état de Brazzaville évoque Berlin en 1945. Première capitale de la "France libre", elle fait honneur à un demi-siècle de politique franco-africaine. 5 000 à 15 000 civils sont morts de ce n'importe quoi.

Pour prolonger cette gabegie, il faut la déguiser. Les vendeurs d'"image" - cette pacotille des temps modernes - se bousculent :

« On a vu François Blanchard, le "monsieur Afrique" de Thierry Saussez - homme-protée de la communication politique françafricaine -, être le premier Occidental à embrasser devant une caméra de télévision le général vainqueur Sassou-Nguesso[59]. Moins d'un mois après cette victoire, la Françafrique, emmenée par Thierry Saussez, a affiché son amour du régime angolais : Elf, Castel, et compagnie, se sont payé dans *L'Express* du 13 novembre vingt pages de publireportage en quadrichromie, *Angola tourné vers l'avenir*. Des fleurs au bout des fusils... [60]».

À Paris aussi l'on s'est bousculé pour saluer Sassou II. Mi-décembre 1997 - deux mois à peine après la fin du carnage -, le tombeur de Brazzaville a reçu dans le cadre fastueux de l'hôtel Crillon : Vincent Bolloré, Robert Feliciaggi, Philippe Jaffré, Jean-Christophe Mitterrand, Charles Pasqua, Guy Penne, Fernand Wibaux, etc. Avant de rencontrer Jacques Chirac en tête à tête à l'Élysée[61].

---

57. Stéphane Dupont, *La vie reprend lentement son cours à Brazzaville meurtrie par cinq mois de guerre civile*, in *Les Échos* du 18/02/98.
58. Cf. PNUD, *Rapport mondial sur le développement humain 1998*, Économica. `
59. *France 2*, 17/10/97.
60. F.X. Verschave, *La Françafrique*, op. cit., p. 314-315.
61. Cf. *Hôtels Crillon, Meurice et Saint-Honoré pour la délégation de Sassou à Paris*, in *La Lettre du Continent* du 01/01/98.

Répression franco-africaine

Sassou-Nguesso n'a pas changé. Il n'a nullement l'intention de partager le pouvoir, ni le gâteau pétrolier. La coalition militaire hétéroclite sur laquelle il s'appuie, composée en grande partie de miliciens et de soudards, n'est pas faite pour favoriser une pacification. La guerre civile ne cesse de resurgir au sud du pays. Les villes et villages sont bombardés, les habitations incendiées, de nombreux civils tués. Et le risque est très grand que le conflit ne dégénère en une guerre ethnique.

Le 12 mars 1998, le Parlement européen a demandé la suspension de toute aide non-humanitaire au Congo qui n'est « *plus un État de droit* ». En avril, la Fédération internationale des droits de l'Homme (FIDH) a publié un rapport établi par l'Observatoire congolais des droits de l'Homme (OCDH), qui lui est affilié. Ce rapport relate 26 cas d'exécutions sommaires depuis la victoire de Sassou-Nguesso. Au nom de toutes les Églises congolaises, le très prudent archevêque de Brazzaville Mgr Barthélémy Batantou avait déjà dénoncé le 3 février la poursuite de telles exécutions, plusieurs mois après la fin de la guerre[62]. Des jeunes filles et des femmes sont violées impunément par les miliciens Cobras ou les soldats angolais (18 cas signalés), puis parfois exécutées (5 cas). Il faut ajouter que la plupart des Cobras sont atteints du sida.

Le 15 avril 1998, la FIDH signalait à la Commission des droits de l'Homme des Nations unies :

> « Exécutions sommaires, arrestations et détentions arbitraires, sont actuellement monnaie courante [...]. D'une manière générale, l'autorité judiciaire ne peut agir efficacement, faute d'indépendance, ce qui consacre le règne de l'arbitraire et de l'impunité. Les auteurs des violations des droits de l'homme sont des individus armés, agissant en uniforme et en civil, manifestement assurés d'une totale impunité ».

La France, une fois de plus, est mouillée jusqu'au cou. Jacques Chirac soutient sans état d'âme son vieil ami Sassou.

---

62. AFP, 03/02/98.

Elf finance le nouveau régime. Des avions français participent à sa logistique guerrière. La DGSE forme la garde présidentielle et réorganise l'armée. Des hommes de Bob Denard ont "instruit" les Cobras, sur contrat de la société 3 M et financement d'Omar Bongo. Le "conseiller en sécurité" Patrick Ollivier travaille auprès du ministre de l'Intérieur Pierre Oba. Son collègue Michel Lecornec, émargeant depuis une décennie sur le budget de la Coopération, a été embauché comme conseiller spécial de DSN après que Charles Josselin ait rompu son contrat de 500 000 FF/an[63]. Le général Jeannou Lacaze, ex-chef d'état-major de Mitterrand et de Mobutu (une référence !), au mieux avec la nomenklatura du *Hutu power*, vient jouer les stratèges auprès du chef d'état-major congolais, le colonel Motandeau-Monghot. Lequel a sous ses ordres « *des troupes F, A, M, T* [Français, Angolais, Marocains, Tchadiens] *et autres partisans et amis* » pour, entre autres, « *repérer et écraser les différents groupes* [...] *qui représentent le fer de lance du pouvoir déchu*[64] ».

Le chef d'état major admet « *l'indiscipline, les pillages, les viols, les vols, les braquages, les exactions diverses et l'incapacité au combat actuel sont une série de maux qui minent nos troupes*[65] ». Le chef des Cobras, le « général Giap », alias Jean-Marie Tassoua, formé à l'école militaire de Saint-Maixent, n'a pas tant de scrupules : « *Nous n'allons pas nous laisser embêter par des morpions !*[66] ».

En avril-mai 1998, le district de Mouyondzi, à l'est de la région du Bouenza, a été totalement isolé du reste du monde par des centaines de Cobras, soutenus par des soldats angolais et des mercenaires européens, principalement français. Le

63. Cf. *Des officiers de la DGSE pour Sassou II*, in *La Lettre du Continent*, 13/03/98.
64. Instructions *Opération Colombe II*, du chef d'état-major général des Forces armées congolaises, le colonel Motandeau-Monghot, n° 0137/MON/FAC/CMG du 26/03/98.
65. Idem.
66. Cité par Caroline Dumay, *La percée du Giap congolais : de la banque à la kalachnikov*, in *Le Figaro* du 20/10/97. Le "général" confirme le soutien décisif apporté par le Gabon d'Omar Bongo - et donc par la France, même s'il ne veut parler à son propos que de « *neutralité active* » (sic).

1ᵉʳ avril, une colonne de "pacificateurs", dirigée par le colonel Prosper Konta[67], vient semer la terreur dans Mouyondzi : assassinats, viols, incendie d'une quarantaine de maisons, pillage. Une partie de la population s'enfuit dans les forêts et les grottes avoisinantes - entraînant une forte mortalité par manque de nourriture et de soins. Les hommes réagissent, s'organisent et chassent les miliciens. Ils livrent bataille le 6 avril à une colonne appelée en renfort, tuant une soixantaine de Cobras. Ce qui a suscité blocus et représailles.

Les accrochages n'ont cessé depuis de se poursuivre. L'ex-Premier ministre Bernard Kolelas a déclaré sur RFI que ses partisans ont réagi à des exécutions sommaires commises par les forces pro-Sassou près de Mindouli. Ce qui a provoqué une interruption du trafic ferroviaire[68]. Le 21 octobre, des opposants au nouveau régime ont signalé[69] le massacre de la famille du commerçant Serge Normal à Matoumbou, un village de la région du Pool, et la disparition de l'évêque de Kinkala Anatole Milandou. À Madingou, chef-lieu de la Bouenza, des troupes tchadiennes ont été déployées. Début octobre, des émissaires de Sassou auraient acheté en Italie des mines anti-personnel et du napalm. L'Observatoire congolais des droits de l'Homme (OCDH) conclut ainsi son rapport intérimaire du 4 novembre 1998, intitulé *La consécration de la terreur et de l'injustice* :

> « La multiplication des arrestations et détentions arbitraires ou illégales, des exécutions sommaires, face auxquelles l'appareil judiciaire - sous les ordres du gouvernement - ne sert plus de recours efficace, conduit inexorablement le Congo-Brazzaville vers le chaos et la barbarie ».

La répression a continué de profiter des très opportunes manœuvres franco-gabonaises "Koubia" à la frontière congolaise : l'accord de Défense avec le Gabon permet ainsi de pallier

---

67. Qui dirigea en 1988 le massacre d'Ikonongo, le village de Pierre Anga.
68. D'après IRIN, 05/10/98. Cf. aussi le rapport intérimaire de l'Observatoire congolais des droits de l'Homme (OCDH), *La consécration de la terreur et de l'injustice*, 04/11/98.
69. Communiqué de l'Association pour l'information et la défense de la démocratie au Congo (AIDDC), 21/10/98. Des crimes sont commis aussi par les milices anti-Sassou.

l'absence d'un accord de Défense avec le Congo. Les Transall français accélèrent leurs rotations sur l'aéroport gabonais de Franceville (à moins de 100 km du Congo). Les hélicoptères Puma du 6e BIMa, basé au Gabon, débordent largement dans le ciel congolais. Les renseignements ainsi recueillis, transmis directement à l'état-major congolais et ses discrets conseillers français, permettent d'affiner la conduite des opérations.

C'est avec ce genre de scénario - une action clandestine de grande envergure, directement branchée sur l'Élysée - que la France s'est retrouvée, en 1994, au cœur de l'apocalypse rwandaise. Le Premier ministre cohabitant Lionel Jospin sera-t-il aussi peu efficace que son prédécesseur Édouard Balladur pour arrêter l'engrenage ?

D'autant que, question diplomatie, Paris s'obstine à fermer les issues. Sous la pression de l'Élysée, le président ivoirien Bédié a dû expulser début mai 1998 Bernard Kolelas - président de l'ERDDUN, qui représente une forte majorité de l'électorat congolais. Cet interlocuteur non négligeable avait jusqu'alors été accueilli à Abidjan. Mais, comme l'écrit un journal ivoirien : « *La Côte d'Ivoire ne peut pas continuellement accueillir sur son territoire un individu que la métropole, la France, ne peut pas sentir*[70]».

« La France est et restera engagée en Afrique. [...] Le premier principe de notre politique est [...] la fidélité : fidélité à nos partenaires, [...] concertation politique renforcée comme on l'a vu [...] *[au]* Congo-Brazzaville ». (Hubert Védrine, ministre des Affaires étrangères[71]).

« La France [...] demeure au premier rang du combat pour la démocratie et les droits de l'homme [...]. *[Elle entend]* s'interdire toute ingérence, de quelque nature qu'elle soit, politique, militaire ou autre *[en Afrique]* » (Jacques Chirac, discours aux ambassadeurs de France, 27/08/97).

« La France maintiendra en Afrique une présence stabilisante et utile ». (Hubert Védrine, interview au *Monde* du 29/08/97).

---

70. Abdoulaye Villard Sanogo, *Expulsion de Bernard Kolelas. La diplomatie ivoirienne se réveille*, in *Notre voie* (Abidjan) du 14/05/98.
71. Point de vue, in *Le Figaro* du 25/06/98.

3. EYADEMA NOTRE AMOUR

Le pupille de la "coloniale"

En 1962, le sergent Étienne Gnassingbe Eyadéma rentrait de la guerre d'Algérie, au terme d'une (modeste) carrière dans l'armée coloniale, commencée en Indochine. Le Togo était une démocratie. Son président, le leader indépendantiste Sylvanus Olympio, avait été très largement élu au grand dam de Jacques Foccart et François Mitterrand - tous deux déjà très investis Outre-mer.

Eyadéma et quelques collègues, mécontents d'un régime trop démuni d'armée pour les enrôler, résolurent de le renverser. Ils passèrent à l'acte avec le plein appui, sinon sur l'ordre, du commandant Georges Maîtrier. Celui-ci tenait en main la force publique dans le cadre de la coopération militaire franco-togolaise. Il était aussi le conseiller d'Olympio pour les affaires de sécurité. Non seulement il ne fit rien pour garantir la sécurité présidentielle, mais un complice, Robert Adewi, affirmera plus tard que, le 12 janvier 1963, Maîtrier donna à Eyadéma 300 000 francs CFA (alors 6 000 francs français) pour abattre Olympio. Le lendemain, le sergent assassina du même coup le président et la démocratie. [1]

L'ambassadeur américain Poullada, chez qui Olympio s'était un moment réfugié, était venu demander à Maîtrier de faire donner la troupe pour sauver le président. Le commandant répondit que l'armée togolaise n'aimait pas Olympio.

> « Les liens entre l'armée française et les armées africaines qu'elle a formées, entraînées, équipées, encadrées, sont d'une force considérable. [...] C'était encore plus manifeste en 1963. Aussi, quand le commandant Maîtrier déclare que l'armée togolaise n'aime pas Olympio, il pourrait aussi bien dire : l'armée française. Celle d'alors, du moins, qui sort à peine des guerres d'Indochine et d'Algérie, qui massacre au Cameroun - Maîtrier en sait quelque chose. Olympio a fréquenté l'Université. Il pense. Une certaine armée française préfère Eyadéma,

---

1. Cf. F.X. Verschave, *La Françafrique*, op. cit., p. 109-120.

Le Togo en quelques chiffres[2]

Superficie : 54 390 km²
Population : 4,4 millions d'habitants (1998)
Croissance de la population : 2,7 % par an (1995-2015)
Espérance de vie : 50 ans (1995)
Mortalité des moins de 5 ans : 12,5 % (1996)
Principale agglomération : Lomé
Produit national brut (PNB) : 1,3 milliards de $ (1995)
Produit intérieur brut (PIB) : 1 milliards de $ (1995)
PIB réel/hab., en parité de pouvoir d'achat : 1 167 $ (1995)
Dette extérieure : 1,5 milliard de $ (1995), soit 121 % du PNB
Aide publique au développement reçue : 166 millions de $ (1995)
Taux d'alphabétisation des adultes : 52 % (1995)
Population ayant accès à l'eau potable : 55 % (1990-96)
Agriculture : 66 % de la population active (1990)
Monnaie : franc CFA (FCFA).

renvoyé de l'école primaire à 16 ans pour "*fainéantise et voyoucratie*" après avoir triplé, en vain, le cours élémentaire première année[3]. De la bonne matière première pour les guerres coloniales, où on l'enverra [...]. Pour cette armée française en panne de décolonisation, le choix entre Eyadéma et Olympio relevait de l'évidence.

Eyadéma semble avoir eu l'éclair d'intuition qui a fait sa carrière : tenir la France par un crime dont elle serait complice. L'éclair des balles. Cela expliquerait, s'il est exact, le propos que lui aurait lancé De Gaulle lors de leur première rencontre à l'Élysée, en septembre 1967 : "*Vous avez tué Olympio ; vous avez eu tort*[4]". Il n'empêche : dès le 10 juillet 1963, l'Élysée s'est lié par un accord secret de défense à une armée togolaise dont Eyadéma est devenu l'homme fort. Il commande en effet une nouvelle compagnie d'infanterie, regroupant les anciens de la guerre d'Algérie...

Le trop faible et trop civil *[président]* Grunitzky *[propulsé par les putschistes]* ne fait pas le poids. Début 1967, Eyadéma décide de le renverser, avec le feu vert de Paris. Il choisit pour ce faire la date du 13 janvier, anniversaire de l'assassinat d'Olympio. Tout va baigner avec ce chef d'État galonné, "*parce que joue en permanence, chez l'ancien sous-officier de l'armée française, une profonde francophilie, un patriotisme français, pourrait-on dire*", s'extasie Jacques Foccart[5]».

2. Cf. PNUD, *Rapport mondial sur le développement humain 1998*, Économica.
3. Cf. *Eyadéma : biographie non officielle !*, in *Black* du 15/06/85.
4. *Foccart parle*, Entretiens avec Philippe Gaillard, Fayard/Jeune Afrique, t. 1, 1995, p. 272. Il n'est pas impossible que Foccart ait "arrangé" ce sombre épisode.
5. F.X. Verschave, *La Françafrique*, op. cit., p. 120-121.

Et d'en rajouter une louche - quitte à faire déborder la vase :

> « L'attachement profond qu'il *[Eyadéma]* manifestait à l'égard de la
> France, l'ardeur et la conviction qu'il mettait au développement de son
> pays étaient des éléments auxquels le Général De Gaulle était sensible,
> ce qui avait tissé au fil des ans un mode relationnel, une estime mu-
> tuelle. On peut aller jusqu'à dire, un lien filial de cœur et d'esprit [6] ».

Trente-cinq ans après le putsch meurtrier de 1963, le sergent
devenu général est toujours le dictateur du Togo. Il a pris
Mobutu pour modèle de "gestion" économique et politique [7].
Militairement, il se laisse conseiller comme Mobutu par le
général Jeannou Lacaze.

Sylvanus Olympio estimait que son pays n'avait pas besoin
d'armée. Eyadéma s'est forgé une garde prétorienne de qua-
torze mille hommes, issue à 80 % de sa région, au Nord, et
commandée par des parents. À plusieurs reprises, cette armée a
brisé la revendication démocratique [8], entretenant la terreur
dans l'intervalle par ses "escadrons de la mort" [9]. Abondam-
ment équipée par la France, elle est encadrée par une soixantaine d'instructeurs et conseillers militaires français [10].

C'est un Français qui dirige l'école militaire établie dans le
village natal du général Eyadéma : Pya. Elle recrute et forme,
en majorité, des éléments issus de l'ethnie présidentielle [11].

> « Des officiers français occupent des postes de responsabilité au sein
> de l'armée togolaise, ce sont eux qui, pratiquement, gèrent l'intendance
> militaire au Togo. Le commandement de l'aéroport de Niantougou et
> de la Marine sont entre les mains d'officiers français. Nombre de ceux
> qui ont séjourné au Togo occupent aujourd'hui de très hautes respon-
> sabilités dans l'armée française [12] ».

6. Interview à *Lumières noires magazine* du 15/01/97.
7. Cf. Stephen Ellis, *Rumour and power in Togo*, in *Africa*, 63 (4), 1993, p. 464 et 473.
8. Cf.Agir ici et Survie, *L'Afrique à Biarritz*, Karthala, 1995, p. 68-71.
9. La tristement célèbre unité *Pigeons*, l'un des principaux fournisseurs de ces
"escadrons de la mort", a été formée en 1988 par une mission spéciale de la coopération
militaire française - le futur DAMI, qui "s'illustrera" au Rwanda.. D'après *Les
Nouvelles du Togo*, 16/12/94.
10. Cf. *Le général Eyadéma, l'ami retrouvé*, in *La Croix* du 13/09/94.
11. Selon Philippe Demenet, *Les coulisses d'une réunion de famille*, in *Croissance* de
décembre 1994.
12. Francis Viotay, in *L'Afrique à Biarritz*, op. cit., p. 74.

Lorsqu'à la suite des exactions de 1991 la coopération militaire a été officiellement coupée, les militaires français sont demeurés au Togo. L'attaché militaire français à la Présidence togolaise a été un moment rappelé en France : il s'est contenté de demander sa mise en disponibilité, puis il est retourné au Togo à titre "privé" - pour redevenir l'un des plus proches collaborateurs du général Eyadéma [13].

Le chéri de la Françafrique

Économiquement, le Togo est sinistré [14]. L'Office togolais des phosphates, qui dispose de la principale richesse du pays, a été mis en réseau avec une vingtaine de sociétés-écrans, domiciliées à Jersey, au Panama, au Liberia, en Suisse... [15]. En 1985, on estimait déjà à une trentaine de milliards de FF la cagnotte ainsi détournée. Les finances de l'État, les entreprises publiques et le secteur privé dit "moderne" sont presque exclusivement entre les mains du clan présidentiel, centré sur le village d'origine, Pya, et l'ethnie Kabiyé. Avec une telle gestion, on comprend que le Togo ait eu son lot d'"éléphants blancs" (coûteux projets abandonnés ou ruinés) et qu'il soit surendetté.

Pour leur nourriture, les habitants ne disposent en moyenne que de 1 736 calories par jour, l'un des chiffres les plus bas du monde - en chute de 23% depuis 1970. De même, le taux de vaccination contre la rougeole n'est que de 39% : seuls Haïti et le Mali font moins bien. Et il n'y a que 6 médecins pour 100 000 habitants. [16] Eyadéma n'en est pas gêné. Il rejoint fréquemment sa luxueuse demeure parisienne, pour rencontrer ses amis et le cas échéant se faire soigner.

---

13. D'après Jean Dégli, ibidem, p. 76.
14. Cf. *Dossiers noirs n° 1 à 5*, Agir ici et Survie/L'Harmattan, p. 93-100 et *L'Afrique à Biarritz*, op. cit., p. 65-77.
15. Cf. *La Tribune des démocrates* (Togo) du 29/11/94 (qui fournit l'organigramme de ces sociétés).
16. Chiffres de 1995. Cf. PNUD, *Rapport mondial sur le développement humain 1998*, Économica.

Inversement, Lomé est une étape très prisée des dirigeants français en période pré-électorale. L'ex-ministre de l'Intérieur Charles Pasqua est le plus remarqué. Mais Jean-Christophe Mitterrand et son entourage affectionnaient particulièrement le Togo et son général. Quand à Jacques Chirac, il déclarait en 1992 qu'il avait avec Gnassingbe Eyadéma des relations téléphoniques quasi quotidiennes [17]. Pour phosphorer de concert ?

Les bonnes relations franco-togolaises sont lissées grâce à une batterie de conseillers en image et relations publiques. L'agence BK2F d'Alexis Beresnikoff, également prestataire de Denis Sassou-Nguesso, avait ainsi décroché au Togo un contrat de communication de 4 800 000 FF - sur lequel elle aurait reversé 10 % à l'association pasquaïenne *Demain la France* [18]. Dans son numéro du 14 février 1996, *Jeune Afrique* insérait un publireportage politique en faveur du régime Eyadéma, payé par les Togolais. Une semaine plus tard, Me Jacques Vergès signait dans cet hebdomadaire un éloge du « *Togo nouveau* » [19].

Recrutée à son tour pour dorer l'image du président-général, la société *Image et stratégie* de Thierry Saussez a trouvé un moyen inédit de vanter le caractère "démocratique" d'une dictature invétérée. Dans une campagne destinée aux médias occidentaux, elle a développé l'argument suivant : l'existence de quelques journaux d'opposition démontre la liberté d'expression qui règne au Togo... Les rédactions des journaux traqués, ou fermés comme *La Tribune des démocrates* et *Kpakpa*, ont apprécié. On imagine Brejnev se targuant de n'avoir pas liquidé Sakharov...

Se joignent à ce concert flatteur une série d'habitués de Kara, le fief d'Eyadéma. Celui-ci y reçoit à grands frais, surtout le 13

---

17. Cf. Géraldine Faes, *Foccart : la cellule élargie*, in *Jeune Afrique* du 06/10/94.
18. Selon Antoine Glaser et Stephen Smith, *Ces messieurs Afrique*, tome 2, Calmann-Lévy, 1997, p. 157-162.
19. Jacques Vergès est actionnaire de *Jeune Afrique* - comme Elf et feu Jacques Foccart, qui légua ses archives à l'hebdomadaire (cf. *La Lettre du Continent*, 29/02/96).

janvier, fête nationale : il a eu le bon goût de la fixer le jour anniversaire de l'assassinat de Sylvanus Olympio.

L'ancien ministre de la Coopération Bernard Debré est le *groupie* le plus assidu. Le 13 janvier 1996, il paradait en limousine au côté de son ami président. L'année suivante, il précisait : « *Ma présence ici pour ce 13 janvier est une présence habituelle* ». En 1998, il ajoutait : « *C'est une histoire presque d'amour entre la France et le Togo, entre ma famille et la vôtre* ». Même François Mitterrand a fêté le 13 janvier d'Eyadéma, rappelant à cette occasion sa défiance envers le président assassiné.

Fin 1997 à Hanoï, lors du sommet de la Francophonie, le fidèle Roland Dumas a résumé la situation :

> « Le Président de la République du Togo, c'est un ami de la France de longue date, c'est un ami personnel. [...] Le président Eyadéma [...] a employé une expression que je trouve très originale : *"La Francophonie est une grande famille"*. [...] Ensuite [...] nous avons évoqué le Droit constitutionnel [...]. Et je dis que nous étions sur un terrain de communion, c'est-à-dire que le président de la République togolaise veille vraiment au respect de l'État de droit ».

L'obligation démocratique

Au Bénin voisin, le processus démocratique s'est enclenché dès 1990. Une Conférence nationale souveraine "remercia" le général-président Mathieu Kerekou. Son homologue togolais, pressé par de vigoureuses manifestations pro-démocratiques, réprima et temporisa. Il trouva finalement le moyen de remporter, quasiment par forfait, l'élection présidentielle de 1993 :

> « Son rival le plus dangereux n'était autre que Gilchrist Olympio, le fils de Sylvanus. Les éminents juristes français dont Eyadéma cultive l'amitié, à commencer par le professeur Charles Debbasch et l'avocat Jacques Vergès, ont trouvé des astuces de procédure pour écarter ce rival : son dossier médical de candidat, par exemple, avait été établi non à Lomé, mais à Paris. Effectivement, Gilchrist Olympio avait été soigné au Val-de-Grâce. Il avait été blessé en 1992 lors de l'agression

de son petit convoi électoral, en tournée dans le fief du général Eyadéma. L'attaque fit plusieurs morts. Selon des témoignages dignes de foi, elle était commandée par... le capitaine Ernest Gnassingbe, le propre fils de l'ex-sergent Eyadéma [20]».

Pour le scrutin de 1998, Gnassingbe Eyadéma et ses nombreux conseillers françafricains envisageaient un *remake*. Mais le Commissaire européen au développement Pinheiro ne l'entendait pas ainsi. Malgré les pressions françaises, il conditionnait la reprise de la coopération européenne à « *l'organisation transparente de l'élection présidentielle* [21]».

Le régime fait mine d'obtempérer. Les publicitaires "de gauche" Jacques Séguéla et Claude Marti sont chargés de communiquer l'image d'un scrutin parfaitement démocratique et limpide - dissimulant une vaste opération de fraude sous l'apparente confusion de l'organisation, selon le scénario qui suit.

Invités, les observateurs internationaux verraient ici et là des électeurs, des urnes et des bulletins, sans savoir comment le tout serait traité. Certains, dont un bataillon de juristes français depuis longtemps choyé par le général-président, n'iraient pas se plaindre. Comme lors des scrutins précédents, ils se rendraient plutôt dans les studios de la télévision nationale pour y louer le parfait démocrate. Les autres n'auraient ni le temps ni les moyens d'enquêter. Pluvieux, le mois de juin est d'ailleurs la meilleure période pour limiter les déplacements intempestifs.

Au pouvoir depuis plus de trois décennies, Eyadéma avait eu le temps de confectionner les listes électorales. Elles n'étaient pas prêtes fin mai 1998, retardant d'autant l'envoi des cartes d'électeurs pour le scrutin du 21 juin. En particulier les cartes destinées aux quartiers, régions ou milieux mal-pensants.

L'opposition, dans le même temps, n'avait qu'un accès dérisoire aux médias. Elle était pratiquement interdite de campagne dans le Nord du pays, fief d'Eyadéma. Le président pouvait

---

20. F.X. Verschave, *La Françafrique*, op. cit., p. 124-125.
21. Cité par *L'autre Afrique* du 12/11/97.

109

donc, en toute assurance, fournir par anticipation à des interlocuteurs choisis le résultat du scrutin : 55 % à 60 % pour lui, et le solde pour ses challengers[22]. Le moins possible pour le revenant Gilchrist Olympio.

Le 21 juin, comme prévu, la machine à frauder et à tordre les résultats a fonctionné à plein. Dès le lendemain, le pouvoir annonçait que le candidat officiel était élu au premier tour. Le 24, le ministère de l'Intérieur donnait le score exact d'Eyadéma : 52,13 % des voix. Le 25, le directeur de campagne du général lâchait : « *Le décompte des voix est bien avancé* »...

Les obstacles à la libre expression du vote s'avéraient tels que les observateurs de l'Union européenne avaient, avant même le scrutin, jugé impossible qu'il présente « *les garanties de transparence requises* ». Des garanties au nom desquelles l'Europe avait, pour 12 millions de FF, accepté de financer l'élection...

Et pourtant, l'imprévu est arrivé : un raz-de-marée en faveur de Gilchrist Olympio, le fils du président assassiné par Eyadéma. Comme un ouragan d'aspiration à la légitimité. À Lomé, Gilchrist obtenait 80 % des voix[23]. Il dominait largement dans le Sud, beaucoup plus peuplé.

Du coup, il fallait transformer en matraquage la fraude subtile programmée. Le parti au pouvoir dénonçait la Commission électorale nationale (CEN), que le régime avait lui-même installée. Le ministère de l'Intérieur arrachait à la CEN le décompte des voix. Et l'on commençait, littéralement, à cogner : le siège de l'UFC (Union des forces du changement, le parti d'Olympio) était saccagé par les forces de "l'ordre" ; son vice-président, septuagénaire, avait le crâne fracturé.

Dans la capitale, les manifestants défilaient jusque devant l'ambassade de France, aux cris d'« *Eyadéma voleur, la France complice !* ». Dans d'autres localités, l'armée tirait à balles réel-

---

22. Cf. *Le tiercé électoral de Gnassingbe Eyadéma, La Lettre du Continent*, 07/05/98.
23. Selon Thomas Sotinel, *Le général Eyadéma a été proclamé vainqueur du scrutin présidentiel au Togo*, in *Le Monde* du 25/06/98.

les. Trop peu complaisant, le chef des observateurs européens était lui-même arrêté, un bref moment.

Bien la peine d'avoir recruté l'agence de publicité Euro RSCG pour tailler au dinosaure une image démocratique ! Le dictateur togolais a bel et bien raté son examen de passage. L'interruption de la procédure normale de décompte des voix valait aveu de sa défaite dans les urnes face à Gilchrist Olympio. La somme des fraudes, truquages et omissions relevés par les observateurs de l'Union européenne ne laisse aucun doute à ce sujet.

Affirmer, comme *Libération* le 14 août, qu'Olympio a « *tout fait pour pousser à la guerre civile* » parce qu'« *il s'est auto-proclamé vainqueur* » rejoint curieusement le raisonnement des partisans du général : ils avaient averti que l'armée togolaise ressentirait comme une provocation la défaite électorale de son chef. Pourquoi, alors, prendre le risque d'un scrutin ?

L'Union européenne, qui l'a favorisé, est restée cohérente : elle n'a pas avalisé le résultat de l'élection avortée, et ne reconnaît donc pas la légitimité du président "réélu". Bon gré, mal gré, Paris a été contraint de faire profil bas. Même Jacques Chirac, interrogé lors d'un voyage en Afrique, a refusé de se prononcer sur l'issue du scrutin : une première ! La Française-frique est restée comme interdite devant la *vox populi* - tandis que la population togolaise participait massivement à des journées « *Ville morte, Togo mort* ».

Le dinosaure reste dangereux

Le pouvoir en est donc réduit aux habituelles manipulations. Au prétexte d'une attaque fantomatique venue du Ghana tout proche, l'armée a investi Lomé le 16 août 1998. Elle a mis à sac et incendié le siège de l'UFC, ainsi que les domiciles de deux vice-présidents. Il ne restait plus à Eyadéma qu'à imputer les troubles subversifs à Olympio...

Cette armée togolaise est toujours aussi menaçante. Son chef est allié au bloc des généraux de l'ANAD (Accord de non-agression et d'assistance en matière de défense) : le Burkinabé Compaoré, le Nigérien Baré Maïnassara, le Tchadien Déby. Ce dernier a livré au Togo de nombreuses pièces d'artillerie prises aux Libyens - avec un instructeur, Abadi Saïr.

Et que penser des "collaborations" extérieures privées du type SAS (Security Advisory and Service), une "société de sécurité" fondée par un ancien militaire français [24] ?

Comme l'a déclaré dès le 25 juin 1998 le Parti socialiste français, « *la communauté internationale doit tirer toutes les conséquences de la présente situation* » au Togo. Ce n'est certainement pas le moment de valoriser l'armée et le dictateur togolais en leur confiant un rôle dans la constitution d'une force interafricaine de paix.

---

24. Cf. Philippe Chapleau et François Misser, *Mercenaires S.A.*, op. cit., p. 163-164.

III. Hors du "pré-carré"

1. L'ASSAUT DE LA GUINÉE-BISSAU

Un pays méconnu

Que les décolonisations belge et portugaise n'aient pas été des réussites, nul n'en disconviendra. Les résultats obtenus, dans les ex-colonies françaises, par le maintien d'une présence étouffante de l'ex-métropole, ne sont pas tels qu'ils justifient d'aller étendre cette présence aux anciens "protégés" de Bruxelles et Lisbonne. D'autant qu'en général, ni les politiques, ni les militaires français ne connaissent quoi que ce soit des coutumes et de l'histoire de ces contrées "exotiques". Il en existe bien quelques spécialistes hexagonaux, mais il est de bon ton de ne jamais les consulter.

Ainsi se déclencha la tragique aventure française au Rwanda. Le bilan de quatre décennies d'ingérences dans l'ex-Congo belge est assez catastrophique [1]. Dans l'ancienne colonie espagnole de Guinée équatoriale, qui déborde de pétrole, on ne lésine ni sur les basses œuvres, ni sur les témoignages d'affection à l'adresse d'une dictature ethniste [2]. En Angola, les réseaux français ont amplement concouru à la prolongation d'un conflit impitoyable. En Afrique anglophone, les guerres civiles qu'alluma la Françafrique au Nigeria et au Liberia ont fait d'innombrables victimes [3].

Et voilà qu'en 1998, après avoir solennellement proclamé la fin des ingérences, on a remis le doigt dans l'engrenage - à quelques encablures de Dakar. L'endroit est parfaitement inconnu du grand public. Et comme d'habitude les médias parisiens occultent l'engagement français.

---

1. Cf. le *Dossier noir* n° 9 d'Agir ici et Survie, *France-Zaïre-Congo, 1960-1997. Echec aux mercenaires*, L'Harmattan, 1997.
2. Cf. *Dossiers noirs* n° 1 à 5, op. cit., p. 116-119.
3. Cf. F.X. Verschave, *La Françafrique*, op. cit., p. 137-153 et 202-226.

La Guinée-Bissau, du nom de sa capitale, est l'ex-Guinée portugaise. "Découverte" en 1446 par les navigateurs de Lisbonne, elle a subi l'une des plus longues colonisations occidentales (cinq siècles) et l'une des plus longues guerres de décolonisation (1962-1974). Dans cette lutte, les indépendantistes guinéens étaient encore associés à ceux du Cap-Vert au sein du PAIGC (Parti africain pour l'indépendance de la Guinée et des îles du Cap-Vert), mené par le légendaire Amilcar Cabral. Assassiné en 1973 à la veille de l'indépendance, celui-ci est remplacé par son demi-frère Luis. En 1975, l'ex-Guinée portugaise et le Cap-Vert se dissocient, formant deux États distincts.

La Guinée est sortie ruinée de l'interminable guerre d'indépendance. Pays non stratégique, démuni de ressources minières, elle a sombré ensuite dans les luttes intestines. Joao Bernardo Vieira, dit Nino, a renversé son "compagnon" Luis Cabral. Sa gestion clanique et corrompue a vidé les caisses de l'État et cumulé une dette énorme (3,5 années de revenu !), rendant le

---

4. Cf. *Rapport mondial sur le développement humain 1998* du PNUD, Économica.

pays totalement dépendant de l'aide internationale (presque les trois-quarts du PNB en 1995). De plus en plus impopulaire, Nino Vieira a certes remporté en 1994 le scrutin présidentiel. Mais de façon suspecte. Son régime ne tenait qu'à un fil.

Cependant, le Sénégal voisin, et par suite la Françafrique, manifestaient un intérêt croissant pour cet État en deshérence. L'on guigne les droits de pêche sur ses côtes très poissonneuses. Ensuite, l'armée de Dakar, très encadrée par la France, entend poursuivre les rebelles de Casamance - cette province irrédentiste au sud du Sénégal, en guerre de sécession depuis 1982 - qui se replient inévitablement chez leurs "cousins" bissau-guinéens. Enfin, le chapelet de guerres civiles Liberia-Sierra Leone-Casamance a favorisé l'essor d'une série de trafics (armes, drogue, diamants, etc.). Ils passent par la Guinée-Bissau, et leur contrôle est un enjeu régional.

Bref, tantôt par la pression, tantôt par la séduction, Dakar et Paris se sont efforcés d'arrimer Bissau. Malgré sa situation financière désastreuse, la Guinée-B a pu entrer en 1997 dans la zone franc. Elle a dû concéder au Sénégal des accords léonins sur la pêche. Et promettre de fermer son territoire à la rébellion casamançaise. *La Lettre du Continent* résume brutalement la marge de choix laissée au président Vieira : « *il ferme* [...] *les yeux sur le soutien aux Casamançais jusqu'à ce que, étranglé par les soucis financiers, il décide de renouer avec la francophonie* [5]».

La fuite en avant du Sénégal

Dans le *Dossier noir* n° 10, *France-Sénégal. La vitrine craquelée* [6], nous avons relaté les multiples dérives qui minent un pays souvent présenté comme un modèle : corruption presque inégalée, paupérisation, truquage systématique des élections,

---

5. *Conté perd ses amis*, 09/07/98. Le français apparaît ainsi en Afrique comme une langue d'argent, de bois, au besoin de fer et de feu.
6. L'Harmattan, 1997.

torture des détenus, exacerbation des ressentiments entre les castes, refus d'un traitement politique de la question casamançaise - ce qui conduit l'armée, installée dans la guerre, à imposer progressivement ses perspectives au pouvoir civil [7].

Quasiment coupée du reste du Sénégal par la Gambie, la Casamance est peuplée en majorité de Diolas, animistes ou chrétiens, et de Mandingues musulmans. À force de ne pas respecter ses spécificités et de privilégier l'option répressive, Dakar creuse la revendication indépendantiste. L'interminable guerre civile dégénère en une "sale guerre". Elle fait de plus en plus de morts, les exactions se multiplient des deux côtés, l'armée s'habitue à la torture. Les voix modérées deviennent inaudibles. Certes, le parti indépendantiste de l'abbé Augustin Diamacoune (le MFDC, Mouvement des forces démocratiques de Casamance) est profondément divisé. Mais cela augure plus d'un pourrissement que de la paix [8].

> « La dissidence casamançaise prospère dans un contexte de désordre soigneusement organisé par les divers protagonistes, trafiquants et intervenants dans la région [...]. La Casamance est devenue une zone de "haute criminalisation" où se côtoient rebelles "authentiques", rebelles reconvertis dans le trafic d'armes ou le commerce de la drogue, et officiels de tous bords. [...]
>
> L'implication dans le trafic de cannabis représenterait 60 à 70 % des revenus du MFDC. [...] Les marchands d'armes et les trafiquants de drogues nichés au cœur du conflit casamançais appartiennent à des filières politico-mafieuses.
>
> Le président d'une communauté rurale casamançaise estime que de nombreux sympathisants du mouvement rebelle, grâce à leurs relations établies en Gambie, facilitent le trafic d'armes. Ces armes empruntent les pistes de contrebande du sucre et du riz [...].
>
> Rien ne vaut une guerre prolongée pour engranger des soldes accrues. Les militaires de base considèrent comme une chance de combattre dans le Sud, où le soutien financier de l'Arabie Saoudite (par solidarité islamique ?) permet d'améliorer les rémunérations. La

---

7. Le *Dossier* était surtout destiné à montrer les implications françaises, en partie occultes, dans cette dégradation. Mais il n'a vraiment pas plu au régime Diouf, qui s'est ingénié à en brider la diffusion au Sénégal.
8. Cf. *France-Sénégal*, op. cit., p. 33-39.

ligne de crédit ouverte *"pour la défense de l'unité nationale"* est un filon auquel l'armée sénégalaise aura du mal à renoncer [9]».

Bien entendu, l'armée française soutient sans faillir sa filleule sénégalaise, "exemplaire". Elle veut d'ailleurs y distinguer un bataillon modèle de 700 hommes pour la future force interafricaine de « *maintien de la paix* ». En mars 1998, de grandes manœuvres franco-sénégalaises sont organisées, avec l'appoint de contingents mauritanien et malien. Sous le regard intéressé des États-Unis, qui eux aussi choyent l'armée d'Abdou Diouf.

Abordage franco-sénégalais

Quelques mois plus tôt, l'état-major dakarois décidait d'augmenter la pression sur la Guinée-Bissau. Il soupçonnait l'armée et son chef, le général Ansumane Mané, de favoriser en sous-main l'approvisionnement en armes du MFDC - pour diverses raisons, dont la proximité ethnique : la composition de l'armée bissau-guinéenne reflète celle de la population casamançaise [10]. Le 5 janvier 1998, le président Vieira démet le général Mané. Le 8 juin, celui-ci entreprend de renverser le président.

Certes, un putsch, ça n'est pas bien. Mais en vertu de quel mandat le Sénégal voisin dépêche-t-il illico un millier d'hommes [11] pour combattre les putschistes d'un pays indépendant ?

Alors même qu'à Paris la mission parlementaire d'information sur le Rwanda s'interrogeait sur le pourquoi et le comment de l'intervention militaire Noroît, en 1990, c'est par la presse portugaise qu'on apprenait une récidive : l'armée et les services français étaient derrière l'intervention des troupes sénégalaises dans la guerre civile bissau-guinéenne ; Paris les convoyait et

---

9. Idem, p. 36-37.
10. *La Lettre du Continent* (*Conté perd ses amis*, 09/07/98) rappelle par ailleurs que beaucoup de Casamançais ont combattu dans les rangs du PAIGC lors de la guerre de libération.
11. Qui deviendront 1 500. Le corps expéditionnaire sénégalais est accompagné, en mode mineur, par 300 à 400 militaires de Guinée-Conakry.

les guidait au secours d'un président largement discrédité - mais grand ami du régime sénégalais.

Un témoin, Carlos Schwartz, affirme avoir vu les Français débarquer des troupes et du matériel au Sud du Sénégal [12]. Vingt militaires français, amenés par la corvette *Drogou*, orientent et conseillent le corps expéditionnaire sénégalais. Les rebelles annoncent la capture de sept commandos français « *armés jusqu'aux dents* », surpris dans la partie supérieure de l'Assemblée nationale, avec pour mission apparente de corriger les tirs [13].

> « Un groupe d'une douzaine d'agents secrets, spécialisés en politique africaine, est déposé mardi *[30 juin]* à Bissau par une des frégates les mieux équipées : "*La Foudre*". Il s'agit d'hommes parmi les mieux formés du monde pour ce type d'opération. [...]
>
> Outre le renfort de l'"intelligence", la France a dans la zone de Bissau différents types de navires, dont un, aux yeux de tous, aurait lâché un engin de débarquement chargé de munitions et véhicules en direction des Sénégalais. À Dakar, des navires français auraient déchargé armes et vivres en soutien aux forces sénégalaises [14] ».

"Moralité" : la coopération militaire franco-sénégalaise est aussi destinée à doter l'allié dakarois d'un statut de puissance régionale. L'armée française n'hésite pas à s'impliquer dans les travaux pratiques : l'occupation d'un pays voisin.

Car c'est d'une occupation qu'il s'agit. Sénégalais et Français "découvrent" l'hostilité de la population envers le président Vieira, accusé « *de trahison et de corruption* », et la très grande popularité du général Mané. Une forte majorité de Bissau-Guinéens penche pour les "mutins", contre les envahisseurs [15]. Des combats acharnés se déroulent dans la capitale, tuant des centaines de civils et chassant la plupart des 250 000 habitants.

---

12. Interview in *Diario de Noticias* (Portugal), 05/07/98.
13. Cf. *Militaires français à Bissau* et *La guerre renaît à Bissau*, in *Publico* (Portugal), 16 et 20/06/98.
14. *Nino, otage des Français*, in *Capital* (Portugal), 03/07/98.
15. La population « *ne pense qu'à les voir partir* », déclare l'évêque de Bissau au quotidien portugais *Publico*. Cité par *Afrique-Express* du 09/07/98.

Le contingent sénégalais subit des pertes importantes.

Comme de coutume, la presse française, au lieu de vérifier les dires des confrères étrangers, se contente (au mieux) de publier les démentis officiels. C'est assez surréaliste : *Paris dément être impliqué dans l'intervention du Sénégal en Guinée Bissau*, titre *Le Monde* du 30 juin. Le contenu de l'article n'en dit pas davantage : le lecteur ne saura jamais qui a accusé la France, de quoi précisément, et sur quelle base.

Mi-juillet, le ministre Charles Josselin confirme le démenti. Il accuse le Portugal de « *nostalgie coloniale* » ! Le quotidien *Diario de Noticias* ironise, avant d'exprimer tout le respect que ces agissements français inspirent à l'étranger :

> « Paris niant toujours son appui à l'opération sénégalaise, il faudra donc admettre que les vaisseaux de guerre et les engins de débarquement qui soutiennent l'action des troupes sénégalaises ont été volés à l'armée française, ou bien qu'il s'agit de bateaux sénégalais dissimulé sous pavillon français [16]»
>
> « La France fait ici une triste figure, stimulant, alimentant la guerre, usant les Sénégalais comme chair à canon. [...] La France, vieille France, parie sur un dictateur qui n'a pas le moindre respect des droits de l'homme [17]».

L'armée sénégalaise était la figure de proue d'une force de paix interafricaine, fourbie par la France avec l'aval américain ; Paris et Washington lui ont prodigué armements et instruction. Sans délai, voilà ces apports mobilisés dans une aventure militaire sénégalaise, sans doute destinée à torpiller une négociation politique prometteuse sur le conflit casamançais [18]. Le tout au service des vieilles lunes de la géopolitique "francophone".

Impavide, Jacques Chirac déclarait solennellement le 30 juin : « *Le temps des interventions militaires* [est] *dépassé.* [...] *Les ac-*

---

16. *Diario de Noticias* (Portugal), 20/07/98.
17. Ibidem, 25/07/98.
18. Selon Stephen Smith, *Un accord "secret" d'assistance mutuelle*, in *Libération* du 11/07/98. L'article cite un haut responsable sénégalais : « *C'est un groupe de généraux qui nous a imposé cette opération* [en Guinée-Bissau] *et qui la verrouille aujourd'hui totalement* ».

cords de Défense existent, [...] mais la France n'interviendra pas là où elle n'est pas liée. Il n'y aura pas d'ingérence». C'était lors d'une visite officielle en Angola, un autre pays lusophone. On n'y comprend pas très bien le français... Et il y a bien longtemps que plus un Africain ne prend le discours élyséen au pied de la lettre.

Épilogue... provisoire ?

Le 25 août, un premier cessez-le-feu est signé sous la double égide de la CEDEAO (Communauté économique des États de l'Afrique de l'ouest) et de la CPLP (Communauté des pays de langue portugaise) - la première plutôt favorable au président Vieira et plus sensible à la diplomatie de l'un de ses membres, le Sénégal, la seconde plus ouverte aux revendications des mutins, appuyés par la majorité de la population.

Ce premier cessez-le-feu n'a pas tenu deux mois : le Sénégal entendait maintenir une forte présence militaire en Guinée-Bissau, tandis que les rebelles casamançais venaient renforcer le camp rebelle. Les combats reprenaient le 17 octobre, causant de nouvelles pertes à l'armée sénégalaise. La rébellion contrôlait la majeure partie du pays et renforçait ses positions dans la capitale.

Dans la nuit du 1er au 2 novembre, un accord de paix était signé entre Nino Vieira et le général Mané, prévoyant le retrait de toutes les forces étrangères, y compris les troupes rebelles casamançaises ; le déploiement d'une force d'interposition à la frontière avec le Sénégal, et un gouvernement d'union nationale. La mise en place d'un couloir humanitaire devait permettre entre-temps de secourir 350 000 personnes déplacées, très démunies. La paix s'est conclue sous les auspices du Nigeria, heureusement débarrassé de son dictateur Sani Abacha. Survivra-t-elle au prurit des militaires sénégalais et aux calculs de leurs "conseillers" français ?

2. RECHUTES DANS LES GRANDS LACS

Réflexes

Nous ne pouvons dresser ici le tableau d'une région aux évolutions infiniment complexes [1]. Nous ne reviendrons pas sur l'histoire du génocide rwandais [2], ni sur les implications françaises avant et pendant le génocide [3]. Nous poursuivrons plutôt une exploration déjà esquissée dans ces *Dossiers noirs* : comment dans cette région explosive, très loin de s'être remise du cataclysme de 1994, la France (ou plutôt la Françafrique), continue de soutenir et d'armer des régimes ou mouvances à l'idéologie explicitement raciste, responsables d'un génocide ou coutumières du crime contre l'humanité.

Ainsi les troupes du *Hutu power*, c'est à dire les restes des FAR (les Forces armées rwandaises du régime Habyarimana), et les milices *Interahamwe* [4]. En résurgence constante, elles poursuivent un but inchangé, l'extermination des Tutsis, à travers une guerre sans merci qui vise à prendre en otage la population du Nord-Ouest rwandais. Ce qui ne cesse de raviver le spectre du génocide [5].

Ainsi le régime soudanais : il nie l'identité et, pratiquement, le droit à l'existence des peuples méridionaux qui ont le tort d'être non-arabes et/ou non-musulmans [6]. Contre son ennemi

---

1. Pour une approche générale, cf. Colette Braeckman, *Terreur africaine. Burundi, Rwanda, Zaïre : les racines de la violence*, Fayard, 1996. Dans *Le défi de l'ethnisme* (Karthala, 1997), Jean-Pierre Chrétien pointe le principal péril.
2. Cf. Gérard Prunier, *Rwanda : le génocide*, Dagorno, 1997 ; Dominique Franche, *Généalogie d'un génocide*, Mille et une nuits, 1997 ; Jean-Pierre Chrétien, dir., *Les médias du génocide*, Karthala, 1995 ; Colette Braeckman, *Histoire d'un génocide*, Fayard, 1994.
3. Cf. Jean-Paul Gouteux, *Un génocide secret d'État. La France et le Rwanda*, Éd. sociales, 1998 ; Mehdi Ba, *Rwanda, 1994 : un génocide français*, L'esprit frappeur, 1997 ; François-Xavier Verschave, *Complicité de génocide. La politique de la France au Rwanda*, La Découverte, 1994.
4. Cf. *Dossiers noirs* n° 1 à 5 : *Rwanda : la France choisit le camp du génocide*.
5. Cf. Agir ici et Survie, *France-Zaïre-Congo*, L'Harmattan, 1997, p. 65-73.
6. Cf. *Dossiers noirs* n° 1 à 5 : *France-Tchad-Soudan, à tous les clans*.

l'Ouganda, ce régime suscite et soutient intensément un trio de guérillas dantesques : la Lord's Resistance Army, le WNBF (Front de la rive ouest du Nil) et les ADF (Forces démocratiques armées)[7]. La Françafrique ne se contente pas d'aider ces deux pôles guerriers, objets pourtant d'une réprobation universelle. Elle détermine le plus souvent ses alliances dans la région en fonction de leur possible renforcement. Avec par exemple avec le Zaïre de Mobutu, qu'elle réhabilita en 1994 et soutint au-delà de toute raison. Jusqu'à recruter à cet effet des mercenaires serbes ou d'extrême-droite[8].

Ainsi, peut-être, avec Laurent-Désiré Kabila. Se retournant contre l'Ouganda et le Rwanda qui l'avaient porté au pouvoir, il déchaîne un antitutsisme virulent, s'allie ostensiblement avec le *Hutu power*, et reçoit des troupes de Khartoum. Après avoir invité la population de Kinshasa à « *éradiquer* » la « *vermine*[9]», son conseiller psychanalyste Abdoulaye Yerodia s'est félicité de l'invitation de Kabila au Sommet franco-africain du Louvre, et de la compréhension de Jacques Chirac[10]. On voit mal en effet au nom de quels principes celui-ci refuserait la main tendue par quiconque choisit le camp Paris-Khartoum-*Hutu power* contre le "complot permanent" de Washington, Kampala et Kigali.

Ce que nous citions et écrivions voici deux ans dans *Jacques Chirac et la Françafrique* n'a malheureusement guère changé :

> « Pourquoi cet acharnement à soutenir Habyarimana ? [...]. La dimension imaginaire des relations franco-africaines est décisive, y compris [...] lors de crises graves. Je suis convaincu que le mythe des sources du Nil a été important dans la présence française au Rwanda. Je suis convaincu qu'un certain nombre de décideurs ont. cru à la

---

7. Cf. *France-Zaïre-Congo*, op. cit., p. 62-64.
8. Cf. Agir ici et Survie, *Dossier noir* n° 9, *France-Zaïre-Congo, 1960-1997. Échec aux mercenaires*, L'Harmattan, 1997.
9. Cité par Colette Braeckman, *Kinshasa fait bonne figure dans le malheur*, in *Le Soir* du 02/09/98.
10. Interview à *L'Événement du Jeudi*, 29/10/98.

défense de la francophonie, ont été habités par le complexe de Fachoda. [...] Nos "amis africains" sont passés maîtres dans l'instrumentalisation de cet imaginaire [11]».

« La crise du Rwanda a été perçue dans les bons vieux termes de l'ethnicité, du tribalisme [12]».

« Attirée aussi par le miel des trafics habyarimaniens, la Françafrique s'est laissé prendre au piège ethnique. Comme à la fin de la guerre d'Algérie, l'armée française est tentée de placer au-dessus de tout la solidarité avec les troupes locales qu'elle a équipées et entraînées. Au Quai, rue Monsieur, rue Saint-Dominique, à la Piscine, ... tous ceux qui soutinrent sans retenue l'alliance avec le camp génocidaire continuent d'instruire la politique française au Rwanda. Les schémas de diabolisation (du FPR, de l'Ouganda, des anglophones, etc.) hantent toujours les esprits, sous-tendent les analyses. L'information alternative n'a guère d'accès. [...]

L'Internationale démocrate-chrétienne (IDC, qui joue dans la région un rôle difficilement imaginable [13]) poursuit son travail de sape, tandis que certains milieux catholiques sont plus tentés par la croisade que par l'amende honorable. [...] Michel Dupuch *[joue]* sans état d'âme la carte d'une "troisième voie" fantasmatique - car incapable de se dissocier du *Hutu power*, que la "communauté internationale" n'a ni la force ni l'envie de mettre hors jeu. [...] L'on peut craindre la tentation des solutions de force, ou le regain des opérations clandestines » [14].

« Il faut savoir que l'armée française a une autonomie à peu près complète sur le terrain en Afrique, et cela de la façon la plus légale qui soit. Il y a toute une circulation d'argent qui relève de certaines lignes budgétaires reconnues par le Parlement et qui n'est pas contrôlée. Cet argent sert à financer des opérations dont nous n'avons pas la moindre idée. Et de ce point de vue la tragédie de 1994 n'a rien appris aux décideurs français. Au moment où la France était éclaboussée par la tragédie du Rwanda, le ministère de l'Intérieur et toute une série de

---

11. Jean-François Bayart. Entretien in *Les politiques de la haine - Rwanda, Burundi 1994-95, Les temps modernes* n° 583, 07/95.
12. Ibidem.
13. Cf. Léon Saur, *Influences parallèles*, Éditions Luc Pire, Bruxelles, 1998. Ce connaisseur, ancien responsable du Parti social-chrétien belge, démonte les mécanismes du soutien de l'IDC à la "révolution sociale" hutue, puis au *Hutu power*, jusqu'à la solidarité aveugle avec le camp du génocide. Léon Saur ne peut que constater que cette position radicale de l'IDC est aussi celle de la diplomatie française...
14. Agir ici et Survie, *Jacques Chirac et la Françafrique*, L'Harmattan, 1996, p. 66-67.

Services français apportaient leur soutien à l'armée soudanaise pour écraser la rébellion du sud Soudan. Ce soutien se poursuit à l'heure actuelle, il y a des livraisons d'armes. Cela se fait en dehors de tout contrôle parlementaire, en dehors de toute information de l'opinion publique, cela échappe à toute expertise. [...]. Pour le Rwanda même, rien ne dit que le budget de la coopération militaire ne continue pas à financer les anciennes forces armées rwandaises basées au Zaïre [15]».

« Le système Chirac ou le système Pasqua obéissent aux mêmes logiques personnalisées que le système Mitterrand [16]».

« Jacques Chirac choisit, en Afrique centrale, de chausser les bottes de son prédécesseur, astiquées par la hiérarchie militaire [17]. De même, il laisse le lobby militaro-africaniste continuer de choyer la junte soudanaise, après une velléité de prise de distance. L'alliance France-Zaïre-Soudan-*Hutu power* peut donc prospérer [18]».

Manifestement, le président français a loupé un virage :

« Le génocide rwandais [...] marque un tournant, peut-être le tournant le plus important, pas seulement de la politique française en Afrique, mais de l'histoire de l'Afrique francophone : il y a une période d'avant le Rwanda et une période d'après le Rwanda. C'est une césure, peut-être la plus décisive de l'histoire post-coloniale de l'Afrique [19]».

---

15. Jean-François Bayart. Entretien cité, in *Les temps modernes* n° 583, 07/95.
16. Ibidem.
17. Les généraux Quesnot et Huchon jouèrent un rôle déterminant dans la perception géopolitique de la région des Grands lacs et les choix stratégiques élyséens. .
18. Résumé de l'option chiraquienne, in *France-Zaïre-Congo*, op. cit., p. 72.
19. Mamadou Diouf, ancien Secrétaire exécutif du CODESRIA - une plate-forme intellectuelle panafricaine - lors du colloque organisé le 30/09/97 par l'Observatoire permanent de la Coopération française. Selon Julia Ficatier (*La France en porte-à-faux*, in *La Croix* du 16/11/96), Jacques Chirac « *avait au départ la ferme intention* » de reconnaître le génocide rwandais. Il s'apprêtait « *à engager par là même de nouvelles relations avec le Rwanda. Il en aurait été empêché par une partie de la hiérarchie militaire après avoir été mis au fait des imbrications françaises au Rwanda* ».

Entretenons la guerre au Rwanda [20]

Protégé de la déroute par l'opération Turquoise, le camp du génocide (militaires, miliciens, administrateurs, idéologues) a pu se réorganiser dans l'Est du Congo-Kinshasa [21], et en diverses capitales africaines ou occidentales. Rackettant l'aide internationale aux réfugiés [22], recrutant dans les camps de nouvelles troupes, il n'a été qu'à demi-défait en 1997 lors de la guerre du Zaïre - où il s'est trouvé de nouveau l'allié de la France [23]. Il a aidé l'ami Sassou Nguesso à reconquérir le Congo. Associé à des restes de la Garde présidentielle de Mobutu et à plusieurs groupes rebelles de la région (Angola, Burundi, Kivu, etc.), il a recommencé à massacrer les Tutsis au Rwanda. Les tracts qu'il distribue en cette occasion ne laissent aucun doute sur la continuité du projet génocidaire.

Cette continuité fait d'autant moins "problème" que le géno-

---

20. Il n'est pas possible ici de faire l'histoire du régime de Kigali, aux prises avec un pays écartelé (« *Le chiffre de deux millions* [de Rwandais ayant, durant le génocide, commis un crime de sang ou participé à un crime collectif] *est réaliste* », estime un observateur du Haut-commissariat de l'ONU pour les droits de l'Homme, cité par *Le Monde* du 31/03/98). Ni de faire la balance des succès et des échecs, des intentions et des dévoiements, des crimes évités, sanctionnés, couverts, ou commis de sang-froid.

L'avenir du Rwanda est pour le moins critique - d'autant, comme on va le voir, que le feu y est entretenu. On peut, à l'instar de Jean-François Bayart ou Gérard Prunier, être opposé au cours actuel du régime de Kigali, contester sa stratégie et ses méthodes. Des formes de contestation ou de proposition civile et politique existent au Rwanda. Mais une opposition armée, s'alliant inévitablement aux forces génocidaires non repenties, ne peut que susciter un paroxysme de violence. « *La déstabilisation de l'actuel pouvoir rwandais aboutirait à la reprise des massacres et constitue donc un crime* » (Michel Rocard, *Libre opinion*, in *La Croix* du 18/10/97). Si cette déstabilisation est stimulée par la France, cela s'apparenterait à une récidive.

21. « *Très rapidement, les "génocideurs" reconstituèrent leurs structures. Avec trois objectifs : garder la population des camps sous contrôle ; saper la crédibilité du nouveau pouvoir de Kigali ; reconquérir le Rwanda* ». (Patrick de Saint-Exupéry, *Zaïre : deux ans sous la loi des milices hutues*, in *Le Figaro* du 20/11/96).

22. Avant la guerre du Zaïre, le montant total de cette aide s'élèverait à 2,5 milliards de \$ (1994-96). Cf. Human Rights Watch, *Zaïre. Transition, guerre et droits de l'Homme*, 04/97, p. 64.

23. Le réarmement dans les camps de réfugiés rwandais du Kivu a permis de rendre opérationnels au moins 17 000 hommes, sous le commandement des généraux Augustin Bizimungu et Gratien Kabiligi. Mi-mars 1997, ces tirailleurs de la Françafrique seront 6 000 à se battre en première ligne pour la défense de Kisangani (cf. Stephen Smith, *La chute de Kisangani sonne le glas du pouvoir zaïrois*, in *Libération* du 17/03/97).

cide de 1994 est né en tant que tel, ramené à un accès de fureur populaire (malheureusement inextinguible) [24].

Il n'est pas inutile de rappeler comment une France nostalgique a favorisé cette "reconstitution de ligue dissoute". Ou plutôt, elle a empêché cette dissolution au début de l'été 1994, abritant sous le parapluie de Turquoise le repli des combattants, de leurs armes, de leurs chefs (et même de leurs archives).

> « Selon des officiels de l'ONU, les militaires français ont emmené par avion des chefs militaires de premier plan, dont le colonel Théoneste Bagosora *[chef présumé de l'appareil génocidaire]* et le chef des milices *Interahamwe* Jean-Baptiste Gatete, ainsi que des troupes d'élite des ex-FAR et des milices : une série de vols au départ de Goma les a menés vers des destinations non identifiées, entre juillet et septembre 1994.
>
> Selon des témoignages recueillis par *Human Rights Watch [HRW]*, des militaires et des miliciens hutus ont continué de recevoir un entraînement militaire dans une base militaire française en Centrafrique après la défaite des FAR. *HRW* a appris de leaders hutus qu'au moins en une occasion, entre le 16 et le 18 octobre 1994, des membres des milices rwandaises et burundaises ont voyagé sur un vol d'Air-Cameroun de Nairobi à Bangui, capitale de la Centrafrique (via Douala au Cameroun), pour y être entraînés par des militaires français. [...]
>
> Des compagnies d'avions-cargos [...], enregistrées ou basées au Zaïre, ont transporté la plupart des armes fournies secrètement [...].
>
> Ces compagnies opèrent sous contrat avec des officiels du gouver-

---

24. Sur ce sujet, les débats internes à l'Église catholique, omniprésente au Rwanda, sont d'une grande importance. Le 12 décembre 1997, l'épiscopat rwandais a supplié les « *individus et groupes armés qui sont à l'origine de ces affrontements* » de « *renoncer à la logique de guerre* ».
Par ailleurs, le Tribunal pénal international pour le Rwanda (TPIR) a rendu une sentence décisive. Il a condamné pour génocide et puni d'emprisonnement à vie Jean Kambanda, Premier ministre du gouvernement intérimaire (GIR) qui "administra" le projet d'extermination des Tutsis. En plaidant coupable, le condamné aura rendu un service considérable à l'histoire de son pays, contre tous les révisionnismes.
Lui aussi a prononcé à la radio des discours haineux. Mais il ne fut pas dans la conspiration première : il fut choisi parce que relativement "présentable" - à la différence des officiers qui avaient saisi le pouvoir dans la nuit du 6 au 7 avril, 1994 après la mort du président Habyarimana. Cependant, il fut et resta le chef du GIR.
Le tribunal d'Arusha a condamné sans détour ce gouvernement composé à l'intérieur même de l'ambassade de France, sous la houlette de l'ambassadeur Marlaud. Paris ne cessa de reconnaître le GIR et de lui apporter son soutien, au moins diplomatique, durant tout le génocide. La condamnation du chef de cette instance établit donc un premier pan de la complicité française dans le génocide de 1994.

nement zaïrois et des officiers de haut rang des FAZ (Forces armées zaïroises), habituellement alliés au président Mobutu. Elles ont transporté les armes de plusieurs points d'Europe ou d'Afrique [25]».

En avril 1994, Jacques Foccart s'était rendu personnellement à Gbadolite, le Versailles de Mobutu, pour resceller l'alliance France-Zaïre (avec la triple bénédiction de François Mitterrand, Jacques Chirac et Charles Pasqua). Dès l'été 1994, l'officieux Paul Barril remplaçait le trop voyant général Jeannou Lacaze auprès du maréchal Mobutu, avec un rôle proche de celui de chef d'état-major [26]. Barril faisait donc le lien avec les « *officiers de haut rang des FAZ*» qui supervisaient le réarmement du *Hutu power.*

Dans sa série d'articles de janvier 1998, Patrick de Saint-Exupéry révèle par ailleurs que le chef de la Mission militaire de coopération, le général Jean-Pierre Huchon, a maintenu le contact avec le lieutenant-colonel rwandais Cyprien Kayumba, chargé des achats d'armes du camp génocidaire, au minimum jusqu'au 18 juillet 1994 : 15 semaines après le début des massacres, un mois après le début de Turquoise.

Kayumba était basé à Paris. Il est allé notamment au Caire et à Tripoli. Grâce à deux sociétés, dont une française, DYL-Invest, il a acheté et livré quelque 28 millions de FF d'armements. Le patron de DYL-Invest, Dominique Lemonnier, a mis en cause l'État français à la suite d'un litige financier avec Paul Barril. Il est mort peu après d'une crise cardiaque, en sortant d'un déjeuner d'affaires à Annecy [27].

> « Pendant la durée de l'opération Turquoise *[23/06-22/08/94]*, les FAR ont continué de recevoir des armes à l'intérieur de la zone sous contrôle français, via l'aéroport de Goma. Des soldats zaïrois, alors déployés à Goma, ont aidé au transfert de ces armes par-delà la frontière [28]».

---

25. Human Rights Watch/Africa, *Rwanda/Zaïre : Réarmement dans l'impunité. Le soutien international aux perpétrateurs du génocide rwandais*, rapport de mai 1995.
26. Selon Stephen Smith, *La France reste vigilante* [sic], in *Libération* du 05/11/94.
27. D'après Patrick de Saint-Exupéry, *France-Rwanda : les silences d'État*, in *Le Figaro* du 14/01/98.
28. HRW, *Rwanda/Zaïre : Réarmement dans l'impunité*, rapport cité.

Amnesty International a confirmé la poursuite des livraisons d'armes au *Hutu power* via Goma, au moins jusqu'à la mi-mai 1995, « *une fois par semaine - les mardi à 23 h 00 locales* [29]». Une "fuite" a signalé le départ d'Orléans, le 9 juin 1995, d'un convoi aérien (3 Mirage et 4 appareils de transport), organisé par la DGSE et destiné à étayer les préparatifs militaires du *Hutu power* [30].

> « La France a conservé des contacts avec le général Augustin Bizimungu, chef d'état-major des ex-FAR. Selon plusieurs diplomates, il a été reçu à Paris début septembre 1995. Un vice-consul honoraire français l'aurait encore rencontré vers la fin de l'été 1996, au camp de réfugiés de Mugunga.
>
> C'est là que seront retrouvées, dans un bus, les archives de l'état-major du *Hutu power*. On y a découvert des factures et bordereaux de livraison de l'entreprise Luchaire - une filiale du groupe public français GIAT. Selon l'institut anversois Ipis, la Fabrique nationale belge d'Herstal aurait livré quelque 1 500 kalachnikovs chinoises et roumaines aux ex-FAR. Son actionnaire majoritaire n'est autre que le GIAT... [31]».

Après la chute de Mobutu et de son sanctuaire officiel du Kivu, l'armée du *Hutu power* s'est scindée. En juin 1997, les hommes du général Bizimungu sont entrés dans la guerre civile du Congo-Brazza aux côtés de Sassou-Nguesso. Puis une partie d'entre eux a retraversé le fleuve Congo, en septembre 1998, pour combattre l'ennemi rwandais avec l'armée de Kabila. Mais la majorité des miliciens du *Hutu power* et des troupes recrutées dans les camps de réfugiés ont conservé leurs bases dans les montagnes de l'Est du Congo-K. Sous la direction d'officiers plus jeunes et avec une nouvelle appellation (l'ALIR,

---

Philippe Jehanne, membre du cabinet du ministre de la Coopération Michel Roussin, confiait à Gérard Prunier le 19 mai 1994 : « *Nous livrons des munitions aux FAR en passant par Goma. Mais bien sûr nous le démentirons si vous le citez dans la presse* ». (*Rwanda : le génocide*, op. cit. p. 333).

29. *Arming the perpetrators of the genocide* (Armer les perpétrateurs du génocide), 13/06/95, p. 4.

30. Cf. *Dossiers noirs* n° 1 à 5, op. cit., p. 18.

31. *France-Zaïre-Congo*, op. cit., p. 71-72.

Armée de libération du Rwanda), ils ont déclenché une furieuse guérilla au Nord-Ouest du Rwanda. Issus pour la plupart de cette région, ils y recrutent, de gré ou de force, de nombreux civils. L'ALIR poursuit une stratégie de la terreur, tant auprès des rescapés du génocide - témoins gênants -, que des autorités administratives et de tous les Hutus qui ne rallient pas sa cause.

« Les populations locales qui sont parfois prises en otages, obligées de ravitailler les groupes rebelles, de les suivre et de participer à leurs opérations. Dans les préfectures de Gisenyi et de Ruhengeri, [...] ces rebelles [...] opèrent par très larges groupes, dépassant souvent le millier de personnes, hommes en armes mélangés aux civils qu'ils poussent devant eux [...]. *[Ils]* visent plutôt les cibles civiles, camps de réfugiés tutsis, bâtiments communaux où ils assassinent les "*traîtres qui collaborent avec Kigali*", les témoins et les survivants du génocide.[...]

Ces infiltrés sont mobiles et se replient volontiers au-delà de la frontière congolaise, emmenant avec eux des civils qui ont participé aux opérations, qui ont été contraints de les suivre ou qui fuient l'armée. Les infiltrés sont soit des miliciens Interahamwe, soit des membres de l'ancienne armée d'Habyarimana, soit encore des jeunes qui avaient été formés dans les camps de réfugiés, l'ensemble de ces rebelles représentant des dizaines de milliers d'hommes, imprégnés de l'idéologie et des méthodes du génocide [32]».

Confrontée à cette guerre civile, qui est aussi une guerre de civils [33], l'armée de Kigali ne fait pas dans la dentelle. Il lui arrive de commettre des massacres. Certains sont sanctionnés, publiquement. D'autres discrètement. D'autres non.

Dans la région, cependant,

« Les ex-FAR et les miliciens ont reçu le renfort des ex-FAZ *[Forces armées zaïroises]* et surtout de l'ancienne garde présidentielle de

---

32. Colette Braeckman, *Grands Lacs : les rebelles ont-ils fait leur jonction ?*, in *Le Soir* du 10/03/98. Sur cette guerre civile, cf. African Rights, *Rwanda. L'insurrection dans le Nord-Ouest*, 1998. Ce long rapport, résultat d'une année d'enquêtes sur le terrain, contient de nombreux témoignages, souvent poignants. Il a été unanimement salué par le corps diplomatique présent à Kigali.

33. « *Les maîtres à penser de cette idéologie génocidaire ont cherché et cherchent encore à y mêler les masses pour diluer la culpabilité* ». (Aldo Ajello, envoyé permanent de l'Union européenne dans la région des Grands Lacs, discours du 07/04/98 à Bisesero, Rwanda).

Mobutu et des troupes de l'Unita *[la rébellion angolaise]*. Cette grande armée désordonnée est un élément de déstabilisation permanente [34]».

« *[Au Congo-Kinshasa,]* les Maï-Maï (rebelles issus des ethnies Hunde et Nyanga) sont actifs dans le Masisi ; au Sud-Kivu, du côté d'Uvira, des Babembe sont en lutte avec les Tutsis Banyamulenge [...].

La rébellion hutue du Burundi, chassée du Kivu en 1996, a tenté de se réinstaller en Tanzanie, aux abords des camps de réfugiés où règne aujourd'hui une situation comparable à celle qui prévalait au Kivu en 1996, lorsque les camps de réfugiés constituaient une menace militaire directe pour Kigali. [...]

Une lettre adressée en novembre 1997 au lieutenant-colonel Nkundiye, chef d'état-major de l'Alir [...], par un intermédiaire l'abbé Athanase-Robert Nyandwi, fait état d'une collaboration croissante entre les FNL *[une des guérillas]* burundaises et les [...] *[rebelles]* rwandais, afin de *"combattre l'oppression tutsie"*. [...]

Il ne semble pas que ces divers mouvements, se réclamant tous de l'*"identité bantoue"* et d'une idéologie marquée par la haine ethniste, aient déjà réussi totalement à coordonner leurs actions, malgré le grand nombre de combattants dont ils disposent. Toutefois, ils ont déjà été aidés par les mobutistes : c'est ainsi que le colonel Boluka, qui était le commandant de l'équipe spéciale de renseignement du président Mobutu, [...], a reçu en Afrique du Sud la visite de deux délégués venus de la région des Grands Lacs, un certain Gahala représentant les rebelles hutus, et un certain Ferudji, envoyé des rebelles Maï-Maï. Selon nos informations, il leur a remis une somme équivalent à 800 millions de FB *[130 millions de FF]*. Ce montant devait permettre d'armer 22 000 rebelles hutus en œuvre dans la sous-région [35]».

Comment ces rebelles sont-ils armés ? D'abord par des parachutages au Nord-Est du Congo-K, le long de la frontière ougandaise et non loin du Soudan - d'où décollent les avions.

On comprend bien pourquoi le régime soudanais facilite les opérations des ennemis de ses ennemis : le *Hutu power* et ses alliés combattent Kigali, associé vulnérable de l'adversaire n° 1 de Khartoum, l'Ougandais Museveni. Leur passion génocidaire n'est pas de nature à troubler les islamistes soudanais.

---

34. Aldo Ajello, interview à *De Standaard* (Belgique) du 12/01/98.
35. Colette Braeckman, *Grands Lacs : les rebelles ont-ils fait leur jonction ?*, in *Le Soir* du 10/03/98.

Mais Khartoum a peu de ressources propres. On observera seulement qu'il garde deux très riches soutiens, le Qatar et les Émirats Arabes Unis. Comme par hasard, ces deux pays sont étroitement liés à la France, par des accords de Défense sans équivalent...

Pour alimenter la déstabilisation de l'Ouganda et du Rwanda, et poursuivre sa propre guerre civile, la junte de Khartoum s'est d'ailleurs branchée sur la Chine : Pékin réduit les effectifs de son armée, ce qui laisse des surplus colossaux.

Il existe une autre voie que l'Est du Congo. Selon la commission d'enquête de l'ONU sur les livraisons d'armes dans la région des Grands lacs, les rébellions hutues rwandaises n'ont cessé d'être approvisionnées depuis la Corne de l'Afrique, via des camps de réfugiés au nord du Kenya :

> « C'est depuis Nairobi, leur QG, que les partisans de l'ancien régime continuent à réunir des fonds, rechercher des soutiens extérieurs, recruter des soldats et se procurer des faux passeports. [...] La Commission avait découvert qu'*"à Nairobi et dans le camp des réfugiés de Kakuma, des personnalités proches de M Sendashonga recrutaient activement des jeunes gens qui étaient ensuite envoyés dans des camps d'entraînement militaire en Tanzanie, à Lukole et Karagwa"*. Selon plusieurs sources interrogées par les enquêteurs, *"il apparaissait que M. Sendashonga souhaitait créer une milice afin d'ouvrir un nouveau front dans l'est du Rwanda. Les recrutements et les entraînements se seraient poursuivis après la mort de l'ancien ministre de l'Intérieur"*.
>
> Cette information troublante, qui met en cause la Tanzanie, est à mettre en rapport avec les accusations formulées par Kigali, selon lesquelles des miliciens hutus auraient été entraînés sur la base militaire de Kamina au Katanga. Ce grief fut invoqué l'été dernier lors du déclenchement de la rébellion. Or, c'est à Kamina également que se trouvaient 600 militaires tanzaniens, chargé de tâches de formation, et qui quittèrent les lieux dès le début des hostilités.
>
> La commission relève aussi que depuis Nairobi un groupe de Hutus extrémistes exerce des pressions sur les autres réfugiés et utilise à des fins militaires des fonds recueillis par des groupes d'Église et des organisations féminines [36]».

---

36. Colette Braeckman, *Les opposants rwandais ne manquent pas d'armes*, in *Le Soir* du 08/10/98.

Si l'on veut connaître les sentiments que tout cela inspire à l'Élysée, il suffit de lire un analyste qui en est très proche, Alexandre Adler - dans un commentaire "prémonitoire" du 5 février 1998, six mois avant la nouvelle guerre au Congo :

> « Les craquements se font terriblement sentir. [...] Les attaques de plus en plus audacieuses de groupes armés hutu au Rwanda, au Burundi, parfois mixtes dans l'ouest de l'Ouganda [...], ainsi qu'au Kivu [...], font peser une redoutable pression sur les deux régimes tutsi, et sur leur protecteur ultime, le président ougandais Museveni. [...]
>
> À Kinshasa même, Kabila commence à se demander si l'heure ne serait pas venue de lâcher ses encombrants protecteurs tutsi. Il y a une solution de rattrapage toute trouvée : renouer avec la France, qui appuie la nouvelle alliance dans l'Atlantique Sud du Congo-Brazzaville de Sassou Nguesso et du Gabon avec le nouveau protégé d'Elf [...] l'Angola postcommuniste.
>
> Ne serait-il pas temps pour Museveni de négocier enfin sérieusement une réconciliation véritable avec son opposition armée dans son pays, et une meilleure entente avec la France et la Tanzanie ? [37]».

Les attaques « *audacieuses* » des « *groupes armés hutu* » - animés au Rwanda d'un indéfectible tropisme génocidaire - deviennent une revanche jubilatoire. Le propos débouche sur une proposition de grande alliance anti-tutsie. Kabila est invité à la rallier, derrière le panache français.

Incohérence ? Inconséquence ? Ou piège ? Mi-1998, Paris aurait fait passer un message à Kampala et Kigali, via Omar Bongo et l'émissaire Michel Tshibuabua, incitant l'Ouganda et le Rwanda, objets d'incessantes attaques depuis l'Est du Congo, à débarquer Kabila. Selon Colette Braeckman [38], Paris aurait « *fait miroiter auprès du président ougandais Museveni une réconciliation avec l'Afrique francophone et promis la sécurité au Rwanda (avec la fin du soutien aux militaires hutus ravitaillés depuis le Soudan et la République centrafricaine)* ».

La proposition à Museveni ne ferait que répéter celle émise par Alexandre Adler dans *L'Express*. Quant à la promesse au

37. *Les Grands Lacs et la France*, in *L'Express* du 05/02/98.
38. *Dix questions pour comprendre la guerre du Congo*, in *Le Soir* du 19/09/98.

Rwanda, elle contiendrait l'aveu d'un secret de polichinelle : la Françafrique soutient le ravitaillement en armes des militaires hutus, non seulement depuis le Soudan, mais encore à travers la jungle végétale et politique du Centrafrique ! Une auto-accusation en quelque sorte, que la mission d'information parlementaire sur le Rwanda devrait tirer au clair...

Asticotons Museveni

Reprenons la fin du propos inspiré d'Alexandre Adler : Museveni devrait « *négocier enfin sérieusement une réconciliation véritable avec son opposition armée dans son pays, et une meilleure entente avec la France et la Tanzanie* ». On sait la nature de « *l'opposition armée* » ougandaise, ces trois guérillas suscitées, entraînées et approvisionnées par le Soudan : la LRA enlève des enfants pour les transformer en machines à tuer ; l'un des leaders du WNBF est le fils d'Amin Dada ; et les ADF ont intégré des éléments du *Hutu power*.

Notons qu'une « *entente avec la France* » est présentée sur le même plan qu'une réconciliation susceptible de mettre un terme aux agressions... Constatons que la Tanzanie se trouve associée à la France, alors que l'ONU signale la présence dans ce pays de camps d'entraînement de rebelles hutus. Rappelons que Gérard Prunier, après avoir décrit la mosaïque des guérillas ougandaises, signale que leurs armes transitent par le Nord-Est du Congo-K, aux confins du Centrafrique et du Soudan :

> « Y compris celles payées par les Français. Car les Français trempent leurs mouillettes dans cet œuf pourri et il y a des armes qui transitent par la République centrafricaine. Évidemment, ce ne sont pas des armes françaises, mais des armes achetées comme d'habitude dans le bloc de l'Est. On ne sait pas par qui, mais on est sûr qu'elles transitent par le territoire français - parce que la République centrafricaine, c'est un territoire français [39] ».

---

39. Gérard Prunier, Conférence du 11/02/97 à la Fondation Médecins sans frontières.

Réhabilitons Khartoum

Depuis 1990, le Soudan militaro-intégriste est une pièce maîtresse du jeu de go franco-africain. Mais on n'affiche pas tous
les jours cette alliance peu reluisante. La visite à Khartoum,
non loin de Fachoda, fonctionne comme une initiation à la
Françafrique et à ses rancœurs fondatrices. La junte islamiste
soudanaise a beau pratiquer l'extermination par la faim des
"mécréants" du Sud, rétifs à sa *charia*, elle a beau sponsoriser
les raids des esclavagistes, il est de bon ton pour les vrais
"responsables", au cœur bien accroché, d'aller lui témoigner
que la France éternelle surplombe les répugnances morales.

Dans la continuité des émissaires de François Mitterrand et
Charles Pasqua, le ministre de la Coopération Charles Josselin
est donc allé à Khartoum, le 10 août 1998. Sans cesser de s'en
prendre à la naïveté de la politique américaine envers ce régime [40], il a prêché un message de paix et de coopération : la
France a choisi de soutenir l'unité du plus grand pays d'Afrique
et de l'aider à se réinsérer dans la communauté internationale [41] ;
la partition du Soudan, résultat possible d'une victoire des
insurgés sudistes, serait une catastrophe régionale. « *La
question du partage des richesses resterait. Les richesses, en
agriculture et en pétrole, restent au Sud, et la majorité de la
population au Nord* [42]».

Au train où s'enchaînent famines et exodes, ce déséquilibre
démographique ne peut que s'accentuer. Tant mieux, si l'on
pousse la logique du propos ministériel : les besoins du Nord,

---

40. Même Jacques Chirac a trouvé que le ministre en faisait trop, juste après les attentats de Nairobi et Dar-es-Salaam (cf. *La leçon de Chirac*, in *Le Canard enchaîné* du
19/08/98). Dans *Le Figaro* du 04/08/98 (*Soudan : les errements de Washington*),
Pierre Prier développe une critique utile et étayée de la politique américaine au Soudan
- sans rappeler son origine : la réaction scandalisée de l'opinion américaine face aux
crimes de la junte. Mais ce n'est pas le cynisme autosatisfait de la politique française
qui aidera à formuler une alternative crédible - si l'on exclut l'indifférence à l'indéfinie
torture des peuples du Sud-Soudan.
41. Depuis la livraison de Carlos en 1994, Paris est, en Europe et au FMI, le principal
opposant aux sanctions contre Khartoum.
42. Cité par Pierre Prier, *Soudan : diplomatie à chaud pour Charles Josselin*, in *Le
Figaro* du 13/08/98.

son "espace vital", lui confèrent un droit inaliénable à exploiter le Sud...

Si Charles Josselin estime que les peuples de cette région ont droit aux valeurs républicaines dont il se réclame, il devrait admettre qu'on ne peut les forcer à se placer sous la coupe d'un régime qui ne songe qu'à les asservir, à piller leur sol et leur sous-sol. Seulement, voilà : les pétroliers français se verraient bien profiter de l'éviction des Américains pour prendre leur part de ce pillage. Et le régime de Khartoum fascine une partie des services de renseignement français, en tant que carrefour de contacts avec les réseaux islamistes.

Mêlons-y Kadhafi

En cette fin d'été 1998, le poker s'enrichit d'un ardent rapprochement entre Paris et Tripoli, nouvel épisode d'une liaison déjà ancienne, qui servit notamment à allumer la guerre civile au Liberia [43] :

> « Il n'y a pas de subtile stratégie [...] dans le nouveau flirt poussé entre le France et la Libye et ses effets induits dans le conflit du Congo-K. Il ne s'agit que de business [...]. Les deux pays sont passés en quelques mois des relations au niveau des services secrets à une normalisation diplomatique, avec la visite cet été au Quai d'Orsay du ministre libyen des affaires étrangères. [...] Avec l'attribution en août d'un important contrat au groupe Suez-Lyonnaise des Eaux et, surtout, la visite à Tripoli de son patron Jérôme Monod, un proche du président Jacques Chirac [...].
>
> Après avoir reçu à plusieurs reprises ces dernières semaines le Congolais Laurent-Désiré Kabila puis le Soudanais Omar El Béchir, le "Prince du désert" finance aujourd'hui une vaste coalition militaire régionale [...] composée du Tchad [...], du Soudan qui a déjà engagé des hommes dans les combats [au Congo-K] en appui aux ex-FAR de l'ancien président Habyarimana, du Centrafrique qui a toujours laissé passer les troupes de Khartoum pour prendre à revers la rébellion soudanaise de John Garang et du Niger qui abrite à Niamey les anciens généraux mobutistes Baramoto et Nzimbi. C'est "l'union sacrée"... [44]».

43. Cf. F.X. Verschave, *La Françafrique*, op. cit., p. 206-211, 218-221, 255, 323.
44. *Paris et Tripoli, nouvelle idylle au Congo*, in *La Lettre du continent* du 08/10/98.

Ce cocktail un peu serré, mêlant hardiment la "grande politique" et les affaires, est un stimulant neuronal pour ceux que laisse pantois le nouvelle guerre du Congo-Kinshasa. La coalition pro-Kabila, qui regroupe les alliés traditionnels de la Françafrique, bénéficie donc d'un parrainage franco-libyen. Elle inclut le *Hutu power*. Sa composante du Congo-Brazza a rejoint la coalition dès la mi-septembre, avec le général Augustin Bizimungu, les lieutenants-colonels Édouard Gasarabwe et Jean-Marie Ndahimana.

L'entraînement des ex-FAR sur la base katangaise de Kamina « à côté » de 600 instructeurs tanzaniens est le *casus belli* qui a déclenché l'offensive ougando-rwandaise. Les Tanzaniens se sont envolés, mais ils ont été remplacés par les mercenaires de la firme sud-africaine *Executive Outcomes*. Le 28 septembre, trois éminences des ex-FAR ont atterri à Kamina avec un avion immatriculé au Kenya [45].

Kabila, nous voilà

Au début de l'été 1997 régnait une conviction assez unanimement partagée : le régime personnel de Laurent-Désiré Kabila n'a pas d'assise populaire, et il multiplie ses ennemis extérieurs.

Kabila n'a pas vraiment rompu avec les pratiques de Mobutu (népotisme, corruption, polices secrètes, ...), ni avec son personnel. Il a rappelé par exemple le "faiseur d'image" Dominique Sakombi, il a conservé ou laissé prospérer une partie de l'*establishment* sécuritaire et prébendier. Cela ternit son aura de libérateur. De leur côté, ses "parrains" africains (l'Ouganda, le Rwanda, mais aussi l'Angola) constatent qu'il ne les aide guère à combattre des rébellions qui, depuis le territoire congolais, préparent ou lancent des assauts de plus en plus menaçants. Ils le soupçonnent même de mener double jeu à cet égard.

---

45. Cf. *Michel Van Krut*, in *La Lettre du Continent* du 08/10/98.

Dans les pays occidentaux enfin - y compris aux États-Unis, qui favorisèrent la victoire de Kabila -, une double déception se conjugue : l'opinion publique, à la suite des militants des droits de l'Homme, trouve le nouvel autocrate congolais aussi détestable, sinon plus, que son prédécesseur ; les milieux d'affaires déchantent, face à un régime jugé imprévisible et peu "fiable". Bref, le pronostic est alors général : ce régime va droit dans le mur. Les bonnes âmes, bien intentionnées ou très intéressées, multiplient les conciliabules pour abréger l'agonie - rencontrant ainsi forcément ceux des mobutistes restés hostiles à Kabila.

Une nuée de pouces baissés cerne le vieux chef de guerre. En Occident, tous les services de renseignement, et donc les principaux décideurs politiques, savent que le coup de grâce va être donné. Nul, ou presque, ne s'y oppose. Les Américains préparent sans doute un soutien logistique.

Quant à la France, qui suivait avec intérêt les manœuvres de ses amis de l'ancien régime zaïrois, elle se dispose à agir, ou réagir, depuis son balcon de Brazzaville. Sous le regard intéressé de ses vassaux africains.

Dans ce concert, le Rwanda et l'Ouganda sont très (trop) pressés. Pour des raisons avouables, et pour d'autres peut-être qui le sont moins. Ils ont compris que Kabila ne cesse d'accroître sa distance à leur égard, mais que la rupture bien compréhensible du cordon ombilical tourne au conflit œdipien : eux ne laissent pas assez d'indépendance (militaire, notamment), Kabila la veut à n'importe quel prix, fût-ce celui d'une marée xénophobe. De quoi, dans un contexte post-génocidaire, dramatiser l'antagonisme.

Dans un autre registre, il semble qu'une partie des chefs militaires ougandais et rwandais, certains convertis à l'affairisme, aient eu les yeux plus gros que le ventre : ils estimaient que leur soutien décisif à la victoire de Kabila, en 1997, valait, sinon un butin, du moins un droit de préemption sur certaines richesses agricoles et minières de l'Est du Congo.

Ces *warlords* voient leur influence renforcée par l'état de guerre. Ils sont trop tolérés par la face légale des régimes de Kigali et Kampala. Leur arrogance mène à l'aveuglement - donc à de graves erreurs. Et au mépris. Parfois jusqu'au crime, tels les massacres de réfugiés hutus en 1996-97.

À force de croire que tout se règle par les armes, on en vient à omettre des facteurs politiques décisifs. Au moins trois de ces facteurs ont renversé le pronostic d'une chute rapide de Kabila :

- la neutralité de l'Angola était indispensable à la conquête-éclair de Kinshasa à partir de l'Ouest [46] ; or, à force de traiter par-dessous la jambe l'ex-allié de 1997, le "feu orange" de Luanda, considéré comme acquis, a viré au rouge ;

- les chefs de guerre rwandais ne voulaient pas voir à quel point le comportement de certains d'entre eux avait suscité de rejet dans la population congolaise ;

- ce rejet aurait pu être tempéré par l'image des démocrates authentiques qui, désireux de renverser Kabila, ont tôt rejoint le front de ses adversaires ; mais, à trop privilégier le langage militaire [47], la constitution tardive d'une plate-forme politique a fait l'effet d'un coup d'épée dans l'eau.

Côté avouable, le passage à l'acte du Rwanda a coïncidé avec la transmission à Paul Kagame d'informations selon lesquelles le régime de Kabila entraînait 10 000 *Interahamwe* (les miliciens du génocide, et "assimilés"). À Kinshasa, cet entraînement est nié par les milieux militaires. Mais une personnalité politique affirme en tenir la preuve [48]. Les curieuses fréquentations de la base katangaise de Kamina, évoquées plus haut, tendraient à lui donner raison.

L'offensive contre Kabila a démarré en deux temps :

---

46. Tête de pont de l'offensive-éclair, la base aérienne de Kitona est à côté de l'Angola.
47. C'est un général ex-mobutiste qui fut le premier porte-parole des anti-kabilistes.
48. Cf. Colette Braeckman, *Dix questions pour comprendre la guerre du Congo*, in *Le Soir* du 19/09/98.

- un putsch (au moins) est tenté à Kinshasa mi-juillet, impliquant des militaires rwandais ; Kabila évite le piège [49] et renvoie du Congo les troupes rwandaises ;

- l'échec du putsch déclenche prématurément un scénario de guerre-éclair, à partir de Goma et surtout de la base de Kitona (au sud-ouest de Kinshasa), conquise par voie aérienne.

Acculé, Kabila joue deux coups imparables :

- sur le mode du bouc émissaire, il déchaîne l'antitutsisme latent de la population congolaise, nourri depuis plusieurs décennies par certains milieux médiatiques, artistiques, associatifs, et même religieux [50] ; comme souvent, le schéma raciste fait l'unanimité ; le "président autoproclamé" se mue en sauveur légitimé ;

- il convainc le pouvoir angolais que la coalition anti-kabiliste fraye trop avec les mobutistes pour ne pas faire la part belle aux alliés de ces derniers, l'Unita de Jonas Savimbi - ennemi n° 1 de Luanda ; en s'engageant au côté de Kabila, la puissante armée angolaise retourne la situation.

En même temps, l'ex-rebelle congolais devenu Président capitalise ses vieilles amitiés prochinoises, à commencer par le leader zimbabwéen Robert Mugabe. Il joue aussi des jalousies régionales, flattant les présidents fâchés par l'aura des Mandela et Museveni : puisque ces deux dirigeants sont bien vus des

---

49. Des proches affirment qu'il a été prévenu par... la CIA. Ce qui tendrait à prouver (puisque le Pentagone a fourni une aide logistique aux rebelles) que le France n'est pas seule à mener des politiques incohérentes - ou à double détente...

50. Cet antitutsisme multiforme n'est pas sans évoquer l'antisémitisme de Maurras, ou de Céline, ou le Protocole des Sages de Sion (à propos du complot Hima-Tutsi). Il conteste l'authenticité de la nationalité des Tutsis congolais comme, en France, on contestait celle des Juifs.

Mais il y a des réactions, telle celle du pasteur Philippe Kabongo-Mbaya, représentant extérieur de l'Église réformée du Congo-K : « *Je suis Congolais et, en cette qualité, je me demande, horrifié : à qui le tour ? Car l'ivresse de la haine est plus redoutable que les métastases cancéreuses !* Les responsables religieux du Congo [...] *devront réagir clairement à cette culture de haine et à cette séduction du fascisme.* [...] *Les propos inqualifiables du directeur de cabinet présidentiel, Yerodia Ndombasi* [...] *ont atteint un seuil radical.* [...] [C'est] *un appel génocidaire* ». Interview à *Jeune Afrique Économie* (14/09/98).

médias occidentaux, s'en désolidariser ou les combattre démontre un anti-impérialisme de bon aloi...

La rébellion et ses alliés étrangers ont donc subi une cuisante défaite à l'Ouest du Congo et à Kinshasa. Cela réjouissait les "légitimistes" et flattait la fierté congolaise, assez pour que puisse être tentée l'extinction d'un conflit incendiaire. C'était l'occasion de rechercher un équilibre plus durable, prenant en compte les revendications légitimes des pays voisins et des forces politiques internes. Il eut fallu que la raison l'emporte sur la passion, que suffisamment de leaders lucides, passant sur leurs différends, calment les pyromanes. Jusqu'ici, c'est l'inverse qui semble s'être produit.

Au lieu de profiter de sa toute nouvelle popularité pour laisser les Congolais adhérer plus librement à son régime, Kabila semble vouloir user jusqu'à la corde la fibre nationaliste qui l'a si bien servi. Non seulement il n'entend pas orienter le processus constitutionnel dans un sens plus démocratique, mais il démontre publiquement que les appels au pogrom antitutsi n'étaient pas un simple moment de colère : au cœur des discussions de paix de Victoria Falls, il a revendiqué la légitimité d'une mobilisation des *Interahamwe* pour chasser de Kigali un « *régime d'apartheid* ». Le *casus belli* incertain devient assumé, dans une fuite en avant aux accents forcément génocidaires. Il ne faut pas être devin pour anticiper ce que cela signifierait : une guerre totale, embrasant une grande partie de l'Afrique, et peut-être au-delà.

Qui pourrait y mettre fin ? L'Angola, allié-clef de Kabila ? Il a aussi ses *warlords*, généraux corrompus par l'or noir et les commissions sur les achats d'armes. Pour eux la guerre est une aubaine. Le Zimbabwe ? Son dictateur usé, Robert Mugabe, croit avec ce conflit retrouver une nouvelle jeunesse, il se rêve en Bolivar du continent africain.

Quant à Nelson Mandela, ses qualités mêmes deviennent un handicap : il a trop raison au milieu des passions. Il est l'exemple vivant des vertus de la paix et de la légitimité politique. Mais que vaut un exemple face à la démagogie ? De surcroît, ni l'armée, ni la diplomatie sud-africaines, en pleine mutation post-apartheid, ne sont vraiment opérationnelles face aux crises africaines. On vient de le vérifier avec la lamentable intervention au Lesotho.

L'extension de la guerre se dessine : Kabila est allé à Khartoum renouer l'axe zaïro-soudanais, et le Soudan a envoyé 2 000 soldats. Entraînés dans ce pays, des réfugiés congolais ont demandé à combattre aux côtés de Kabila. Ils veulent mener la *djihad* : contre l'Ouganda, qui aide les sud-Soudanais animistes et chrétiens à se défendre du fantasme intégriste (l'islamisme et la *charia* obligatoires) ; contre le Satan américain, allié de Kampala et de Kigali. Ce même Satan vient d'être récemment "châtié" par les deux attentats meurtriers contre ses ambassades à Nairobi et Dar-es-Salam, commandités par l'ami du Soudan, Oussama ben Laden...

Le Soudan est le principal appui des guérillas anti-Kampala et anti-Kigali. Avec son discours attrape-tout, Kabila pourrait ainsi rallier à sa "vengeance" non seulement les résurgences du *Hutu power*, mais le réseau de leurs soutiens européens, les diverses branches de "l'internationale islamiste" qu'Hassan el Tourabi rassemble régulièrement à Khartoum, et tous ceux dont l'antiaméricanisme primaire est prêt à excuser un génocide. La Françafrique n'en manque pas.

Coïncidence ? Peu de temps après que la France, par l'intermédiaire du chef d'état-major Kelche et du ministre Josselin, soit venue à N'Djamena confirmer sa présence et sa coopération militaires, Idriss Déby a envoyé au Congo-K quelque 2 000 soldats en soutien à Kabila. On l'a vu, ce genre de troupes, issues pour l'essentiel des confins soudano-tchadiens, traîne un lourd passif de massacres et d'exactions.

Le rédacteur en chef de *N'Djamena Hebdo* signale aussi l'arrivée, sur l'aéroport de la capitale tchadienne, de 24 avions-cargos congolais. L'armée française n'aurait rien à voir dans ce branle-bas de combat ?

Il vaut mieux avoir au feu plusieurs boucs émissaires. Au début de la guerre, la propagande kinoise dressait la population non seulement contre les Tutsis, mais contre la France - qui fut effectivement l'ennemie de Kabila et songeait à son éviction. En même temps que le Congo "démocratique" retrouvait les principaux alliés de Paris dans la région (l'Angola, le *Hutu power*, le Soudan, le Tchad, ...), le ton changeait à Kinshasa. Un "besoin de France" s'exprimait de plus en plus clairement, en vue de pousser jusqu'au bout un combat contre les voisins de l'Est, perçus comme les alliés des Américains.

Tous les arguments sont bons. Ainsi Antoine Bayande, le conseiller en communication de Kabila, croit pouvoir montrer que celui-ci n'est « *certainement pas* » francophobe. « *À preuve, il se déplace à l'aide d'une cinquantaine de Safrane, modèle français haut de gamme, achetées comptant à l'occasion du premier anniversaire de sa prise du pouvoir* [51]».

De son côté, Jacques Chirac a envoyé un message aimable à Kabila, lui a dépêché Michel Dupuch le 3 octobre, et l'a invité au prochain sommet franco-africain du Louvre, fin novembre. Son correspondant régional, Omar Bongo, se montre tout aussi avenant.

La tentation est grande de jouer un épisode supplémentaire de la guéguerre franco-américaine en Afrique. À grande échelle cette fois, car avec deux pays potentiellement très riches : l'Angola et le Congo-K.

Si l'on y succombe, il faudra une dizaine de missions d'information·parlementaires pour s'auto-absoudre de tout le sang versé.

---

51. Cité par *La Croix* du 09/09/98.

IV. Transversales

Sécurité au sommet, insécurité à la base. Entêtée d'une grandeur mal placée, l'ex-puissance coloniale décide, « *au nom du moindre pire* [1]», qu'il faut défendre des dictateurs contre leurs peuples. Le moindre pire, c'est évidemment la moindre atteinte à ses intérêts matériels et immatériels, tels que les perçoivent une minorité d'initiés : cela va de la captation des rentes néocoloniales à la préservation d'un siège au Conseil de sécurité, à l'influence culturelle ou linguistique, aux réceptions fastueuses, à l'image flatteuse, voire au mythe rassembleur des Sommets franco-africains. Mais ce n'est certes pas le moindre pire pour les peuples théoriquement décolonisés.

La trop longue fréquentation des dictatures corrompues a ancré dans l'inavouable la majeure partie des pratiques "sécuritaires" de la France en Afrique. L'inavouable a rendu indispensable l'abus de l'occulte. Le secret s'est généralisé telle une gangrène, favorisé par la "tradition" autocélébrée du "domaine réservé". Le secret-défense a envahi la relation franco-africaine.

Sous cet abri, gage d'impunité, fauteur d'irresponsabilité, le vrai pire est sans arrêt possible. On l'a vu dans les pages qui ont précédé. On va le revoir sous quatre rubriques transversales : les services secrets, les "privés" ou mercenaires, les trafics d'armes, la coopération militaire. Cette division sera difficile à tenir : car l'extrême permissivité et le délabrement du système entraînent un mélange des genres systématique : les agents des services secrets se déguisent en mercenaires et font du trafic d'armes, les mercenaires et trafiquants d'armes sont encartés aux "services", ou sont leurs "honorables correspondants", ainsi que nombre d'instructeurs ou conseillers militaires.

---

1. Claude Silberzahn, ex-directeur de la DGSE, in *Le Nouvel Observateur* du 30/03/95.

Aussi commencerons-nous par un cas transversal, celui de Paul Barril, et finirons-nous par une attitude fédératrice : l'hostilité farouche à une juridiction pénale internationale.

Il faudrait un peu de loi là-dedans, pour que la "sécurité" franco-africaine cesse de ressembler à la loi de la jungle.

1. LE "CAS" BARRIL

Paul et François II

En octobre 1983, la capitaine de gendarmerie Paul Barril quitte ses fonctions d'adjoint de Christian Prouteau, chef de la sécurité élyséenne et de la "cellule antiterroriste". Il continue cependant de fréquenter le conseiller spécial de François Mitterrand, François de Grossouvre. Dans son livre *Guerres secrètes à l'Élysée*, il le présente comme son ami intime[2]. Ce fut au moins une espèce de mentor.

François de Grossouvre n'est pas un personnage banal, si l'on en croit la fiche que lui ont consacré les Renseignements généraux (RG)[3]. En novembre 1949, il aurait évincé son beau-père de sa grosse entreprise sucrière, *Maison Berger et Cie*. Grâce aux *Amitiés franco-chinoises*, il se lance alors dans les affaires avec la Chine de Mao, puis adopte la même stratégie avec l'URSS. Dans le même temps, il aurait été lié d'amitié avec le trafiquant d'armes Jean-Pierre Lenoir, et aurait prêté la main à ses trafics. Il était en cheville avec plusieurs "services" : la DST (Direction de la sécurité du territoire), les RG et le "Service 7" du SDECE (la future DGSE). Selon Paul Barril, Grossouvre aurait été surtout l'un des principaux dirigeants en France du réseau secret de prévention anticommuniste "Gladio" (Glaive), suscité par les Américains[4].

Toujours selon les RG, de Grossouvre était en lien avec la *Banque romande* de Joachim Fedelbaum, un ami d'enfance de Roland Dumas. Cette banque serait impliquée dans des trafics mafieux. S'approchant du pouvoir dans l'ombre de François Mitterrand, dont il devient le conseiller spécial à l'Élysée, l'autre François se serait mis à piloter le déblocage d'accréditifs sur d'importants marchés d'armes au Gabon, au Maroc, au Liban,

---

2. Paul Barril, *Guerres secrètes à l'Élysée*, Albin Michel, 1996.
3. Citée par Alain Carion dans *De Mitterrand à Chirac : Les affaires. Dix ans dans les coulisses du pouvoir*, Plein Sud, 1996.
4. *Guerres secrètes à l'Élysée*, op. cit., p. 123 et 145-148.

dans d'autres pays arabes et en Amérique du Sud[5]. Autrement dit, il se serait installé à la tour de contrôle des faramineuses rétro-commissions qui, sur la quasi-totalité des ventes d'armes, nourrissent les décideurs politiques français.

Plus fort : c'est lui qui en 1983 aurait parrainé la gigantesque "opération Joséphine". Un prêt de 25 milliards de FF avait été sollicité à l'Arabie Saoudite pour soutenir le franc. Le taux d'intérêt fut surdéclaré de 1,35%. Soit une différence d'environ 2 milliards par an. Ce bel hors d'œuvre, servi par des maîtres de l'ingénierie financière (Akram Ojjeh et Rafic Hariri), marque l'entrée du clan Mitterrand dans la grande corruption. Mais il a été goûté bien au-delà des frontières partisanes. Il a été suivi par un mille-feuilles de commissions et rétro-commissions sur les contrats d'armement au Moyen-Orient. Une véritable « *bombe dans les soutes de la Ve République*[6]», qui n'en finit pas de revenir à la surface.

François de Grossouvre, l'homme des secrets, a pris en affection le polyvalent Barril, devenu un "privé" après un accident judiciaire (l'affaire des Irlandais de Vincennes). Barril fonde sa "société de sécurité", SECRETS (Société d'Études, de Conception et de Réalisation d'Équipements Techniques), qui se transforme rapidement en un groupe polymorphe, employant plus de 150 personnes[7]. Grossouvre se met à "recommander" l'ami Paul auprès des chefs d'État africains[8]. Le statut imprécis du conseiller spécial de François Mitterrand permet à Stephen

---

5. Toujours selon les RG, François de Grossouvre travaillait avec son fils Patrick, PDG de Seditec-France à Caluire, lui-même en affaires avec l'URSS, le Libanais Gemayel et Omar Bongo. Le "filialisme" est une constante de la privatisation des relations franco-africaines : Jean-Christophe Mitterrand, Pierre Pasqua, Éric Denard, etc.
6. Thomas Vallières, *Une bombe dans les soutes de la Ve République*, in *Marianne* du 13/07/98.
7. Chiffre annoncé par Paul Barril dans *Playboy* de mars 1995, pour l'ensemble des 5 sociétés du groupe SECRETS. Certaines estimations parlent de deux fois plus. De toute façon, avec les rémunérations et commissions qu'il perçoit de chefs d'État africains ou arabes peu habitués aux factures, Paul Barril peut, s'il le souhaite, compléter ses effectifs officiels par des contractuels non déclarés.
8. Selon Stephen Smith, *Habyarimana, retour sur un attentat non élucidé*, in *Libération* du 29/07/94.

Smith de démentir *Le Canard enchaîné*, qui présente Paul Barril comme « *envoyé par l'Élysée* »[9]. Mais la nuance est subtile. Grossouvre est resté dans les murs de l'Élysée jusqu'à sa mort. Personne n'était en mesure de supposer que ses recommandations ou suggestions ne venaient pas du sommet de l'État. Il n'était pas le seul à recommander Barril. Ce dernier était aussi l'ami de Charles Pasqua[10] : il a eu à partir de 1993 ses entrées au ministère de l'Intérieur, où on lui a facilité l'obtention de marchés de "sécurité" - en Centrafrique, par exemple[11].

Attirant Rwanda

Aux débuts de SECRETS, Paul Barril y avait pour associé son ancien collègue de l'Élysée, Pierre-Yves Gilleron. Puis les deux hommes se sont brouillés. Ancien commissaire de la DST, Gilleron a fondé en 1990 une société concurrente, *Iris Services*. Barril et Gilleron, ont tôt "servi" le général Habyarimana[12].

Selon Stephen Smith, Paul Barril a effectué dès 1990, avant l'offensive d'octobre du FPR, un audit de l'armée rwandaise[13]. On imagine mal qu'une telle mission n'ait pas bénéficié, au moins, d'un feu orange élyséen.

Selon Paul Barril[14], Pierre-Yves Gilleron avait noué d'importantes relations avec le régime Habyarimana. Il aurait protégé l'ambassadeur du Rwanda à Paris, accusé de trafic de drogue. C'est aussi Gilleron qui aurait obtenu la fourniture d'un avion Falcon 50 au général Habyarimana - l'appareil présidentiel dans lequel celui-ci périra le 6 avril 1994. En cette affaire, Pierre-Yves Gilleron se serait adjoint un homme d'affaires zaïrois résidant à Paris, Bele Calo. Paul Barril cite à ce sujet

---

9. Ibidem.
10. Les accointances Mitterrand-Pasqua étaient beaucoup plus nombreuses que ne l'imaginaient leurs électorats respectifs.
11. Selon Patricia Tourancheau, *Capitaine multicarte*, in *Libération* du 09/03/95.
12. Selon Hervé Gattegno, *La "boîte noire", le Falcon et le capitaine*, in *Le Monde* du 08/07/94.
13. Stephen Smith, *Habyarimana, retour sur un attentat non élucidé*, art. cité.
14. *Guerres secrètes à l'Élysée*, op. cit., p. 111.

une lettre édifiante de son ex-associé Gilleron au conseiller élyséen Thierry de Beaucé.

Hervé Gattegno et Corinne Lesnes, du *Monde*, confirment le rôle du docteur Bele Calo [15] dans l'octroi d'un Falcon 50 à Habyarimana, en 1990. Mais ils impliquent dans les tractations peu claires qui ont entouré l'opération un « *membre éminent du cabinet de François Mitterrand* [16]». L'avion a coûté l'équivalent d'un an de coopération franco-rwandaise. François Mitterrand aurait imposé ce cadeau, financé sur les réserves spéciales du ministère de la Coopération - contre l'avis de son ministre des Finances Pierre Bérégovoy [17].

Cette affaire du Falcon, fourni avec son équipage via une société-écran du ministère de la Coopération, la Satif, paraît receler des secrets fort dérangeants. Dans son livre, qui est aussi une arme, Paul Barril distille comme des menaces de révélations : selon lui, le pouvoir français chercherait « *à cacher les conditions d'achat de l'avion, les fonds de la Satif, le double jeu de certains avec le FPR tutsi, grand bénéficiaire de cet attentat* [18]».

Cette phrase-clef - ou à clefs - est située à la même page que celle où Paul Barril démontre l'impossibilité du "suicide" de Grossouvre - laissant ainsi clairement entendre que la mort de son ami a à voir avec les secrets d'État franco-rwandais.

---

15. « *Africain né en Belgique, qui eut plusieurs fois maille à partir avec la justice pour abus de confiance et escroquerie au début des années 80. Réputé proche de l'ancien ambassadeur du Rwanda en France, Denis Magirimana, qui devait être destitué pour détournement de fonds publics, ce personnage douteux aurait quitté la France pour l'Ouganda* ». Hervé Gattegno et Corinne Lesnes, *Rwanda : l'énigme de la « boîte noire »*, in *Le Monde* du 28/06/94.

16. Ibidem.

17. Selon *Jeune Afrique* du 04/08/94 (*Qui a tué Habyarimana ?*).

18. *Guerres secrètes à l'Élysée*, op. cit., p. 178. La fin de la phrase rejoint une piste inattendue explorée par certains journalistes : dans l'attentat contre l'avion d'Habyarimana, il y aurait eu connivence entre le FPR et un réseau franco-africain... Mais comment expliquer en ce cas que les missiles aient pu être tirés de la zone de Massaka, située à l'arrière du camp de Kanombe et contrôlée par la Garde présidentielle ?

Le directeur de la Satif, refusant de répondre à des questions trop précises du *Monde* (28/06/94), lui a déclaré : « *Nous n'aimons pas que l'on se mêle de nos affaires. Nous ne sommes pas aux États-Unis* »...

Dans son livre, Barril ne cache pas son admiration pour les exploits des commandos du Service Action de la DGSE, dont il se sent très proche. Ce que manifeste son interview à *Playboy*[19] :

« Quand on a eu des accords avec le Rwanda, on leur a vendu des missiles Milan. [...] Les commissions étaient importantes [...]. Les services spéciaux français officiels ont bloqué en 90 l'attaque des terroristes du FPR avec l'Ouganda, le travail de la DGSE. Un travail remarquable dont on peut être fier dans cette première phase de guerre. Il y a eu du côté français des héros que l'on ne connaîtra jamais, des histoires extraordinaires de types qui ont pris des initiatives folles, qui ont fait des cartons à l'extérieur avec quelques hélicoptères seulement et quelques canons. Il y aurait matière à un livre sur l'héroïsme des Services Secrets au Rwanda, face à l'Ouganda et au FPR... [...]. Ça a été une belle partie ».

La caricature est d'autant plus affligeante que son auteur donne l'impression d'y croire : il ferait le bonheur des Africains, comme ces agents de la DGSE qui, au Rwanda, rejouaient *Apocalypse now* dans leurs hélicoptères.

Relevons au passage que le colonel de gendarmerie Bernard Cussac, attaché militaire de l'ambassade de France à Kigali en 1994, est de la même promotion que Paul Barril[20]. On ne sait s'il faut dater d'avant ou après le génocide cette allusion : « *J'ai entraîné et initié des générations de nageurs de combat un peu partout, jusque [...] dans d'immenses lacs africains*[21] ».

Le printemps du génocide

Selon Stephen Smith, Paul Barril retourne deux fois à Kigali après l'attentat : « *le 27 avril lorsqu'il remonte le drapeau sur l'ambassade de France et, à nouveau, à la mi-mai. Il est alors accompagné de Léon Habyarimana, l'un des fils du président qui, cependant, reste en sécurité à Gisenyi [...]. Paul Barril mène son enquête, mandaté par la veuve Habyarimana*[22] ».

19. Mars 1995.
20. Selon Stephen Smith, *Habyarimana, retour sur un attentat non élucidé*, art. cité.
21. *Guerres secrètes à l'Élysée*, op. cit., p. 245-246.
22. S. Smith, *Habyarimana, retour sur un attentat non élucidé*, art. cité. Même affirmation dans H. Gattegno et C. Lesnes, *Rwanda : l'énigme de la « boîte noire »*, art. cité

Celle-ci porte, beaucoup plus que son mari assassiné, la responsabilité de la dérive extrémiste du régime et des appels au massacre (via la Radio des Mille Collines). Mais elle restait *persona grata* : le président Mitterrand l'a fait rapatrier en France, l'a accueillie avec des fleurs, et lui a fait remettre un pécule. On peut se demander pourquoi elle avait besoin d'argent si elle a pu, quelques jours plus tard[23], se payer un détective privé aussi coûteux que Barril... à moins que celui-ci ne se soit mis gracieusement au service de la veuve.

Devant témoin à Kigali, l'attaché militaire Bernard Cussac aurait affirmé qu'on avait « *trouvé la boîte noire* »[24] - l'enregistreur de vol, en réalité de couleur orange. Pourquoi, dès lors, la mise en scène du 23 juin 1994, où Paul Barril montre au journaliste Hervé Gattegno, du *Monde*, une « boîte noire » de couleur noire (en réalité un vulgaire instrument de navigation), et quantité d'indices matériels - qui ne seront jamais exploités par la justice ? Le scoop remplira plus d'une page du quotidien, le 27 après-midi, et fera l'ouverture des journaux télévisés en soirée. Ne s'agit-il pas de détourner l'attention des articles du *Soir* dans lesquels, les 17, 22 et 24 juin, Colette Braeckman évoquait la participation de Français à l'attentat ?

Dans son livre[25], Barril indique :

> « J'ai récupéré environ 80 kilos de pièces calcinées de l'avion *[d'Habyarimana]*, des boîtiers électroniques, des enregistreurs de vol, des bandes magnétiques. Je me suis rendu, également, sous un tir intense de mortier de 120 mm du FPR, à l'aéroport de Kigali pour récupérer aussi des documents originaux : carnets de l'aéroport, rapports de la météo, fax, télex, ainsi que douze bobines d'enregistrement des vols du jour fatidique. Plus tard, j'ai récupéré les lanceurs des deux missiles meurtriers, trouvés aux alentours d'une zone surveillée par l'armée belge. J'ai aussi quatre-vingts témoignages, directs et précis, avec les enregistrements vidéo de personnes qui virent le départ des

23. Le 6 mai, date du « *mandat d'investigation et de recherches* » confié par Agathe Habyarimana au capitaine Barril. Cf. Hervé Gattegno et Corinne Lesnes, *Rwanda : l'énigme de la « boîte noire »*, art. cité.

24. Stephen Smith, *Habyarimana, retour sur un attentat non élucidé*, art. cité.

25. *Guerres secrètes à l'Élysée*, op. cit., p. 177.

missiles et leurs impacts sur la carlingue de l'avion présidentiel. J'ai aussi des plans des lieux, avec l'emplacement présumé des tireurs [26]».

Paul Barril en rajoute probablement. Mais il a eu manifestement carte blanche pour évoluer en avril et mai parmi les forces qui commettaient le génocide, et recueillir dans des endroits stratégiques des éléments hautement sensibles. Il fallait le feu vert des organisateurs du génocide, et le feu orange de Paris, qui a pour le moins laissé faire.

Le capitaine ne se contentait d'ailleurs pas de faire du renseignement. Sur une photo qu'il a montrée au *Monde*, il pose à côté d'une pièce d'artillerie [27].

Il décrit ainsi son activité rwandaise, lors de son premier retour à Kigali en avril 1994 :

> « Comme j'étais le conseiller du président Habyarimana depuis des années, le chef d'état-major, celui qui faisait fonction de ministre de la Défense s'est naturellement tourné vers moi. Je suis arrivé en hélicoptère [...]. Mon premier réflexe a été de courir à l'Ambassade de France remonter le mât des couleurs [...]. Pour les Rwandais, déclarer que mon domicile serait l'Ambassade a été un choc psychologique très fort. [...] Ce qui s'est passé au Rwanda permet à des privés comme moi, qui ne représentent leur pays qu'à titre privé, de montrer qu'on n'abandonne pas les gens qui vous ont fait confiance et qui parlent français [28]».

On notera la redondance du mot « *privé* », là où Barril se targue d'accomplir les objectifs cardinaux de la politique africaine de la France, revendiqués aussi bien par l'Élysée que par Matignon et le Quai d'Orsay (« *montrer qu'on n'abandonne pas les gens qui vous ont fait confiance et qui parlent français* »).

Me Luc De Temmerman, avocat de la famille Habyarimana et d'une partie des hauts responsables présumés du génocide, "défend" aussi Barril :

---

26. Paul Barril a indiqué au *Monde* (28/06/94) que « *tous les éléments en* [sa] *possession seront mis à la disposition des instances internationales dès qu'une enquête sera ouverte* ». Refuserait-il de les remettre à la mission d'information, qui pourrait d'ailleurs les transmettre ensuite aux « *instances internationales* », jusqu'ici bien peu curieuses ?
27. Cf. H. Gattegno et C. Lesnes, *Rwanda : l'énigme de la « boîte noire »*, art. cité.
28. *Playboy*, mars 1995.

« Le capitaine Barril a essayé d'aider le gouvernement rwandais, à la demande de ce dernier. Il n'a rien commis d'illégal à ma connaissance. [...] Ses hommes ont participé un tout petit peu à l'organisation dans une situation de guerre. Augustin Bizimungu *[le chef d'état-major des FAR]* m'a confirmé que cette guerre, on a essayé de la faire proprement. Les milices ont fait des massacres, tout le monde l'a vu. C'est une situation assez normale dans une situation de guerre qui durait depuis quatre ans [29]».

Ainsi, le capitaine Barril aurait travaillé « *un tout petit peu* » à organiser une armée qui participait au génocide et protégeait ses exécutants. Le chef de cette armée, le général Bizimungu, s'entretenant en juin 1994 avec le rapporteur spécial de l'ONU, René Degni-Segui, « *a expliqué que les autorités rwandaises pourraient faire appel aux populations pour qu'elles arrêtent les exactions* [le génocide des Tutsis], *et que les populations les écouteraient, mais que la conclusion d'un accord de cessez-le-feu était une condition préalable à un tel appel* [30] ».

Paul Barril est-il lui-même mêlé à l'attentat du 6 avril ? « *Des témoins assurent l'avoir vu à Kigali avant l'attentat* [31] ». Lui-même ajoute dans son livre : « *J'ai appris le décès* [de Grossouvre, le 7 avril] [...] *sur une colline perdue au centre de l'Afrique* ».

Colette Braeckman, du *Soir*, maintient quatre ans après des éléments de son enquête sur place :

« L'attentat fut cependant une opération minutieusement préparée : dès le matin du 6 avril, des militaires avaient pris position sur la colline de Massaka, d'où partirent les deux missiles, dans une zone où seule avait accès la garde présidentielle. Un témoin nous confia que ces militaires, Noirs et vêtus de l'uniforme rwandais, portaient leur béret de l'autre côté, "à la française". Dans les semaines précédentes, des soldats antillais avaient été vus à Kigali, portant l'uniforme rwandais.

Le tir lui-même fut l'œuvre de spécialistes : pour réussi à abattre la cible - en tirant deux missiles coup sur coup -, il fallait savoir que

29. Propos cité par Marie-France Cros, *L'avocat de la famille Habyarimana mécontent*, in *La Libre Belgique* du 11/09/95.
30. Extrait du Rapport du 28/06/94 de René Degni-Segui, publié à Genève par la Commission des droits de l'homme de l'ONU.
31. Selon Colette Braeckman, *La boîte noire de l'avion rwandais retrouvée*, in *Le Soir* du 28/06/94.

l'avion présidentiel était doté d'un leurre que seul le deuxième coup, presque simultané, pouvait rendre inopérant. [...]

En décembre, après la fin de l'Opération Noroît, des militaires français étaient restés au Rwanda. [...] Plus tard, les corps de deux gendarmes du GIGN, spécialistes des écoutes radio, furent retrouvés près de l'hôtel Méridien, tandis que, selon le témoignage qui devait nous parvenir, deux membres du Dami auraient pris part à l'attentat.

Plusieurs témoins ont vu des militaires blancs - certains portaient l'uniforme des casques bleus belges - quitter la zone de Massaka, tandis qu'un Rwandais établi près de l'endroit d'où furent tirés les missiles nous montra dans sa parcelle l'endroit où, disait-il, un Européen avait été enterré ! [...]

Plusieurs dirigeants du Front patriotique [...] se trouvaient à Kigali le 6 avril, en grand danger (risque qu'ils n'auraient pas couru s'ils avaient été au courant des projets d'attentat). [...] Le colonel Bagosora, considéré comme le cerveau du génocide, affichait un état de panique. [...] On peut supposer que seul un très petit nombre de personnes était dans le secret [32]».

Puis elle apporte des précisions supplémentaires :

« Christian Tavernier, connu pour avoir été le chef (belge) des mercenaires à Kisangani en 1997, mais qui fut durant longtemps membre du Conseil national de sécurité de Mobutu, affirme que les missiles qui furent utilisés lors de l'attentat avaient transité... par la Belgique.

Cette conviction, Tavernier la tient d'une enquête qui aurait été effectuée au Zaïre par le Sarm (Service d'action et de renseignements militaires) à la demande du président Mobutu. Il apparaît qu'un marchand d'armes bien connu en Afrique centrale, M. "H." [33], aurait acheminé quatre missiles sol-air sur Goma, en passant par Ostende. Depuis longtemps en relations d'affaires avec les autorités zaïroises, "H." aurait obtenu l'aide de l'ambassade du Zaïre à Bruxelles, qui lui aurait prêté un garage [...] pour entreposer les caisses contenant les missiles et fourni les certificats d'utilisateur final !

Toujours selon Tavernier, les missiles, arrivés à Goma, auraient été réceptionnés par une équipe s'exprimant en hébreu, une langue qui aurait été identifiée par des membres de la Division spéciale présidentielle entraînés en Israël. [...]

---

32. Colette Braeckman, *L'attentat contre Habyarimana : un détour par la Belgique*, in *Le Soir* du 21/04/98.
33. Le belgo-burundais Mathias Hitimana, un protégé de l'ancien ambassadeur zaïrois à Paris, Mokolo wa Pombo - grande figure franco-africaine, ami de Jean-Christophe Mitterrand.

Si elle devait se confirmer, l'implication de "H." ouvrirait plusieurs perspectives. L'intermédiaire, d'origine burundaise, dispose de relations multiples : il a soutenu des milices privées à Bujumbura et approvisionné le président ougandais Museveni ; il connaît personnellement le vice-président du Rwanda Paul Kagame et il était très bien introduit auprès du président Mobutu, ayant fait affaire avec son fils Kongolo, ainsi qu'avec les généraux Nzimbi et Baramoto. [...]

Les informations de Christian Tavernier auraient pu n'être qu'une pièce supplémentaire à verser au dossier, sertie de quelques points d'interrogation, si elles ne recoupaient une note des Services de renseignement belges (SGR) datée du 22 avril 1994. Selon l'un des informateurs du SGR, *"les missiles venaient de France ; ils ont été stockés à l'ambassade du Zaïre à Bruxelles et, accompagnés par le fils du président Mobutu, ils sont partis en avion d'Ostende"*. [...] L'attentat aurait été un coup monté par le président Mobutu, et les missiles, achetés en France, auraient été acheminés en camion sur Ostende puis envoyés par vol cargo (probablement par la compagnie Scibe) vers Kinshasa puis Goma. Au Kivu, les missiles auraient été réceptionnés par la Division spéciale présidentielle et mis en place à Kigali début avril.

Un témoin indépendant, connu par le SGR (et par nous-mêmes) affirme d'ailleurs avoir vu passer dans la ville rwandaise de Gisenyi, le 4 avril 1994, deux camions bâchés venant de Goma et accompagnés par la garde présidentielle rwandaise [34]».

Cette piste concorderait avec l'affirmation de l'universitaire belge Filip Reyntjens selon laquelle les missiles, des SAM 16 Gimlet dont il a donné les numéros, auraient été pris à l'Irak par la France durant la guerre du Golfe. Comment auraient-ils été extraits des stocks ? Un témoin a rapporté à Patrick de Saint-Exupéry, du *Figaro* [35], un propos de son ami le marchand d'armes Dominique Lemonnier (très probablement en cheville avec la DGSE), entre novembre 1993 et février 1994. Selon Lemonnier, on lui a demandé de fournir deux missiles sol-air. Il n'a pas donné suite. La commande semblait émaner d'un proche de Barril. Après le refus de Lemonnier, elle avait été, à sa connaissance, formulée auprès d'une société, autorisée, d'exportation de matériel de guerre.

---

34. Colette Braeckman, *L'attentat contre Habyarimana*, art. cité.
35. *France-Rwanda : dangereuses liaisons*, 31/03/98.

François de Grossouvre est retrouvé suicidé dans son bureau de l'Élysée le 7 avril en fin d'après-midi, peu avant 20 heures (moins de 24 heures après l'attentat contre l'avion du président Habyarimana). Moins d'une heure avant son "suicide", le conseiller de François Mitterrand aurait envoyé un bouquet et une carte à un ami, « R. » (Georges Rawiri), vice-Premier ministre du Gabon, qu'il devait rejoindre à dîner : « *Chers amis, je me réjouis d'être avec vous ce soir, comme convenu* »[36].

Puis un chargé de mission de l'Élysée (lequel ?) aurait demandé au garde du corps de Grossouvre, un gendarme du GIGN, d'aller « *porter un pli urgent* »[37]. Un coup de feu mortel est tiré, avec un 357 Magnum. Dans la rue, selon Barril, « *le garde républicain de service, juste sous la fenêtre non insonorisée [de François de Grossouvre] n'a* "rien remarqué de particulier" *ni rien entendu* »[38].

Munitions

Paul Barril a beau afficher un soutien enthousiaste au président Jacques Chirac[39], après avoir encensé Édouard Balladur[40] et fréquenté Charles Pasqua, il ne manque pas d'exposer régulièrement sa capacité à peser sur le pouvoir exécutif. De fait, malgré ses innombrables infractions au droit international, il n'a jamais été inquiété. Son apparent délire de "privé" demeure singulièrement branché sur la confusion du privé et du public, du militaire et du civil, qui constitue le menu ordinaire du village franco-africain. Ses interventions récurrentes sur tous les terrains sensibles du "pré carré" franco-africain - par exemple au Gabon en 1990, en liaison avec le général français Meudec,

---

36. *Guerres secrètes à l'Élysée*, op. cit., p. 175.
37. Ibidem p. 124.
38. Ibidem p. 178.
39. « *Un nouveau président de la République, un gouvernement digne de la France, des hommes de cœur et de valeur, honnêtes et désintéressés, sont à l'œuvre* ». *Guerres secrètes à l'Élysée*, op. cit., p. 327.
40. Cf. Patricia Tourancheau, *Capitaine multicarte*, in *Libération* du 09/03/95, et Éric Fottorino, *Charles Pasqua l'Africain*, in *Le Monde* du 04/03/95.

commandant de la Garde présidentielle[41] -, montrent qu'on ne lui a jamais "retiré son permis" : selon son patron Paul Barril, SECRETS « *a une habilitation militaire, puisqu'elle travaille sur des sites à points sensibles* ».

Au fil de ses missions, qui s'étendent jusqu'au Moyen-Orient, Barril a accumulé un matériel de chantage extraordinaire (tout comme son avocat et ami Jacques Vergès, prodigue en conseils aux dictateurs africains)[42]. Un jour qu'on le "cherchait" sur ses ingérences au Qatar[43] (émirat richissime, gros acheteur d'armes françaises et mécène du régime soudanais), il a fait dire par l'un des ses proches : « *Qu'on le sache à Paris : on a une grenade qu'on est prêt à dégoupiller s'il le faut. Barril connaît toutes les commissions versées, tout l'argent sale qui a circulé entre la France et le Qatar. Ça peut éclabousser beaucoup de monde*[44]».

Il pourrait y ajouter les informations récoltées dans le convoyage et la protection des compagnes occasionnelles procurées aux grands de ce monde, via un réseau de prostitution de luxe[45]. On n'imagine pas que SECRETS puisse, sans accréditation du pouvoir exécutif, exercer cette délicate spécialité. Ni assurer, à l'hôtel Crillon, la protection de personnalités de passage, dont le président Sassou-Nguesso venu rencontrer Jacques Chirac et Lionel Jospin.

Selon un député de la mission d'information cité par *Le Monde*[46], dès lors qu'il s'agit d'auditionner « *les agents de la DGSE et les individus comme Barril, c'est le mystère. Nous ne*

---

41. Cf. Stephen Smith, *À l'Élysée, un supergendarme écouteur mais aussi écouté*, in *Libération* du 06/09/96.

42. Paul Barril partage son autre avocat, Me Francis Szpiner (« *mon avocat et ami* », in *Guerres secrètes à l'Élysée*, op. cit., p. 76), avec Robert Bourgi (lui-même avocat de Mobutu et ex-bras droit de Jacques Foccart), avec Robert Montoya, un autre ex-gendarme de l'Élysée, et avec Dominique de Villepin.

43. Le richissime cheikh Khalifa (ex-émir du Qatar, déposé par son propre fils) avait embauché Barril pour tenter de récupérer son trône.

44. D'après Jean-Pierre Perrin et Stephen Smith, *Le capitaine Barril mercenaire au Qatar*, in *Libération* du 29/01/96.

45. Cf. Jacques Follorou, *Une affaire de prostitution internationale inquiète la chancellerie* et *L'ancien capitaine Paul Barril a été placé en garde à vue*, in *Le Monde* des 10 et 11/06/97.

46. Du 21/04/98.

savons pas s'ils seront autorisés à témoigner si jamais nous souhaitons les entendre. Pour ceux-là, le feu vert de l'Élysée et de Matignon sera délivré au cas par cas». Ainsi, Paul Barril apparaît dans la même catégorie "Secret-Défense" que la DGSE. Un lapsus ?

Le capitaine n'est pas aussi isolé ou marginal qu'il veut souvent le laisser croire. À ce serviteur du *Hutu power*, on a proposé en juin 1994 le grade de commandant de gendarmerie, dans le cadre de réserve. Il n'a cessé d'être recommandé auprès des chefs d'État africains par les plus hautes autorités de la République. Dès l'été 1994, il s'est retrouvé à "conseiller" l'état-major du maréchal Mobutu :

> « Pour avoir permis l'opération Turquoise proposée par le chef d'état-major particulier de François Mitterrand comme un "rétablissement", Mobutu a acquis des droits de reconnaissance. [...] Au début de son premier septennat, François Mitterrand partageait avec Mobutu son propre chef d'état-major des armées *[Jeannou Lacaze].* [...] Aujourd'hui, à l'heure de la privatisation, Mobutu fait, pour les mêmes tâches, appel au capitaine Paul Barril, ex-numéro deux de la cellule antiterroriste de l'Élysée désormais installé à son compte [47]».

Tout cela, selon Stephen Smith, en témoignage de reconnaissance de la République française et de son président... Et Barril se sent vraiment l'homme de la situation :

> « Ce qui me motive encore [...], c'est de faire œuvre utile en Afrique, parce qu'on est en contact direct avec des événements qui sont à notre mesure [...]. J'ai l'impression, c'est vrai, de revivre ce qu'ont pu vivre, peut-être, il y a une génération, des gens qui ont colonisé l'Afrique, mais uniquement pour leur amener le bien, le développement, la culture, la santé. Depuis une vingtaine d'années, j'ai gardé une amitié très forte avec certains chefs d'État africains. [...]
> J'aime beaucoup le maréchal *[Mobutu].* Il est sûr qu'il y a de la corruption au Zaïre, mais elle est surtout autour du maréchal, qui ne peut pas, personnellement, tout contrôler. Je pense que le fond de l'homme est infiniment bon. [...] La pâte est bonne [...]. Je n'ai pas la preuve que Mobutu ait commandité le moindre assassinat. Je vous le redis, cet homme va à la messe tous les jours. [...] J'espère de tout cœur, pour le

---

47. Stephen Smith, *La France reste vigilante*, in *Libération* du 05/11/94.

Zaïre, que le Maréchal sera réélu en juillet 95 sans aucune contestation possible [48]».

Le même, propulsé à Kinshasa comme un quasi pro-consul (tel jadis Jeannou Lacaze, ou Jean-Claude Mantion à Bangui), n'hésite pas à annoncer dans le même interview :

« Kagame, l'actuel vice-président du Rwanda [...], a mis un million de dollars sur ma tête... ce qui ne m'empêche pas de vivre et d'avoir mis de mon côté la sienne à prix [49]».

Plusieurs rapports (d'*Amnesty International* [50], *Human Rights Watch* [51], et la Commission d'enquête des Nations unies sur les livraisons d'armes dans la région des Grands lacs) montrent que vers la même période s'organise le réarmement massif des forces du *Hutu power* dans les camps du Kivu, avec l'entière complicité des Forces armées zaïroises. Le relais sera pris ensuite par le régime de Khartoum, dont la France n'a cessé de se montrer l'alliée. Ainsi, le propos dans *Playboy* du "chef d'état-major" français de Mobutu correspond de fait à une déclaration de guerre de la France contre le Rwanda - passée inaperçue au Parlement. Qu'en 1995 un Barril se retrouve l'homme-orchestre de la politique française dans les Grands lacs et que *Playboy* se substitue au *Journal officiel*, cela peut sembler une plaisanterie à Paris. C'est seulement le symptôme de la dégénérescence de la politique africaine de la France, et cela ne fait plus rire personne en Afrique.

À l'époque, d'ailleurs, Barril n'officiait pas qu'au Zaïre. SECRETS était chargée de la sécurité du président Patassé, dans le Centrafrique voisin. Sous ce couvert, Barril a, dit-il, « *organisé la lutte contre les braconniers à la frontière soudanaise. Il y a en effet des guérillas dans cette région où coule l'argent de la CIA* ». Le « *en effet* » montre que ces « *braconniers* » n'étaient pas de simples boucaniers. Barril pense et agit

---

48. *Playboy*, mars 1995.
49. Idem.
50. *Rwanda. Arming the perpetrators of the genocide*, 13/06/95, AFR 02/14/95.
51. *Rwanda/Zaïre, Réarmement dans l'impunité*, mai 1995.

en pivot d'une alliance franco-zaïro-soudanaise, en train de réarmer le *Hutu power*, en vue de continuer le combat contre les "valets de Washington" dans la région[52]: les Garang, Museveni, Kagame et consorts.

Mais Paul Barril ne peut s'empêcher de pousser le bouchon trop loin. Se disant mandaté par le gouvernement génocidaire pour réclamer le remboursement de livraisons d'armes non effectuées, il porte plainte contre le fournisseur d'armes Dominique Lemonnier, dont la société DYL-Invest est basée à Cran-Gevrier : il lui réclame un trop-versé de 1 650 000 dollars. Puisque même les services secrets belges faisaient état, dès janvier 1994, du rôle de fournisseur d'armes au *Hutu power* joué par Lemonnier, on peut supposer que les services de renseignement (DGSE, DRM) et l'exécutif français étaient au courant, et qu'il s'agissait d'une opération "couverte". Mis en examen pour « *commerce illégal d'armes de guerre* », puis incarcéré, Lemonnier est finalement libéré, et Barril débouté le 5 décembre 1996 : la plainte aurait dû être déposée par l'État français, qui ne l'a pas fait... Dominique Lemonnier était donc, pour le moins, un honorable correspondant, soumis aux règles de la discrétion.

Mais il a alors la fâcheuse idée de porter plainte à son tour contre Paul Barril, pour « *tentative d'extorsion de fonds* ». Et il fait savoir qu'il sollicitera un dédommagement de l'État français. Il meurt d'une crise cardiaque le 11 avril 1997, en sortant d'un déjeuner d'affaires à Annecy[53]. Encore un peu et la rivalité Barril-Lemonnier aurait, comme la haine Jaffré-Le Floch[54], mis à jour des pratiques inavouables.

---

52. *Guerres secrètes à l'Élysée*, op. cit., p. 117.
53. D'après Patrick de Saint-Exupéry, *France-Rwanda : les silences d'État*, in *Le Figaro* du 14/01/97.
54. Cf. Valérie Lecasble et Airy Routier, *Forages en eaux profondes. Les secrets de l'affaire Elf*, Grasset, 1998.

2. SERVICES SECRETS

Redondances

L'un des moyens de rendre incompréhensible au citoyen-contribuable l'usage de sa générosité collective, l'aide publique au développement (APD), est de multiplier les guichets. Ceux qui en profitent ne sont pas prêts, en dépit de toutes les réformes, à laisser débroussailler ce maquis. De même pour les services secrets : dans un tel contexte, ils ne servent pas plus l'intérêt public que l'APD n'aide au développement. Tous ceux qui ont appris à en user pour leur pouvoir ou leur profit n'ont aucune envie de laisser démêler l'écheveau. Jusqu'ici, les réformes n'ont permis que d'additionner les couches.

La DGSE (Direction générale de la sécurité extérieure, ex-Sdece, alias la "Piscine") est le plus célèbre de ces "services". Dès la fin des années quarante, Jacques Foccart a mis sa main sur une partie du Sdece en gonflant considérablement, avec quelques amis, le groupe des réservistes du "Service action". Ils lui ont été précieux lors des complots du 13 mai 1958, puis lors des secousses qui ont marqué la fin de la guerre d'Algérie.

Sur cette base, et en recyclant habilement les brebis égarées dans les impasses de "l'Algérie française", il a monté avec le fidèle Maurice Robert le fameux Sdece-Afrique : un État dans l'État, et surtout dans les "États" africains - dont il fit valser quelques chefs. Jusqu'à ce que, à la notable exception de Sékou Touré (qui en devint paranoïaque), le champ post-colonial ne fut plus dirigé que par des "amis".

Chacun d'eux depuis lors est chaperonné par un officier de la DGSE, un conseiller-présidence, qui veille à sa sécurité... jusqu'au jour où l'on décide de ne plus y veiller, comme pour le Comorien Djohar. Voire d'éliminer un gêneur, comme on le fit avec Sylvanus Olympio.

La DGSE reste omniprésente en Françafrique. Ce n'est pas Michel Roussin, ancien haut responsable de ce service, qui le démentira : lorsqu'en 1993 on lui confia le "portefeuille" de la Coopération, il truffa son cabinet d'encartés à la "Piscine".

Souvent le conseiller-présidence est en conflit avec le chef de la mission de Coopération et avec le représentant du SCTIP, le Service de coopération technique internationale de police. Ce service-là, qui relève du ministère de l'Intérieur, fait aussi du renseignement. Il a multiplié les casseroles, dans l'attribution d'un vrai-faux passeport à Yves Chalier (pivot de l'affaire *Carrefour du développement*), dans la "revente" de matériels de police d'occasion, lors de la disparition de coopérants en Guinée équatoriale, etc. C'est resté l'un des viviers du réseau Pasqua [1].

Bien que son nom n'y prédispose pas, le ministère de l'Intérieur ne cesse de vouloir élargir l'implantation africaine de son service de renseignement plus traditionnel, la DST (Direction de la surveillance du territoire). L'armée, elle, double la DGSE d'un service plus à sa main, la DRM (Direction du renseignement militaire), créée par Pierre Joxe.

Ce n'est pas un hasard, on le verra, si Maurice Robert passa du Sdece-Afrique à la direction du service de renseignement d'Elf - un autre État dans l'État. Les grands groupes françafricains se dotent de services du même genre. Et il y a interférence avec les circuits d'information que constituent naturellement les lobbies politico-affairistes et certaines loges franc-maçonnes.

La DGSE est-elle même divisée en chapelles. Ainsi, aux Foccartiens très anti-Anglo-Saxons se sont opposés les atlantistes recrutés par Alexandre de Marenches, à la demande de Valéry Giscard d'Estaing. Mais ces clivages idéologiques ont cédé à la logique des réseaux, ce qui fait que plus grand-monde ne s'y retrouve. Même Loïk Le Floch-Prigent qui, à la tête d'Elf, fut l'un des hommes les plus puissants de France, avoue :

---

1. Pivot de ce réseau, Daniel Leandri conservait depuis trois ans un bureau au ministère de l'Intérieur, dont Charles Pasqua détint le portefeuille de 1993 à 1995. L'actuel titulaire, Jean-Pierre Chevènement, a promu Leandri à Nanterre, au SCTIP (*Le Canard enchaîné*, 29/07/98). Un "éloignement" qui a plutôt l'air d'un rapprochement.

« À mon arrivée, j'essaie, avec le directeur de la DGSE et celui de la DST, de mettre un peu d'ordre. Je n'y arriverai pas parce que la DGSE est un grand bordel où personne ne sait plus qui fait quoi [2]».

Rivalités

Entre réseaux et services secrets français (DGSE et DST notamment), les rivalités et divergences se sont avivées en Afrique. Surtout depuis l'effondrement du régime de Mobutu, révélateur d'une énorme panne stratégique. À plusieurs reprises, les uns et les autres se sont envoyés des coups directs ou tordus, par presse interposée. Ce qui nous permet quand même - moyennant décryptage - d'en savoir un peu plus.

Ce fut le cas dans l'affaire des mercenaires serbes ou bosno-serbes ameutés au secours de Mobutu - un épisode incroyable raconté dans un *Dossier noir* précédent [3]. Le 20 février 1997, *L'Événement du Jeudi* livrait toutes les clefs du recrutement : il s'est passé « *sous la houlette de Jacques Foccart* », « *à l'initiative de Fernand Wibaux* » (l'adjoint de Foccart, basé à l'état-major de l'Élysée) ; « *la connexion avec les Serbes aurait été l'œuvre d'un membre important de la DST* », « *au grand dam de la DGSE* » [4]. Une semaine plus tard, *L'Express* faisait le portrait du chef de ces ex-Yougoslaves, un certain « *colonel Dominique* » ou Dominic, ou Malko - se disant franco-serbe.

Dépitée, la DGSE balance sa rivale dans *Le Monde*, un mois plus tard, via son interlocuteur habituel Jacques Isnard. Elle cite le nom de Jean-Charles Marchiani [5], cet émissaire de Charles Pasqua aux nombreuses aventures (Iran, Moyen-Orient, ex-

---

2. "Confession" de Loïk Le Floch-Prigent, *L'Express*, 12/12/96.
3. *France-Zaïre-Congo, 1960-1997. Échec aux mercenaires*, op. cit., p. 124-132.
4. « *Un spécialiste du dossier* » confirmera : « *Dominic était sous contrôle de la DST* » (cité par Arnaud de la Grange, *Zaïre : la débâcle des chiens de guerre*, in *Le Figaro* du 07/04/97).
5. Elle laisse filtrer, via *Le Monde* du 29/03/97, que le "colonel Dominique" pourrait être « *l'un des Serbes qui ont servi d'intermédiaires lors de la mission que Jean-Charles Marchiani, préfet du Var, a menée en Bosnie pour faciliter la restitution, en décembre 1995, de deux pilotes français* ». Ledit "colonel" ne cessait d'ailleurs de rappeler cet épisode aux journalistes, et sa relation avec Marchiani.

Yougoslavie, Maghreb, Afrique noire). Plusieurs des négociations de Marchiani sont devenues de considérables affaires d'État, lourdes de clauses secrètes : celle, entre autres, qui précéda la libération des otages du Liban, en 1988[6] ; ou celle qui aboutit, fin 1995, à la libération de deux pilotes français aux mains des Bosno-Serbes (avec comme conséquence le refus d'une défense aérienne de l'enclave de Srebrenica). Dans ce dernier épisode, Marchiani œuvra avec la DST, à peine sortie de la tutelle du ministre Pasqua. Un an plus tôt au Soudan, lors de la récupération du terroriste Carlos, la DST et Marchiani semblent avoir également opéré de concert.

Contraint en mai 1995 de renoncer au portefeuille de l'Intérieur, Charles Pasqua demanda au nouveau Président, Jacques Chirac, de nommer Marchiani à la tête de la DGSE. Cela ne se fit pas, et l'on devine pourquoi. En tout cas, depuis, l'on est régulièrement informé des faits et gestes de Jean-Charles Marchiani.

Son passage à la préfecture du Var ne l'a manifestement pas sédentarisé. On le retrouve dans les tractations milliardaires autour de la fourniture d'armes russes à l'Angola, avec Pierre Falcone et Arcadi Gaydamac. C'est un peu grâce à l'équipement ainsi procuré que la pétrodictature de Luanda est en train de s'affirmer comme une puissance régionale. Mais le moins qu'on puisse dire, c'est que les activités mirobolantes du tandem Falcone-Gaydamac suscitent des poussées d'urticaire à Paris, dans les milieux rivaux ou plus scrupuleux.

De même est-ce par des fuites de la DGSE que l'on finit par apprendre une bonne partie des conditions qui entourèrent la livraison de Carlos par Khartoum. Ce n'est pas que la "Piscine" ait hésité à frayer avec ce régime infréquentable. Ses officiers dans la région, Paul Fontbonne et Jean-Claude Mantion (promu depuis général) prônent un *gentleman's agreement* avec la junte soudanaise, pourvu que celle-ci n'attente pas à la tutelle fran-

---

6. Cf. Dominique Lorentz, *Une guerre*, Éd. des Arènes, 1997.

çaise sur les pays voisins, le Tchad et le Centrafrique. On a vu que l'imposition d'Idriss Déby au peuple tchadien, fin 1990, était la conséquence de ce choix. Mais la DST avait eu le tort de s'intéresser de trop près, elle aussi, à ce pays qui ne la concerne pas. Elle utilise de plus en plus le prétexte de la "dangerosité" immigrée. Elle a à connaître des influences islamistes dans l'immigration maghrébine, algérienne notamment. Or l'islamisme au pouvoir à Khartoum se pose en tour de contrôle de l'islamisme mondial...

De là à collaborer à la modernisation de services de sécurité soudanais - au grand mépris de tous les opposants qui en seront les victimes - il n'y a qu'un pas. Il sera franchi :

« La France continue de soutenir la junte islamique au pouvoir à Khartoum, dont elle a réorganisé et rééquipé les services secrets [...].

Vendredi 23 décembre [1994], à l'aéroport de Roissy, parmi les voyageurs attendant le vol Sudan Airways pour Khartoum [...], figure le numéro trois de la sécurité extérieure soudanaise, "M. Hassabalah", obligeamment raccompagné par un agent - corse - de la DST, "M. Bercanti". Ainsi se poursuivent les passages, réguliers, de hauts responsables des services secrets soudanais à Paris.

De son côté, la DST française est plus que jamais présente au Soudan, au point d'y avoir "inspiré" la réorganisation de l'ancienne Sécurité générale, désormais plus nettement divisée en Sécurité extérieure et intérieure. De sources recoupées à Paris, la France a livré à la Sécurité extérieure soudanaise, chapeautée par Ahmed Nafi et le général Hachim Abou Saïd, du *"matériel de communication et, notamment, d'écoutes téléphoniques"* [7] ».

Qui, sympathiquement, a informé la presse du rendez-vous aéroportuaire de la DST ?

Sous Charles Pasqua, la même DST est allée jusqu'à se mêler du Tchad. Puisque la DGSE et Fontbonne suivaient Déby, elle a rassemblé à Paris des opposants au régime, pour une "réunion de travail" durant l'été 1994 [8].

7. Stephen Smith, *La France aux petits soins pour la junte islamiste du Soudan*, in *Libération* du 12/01/95.
8. D'après Stephen Smith, *Paris pousse le président Déby vers la sortie*, in *Libération* du 15/09/94.

Barbouzes de conserve

La DGSE n'apprécie pas davantage le trop voyant lobbying de l'ex-directeur de la DST et ex-député Yves Bonnet en faveur du régime algérien [9] - une inclination que partage l'ancien tuteur de la DST Charles Pasqua [10]. Certaines mésaventures de cette sommité du renseignement valent d'être contées.

Fréquentant l'Association pour le développement des relations franco-arabes (Ardaf), réputée active en barbouzerie, il y a connu Jean-Michel Beaudoin, un ancien chargé de mission à la mairie de Paris aux engagements politiques très droitiers. Avec Pierre Bonnet (le frère d'Yves) et un repris de justice, Bruce Allet, Beaudoin a entrepris de commercialiser un conservateur alimentaire miracle, *Conserver 21*. Ce projet, promu par Yves Bonnet jusque dans l'enceinte de l'Assemblée nationale, s'est avéré une escroquerie. Entre-temps, 80 millions de FF ont été "exfiltrés", sans doute vers une société *offshore* au Luxembourg. Mis en examen par la juge Laurence Vichnievsky, Allet prétend qu'Yves Bonnet et son ami Beaudouin utilisaient ce projet pour des opérations de services spéciaux [11].

---

9. Le 9 décembre 1997, deux journalistes de l'*Observer* (Londres), John Sweeney et Leonard Doyle, rapportaient les propos de « *"Youssouf Joseph"* [...] *un agent secret de carrière dans la Sécurité militaire algérienne, avant qu'il ne fasse défection en Grande-Bretagne* ». "Joseph" décrit les tortures et les "coups tordus" pratiqués à l'instigation de la hiérarchie officieuse de l'armée algérienne. Les deux plus influents généraux algériens, surnommés « *Tewfik et Smaïn, continue Joseph, ont utilisé une partie des milliards du pétrole et du gaz pour corrompre des hommes politiques et des fonctionnaires de sécurité en Europe.* [...] "J'ai personnellement apporté une mallette contenant 500 000 francs à un parlementaire français en liens étroits avec les services secrets français" [...] *qui a perdu son siège aux dernières élections et qui est connu pour faire l'apologie des régimes algérien et iranien* ». Bien que non cité, Yves Bonnet s'est senti visé. Il a vigoureusement démenti avoir perçu quoi que ce soit.
10. Ce n'est pas fini. Selon Claude Angeli (*Paris malade de son complexe algérien*, in *Le Canard enchaîné* du 07/01/98): « *Chevènement* [...] [prône], *faute de mieux, un soutien sans réserve aux militaires algériens.* [...] *La DST, qui entretient de bons rapports avec la Sécurité militaire algérienne, n'a d'ailleurs aucune envie de le contredire* ».
« *Ce sont des réseaux commerciaux ou des services* [secrets] *qui décident de la* [...] *politique algérienne de la France* », déplore Hocine Aït Ahmed, Secrétaire général du Front des forces socialistes (FFS) et l'un des protagonistes de l'indépendance algérienne (Conférence de presse à Rome, le 23/01/97).
11. D'après Karl Laske, *Yves Bonnet, ex-ponte de la DST, cuisiné par la PJ*, in *Libération* du 28/11/97.

166

Si c'est vrai, cela veut dire que les méthodes barbouzo-commerciales de Foccart, finançant des activités secrètes par les sociétés les plus diverses, ont fait des émules. Si c'est faux, on n'est pas très rassuré sur les processus de sélection des patrons des "services" français.

Mais l'escroquerie s'est avérée plus corsée encore [12]. Outre les millions évaporés dans *Conserver 21*, elle interfère avec une vaste arnaque monétaire, flambant du golfe de Guinée à la péninsule arabique. L'enquête judiciaire est venue mêler d'autres noms aux premiers cités :

- Gérald Le Pemp, un ex-gendarme de l'Élysée (encore !), créateur de PME exotiques avec la famille Mobutu ou dans l'immobilier djiboutien, et de "sociétés de sécurité" à destination de Madagascar, des Émirats, du Yémen,... ;

- l'ex-patron des gendarmes élyséens, Christian Prouteau ;

- un ancien chef du service Action de la DGSE, reconverti dans la fabrication de véhicules porte-chars, qui accompagne volontiers Yves Bonnet en Irak ;

- Donatien Koagne, un Camerounais qui résidait à Libreville, lié au gratin gabonais, suspecté jadis d'avoir trempé dans un trafic géant de faux CFA.

Devenu richissime, propriétaire de salles de jeux et président du club de football de Bafoussam, il avait été arrêté à Douala. On le relâcha «*faute de preuves*», malgré l'aveu détaillé du programme de faux-monnayage. Se croyant invulnérable, il se lança dans des escroqueries de plus en plus audacieuses, jusqu'au Yémen où il fut emprisonné [13].

Les services français s'en sont vivement inquiétés. Une série de chefs d'État africains étaient chevillés financièrement à ce faiseur d'or - et peut-être quelques obligés parisiens. L'arnaqueur camerounais disposait aussi d'un fichier clients... que la division internationale de la DST tenait apparemment à récupérer avant Interpol.

---

12. Cf. Karl Laske, *Un conservateur bidon truffé de barbouzes, Libération*, 19/01/98.
13. Cf. Agir ici et Survie, *France-Cameroun. Croisement dangereux*, op. cit., p. 30.

Pour libérer son prisonnier, le Yémen exigeait de récupérer 3 millions de dollars escroqués. Via *Conserver 21*, Allet et des comparses se sont beaucoup dépensés. Et peut-être récompensés, éblouis par cette histoire d'escroquerie en miroir. Selon Allet, qui juge plus sûr d'être bavard, l'affaire *Conserver* a permis à « *Beaudoin et Bonnet d'établir des contacts pour des opérations diplomatiques officieuses* » au Zaïre. On imagine...

Entreprises

Ainsi les "services" avancent-ils souvent masqués derrière des entreprises en tout genre, petites ou grosses. Et ils n'hésitent pas à les compromettre dans des activités criminelles.

On a beaucoup parlé, à propos des guerres dans les deux Congo, de la PME *Geolink*. En liaison avec le conseiller élyséen Fernand Wibaux, elle a joué un rôle-pivot dans la fourniture de mercenaires à Mobutu [14]. Selon le *New York Times* du 2 mai 1997, *Geolink* aurait fourni aux forces de Mobutu trois avions de combat Mig-21, leurs pilotes et leurs mécaniciens, en provenance d'ex-Yougoslavie (où *Geolink* a manifestement d'excellents contacts). La note globale des actions parallèles ainsi initiées (5 millions de dollars pour le mois de janvier) aurait, selon le *New York Times*, été réglée par la France.

Geolink est en principe spécialisée dans le commerce de gros de matériel de télécommunication... Elle s'employait à fournir en téléphones satellites (écoutables ?) les journalistes couvrant les événements d'Afrique centrale, et en téléphonie de campagne l'armée zaïroise [15].

Ses dirigeants, André Martini et Philippe Perrette, ont fourni des explications contradictoires. Le premier aurait découvert tardivement que le second, représentant *Geolink* au Zaïre, travaillait pour les services secrets français. Il s'en serait donc sé-

---

14. Cf. *France-Zaïre-Congo*, op. cit., p. 126-127.
15. Cf. Agir ici et Survie, *France-Cameroun. Croisement dangereux*, op. cit., p. 30.

paré fin avril 1997. Début mai, il préfère manier la périphrase : Perrette « *a été prié de quitter la société au motif qu'il était soupçonné d'avoir dépassé la déontologie des affaires dans des activités incompatibles avec ses fonctions*[16]»...

Perrette, tout en démentant travailler pour les services secrets français, admet avoir mis en relation des autorités zaïroises avec des mercenaires serbes par l'intermédiaire d'un mercenaire français présent à Kinshasa. Une conception assez large des télécommunications...

« *Notre société était une bonne couverture* », consent Martini. Bien entendu, le Quai d'Orsay démentait toute implication de la France dans le conflit zaïrois.

Avec Elf, on change de dimension. Même si l'on s'en tient à l'objet déclaré de la compagnie (le pétrole), la majorité des décideurs français et même certains journalistes estiment pouvoir :

> « Plaider que c'est grâce au **renseignement**, à la corruption, à la menace, au trafic d'influence et au chantage que ce groupe public, [...] est devenu la première entreprise française, la huitième compagnie pétrolière du monde, dérangeant le cartel des sept majors anglo-saxonnes. [...] Expliquer aux professeurs de vertu que sans ces méthodes peu orthodoxes, Elf serait un groupe pétrolier de deuxième zone et que, pour son énergie fossile, la France dépendrait des étrangers. Rappeler enfin que les Américains utilisent tous les moyens pour casser cette dynamique [17]».

Une version pétrolière du syndrome de Fachoda qui marche tout autant sur le corps des Africains que les versions politique ou militaire ! Mais où est la différence ? Rappelons-le :

> « En 1962, *[Pierre Guillaumat, fondateur du Sdece, la future DGSE]* convainc *[De Gaulle]* de mettre en place une structure parallèle autour de "vrais" techniciens du pétrole. *[En créant Elf]*, les gaullistes voulaient un véritable bras séculier d'État, en particulier en Afrique, [...] une sorte d'officine de renseignement dans les pays pétroliers.

---

16. Cité par *Le Monde* du 04/05/97.
17. Valérie Lecasble et Airy Routier, *Forages en eau profonde. Les secrets de « l'affaire Elf »*, Grasset, 1998, p. 185 (C'est nous qui soulignons).

C'est grâce à Elf que la France maintient une présence en Afrique francophone et l'élargit à d'autres pays. Ainsi au Gabon, où Elf nomme Bongo ; mais c'est vrai du Congo, [...] c'est aussi vrai pour le Cameroun [...]. Elf s'introduit en Angola, au Nigeria et plus récemment au Tchad à la demande du gouvernement français qui veut étendre sa zone d'influence et la sécuriser par des liens économiques solides. M. Guillaumat *[PDG d'Elf de 1965 à 1977)]* [...] truffe Elf d'anciens des services, et il ne se passe rien dans les pays pétroliers, en particulier en Afrique, dont l'origine ne soit pas Elf. Foccart y installe ses anciens. [...] C'est [...] devenu une habitude, une sorte de loi non-écrite, qu'Elf soit une agence de renseignement, avec un certain nombre de véritables spécialistes qui sont en prise directe avec les services [18]».

Mais la symbiose s'est déréglée, avec la décomposition du réseau Foccart, les guerres entre services et à l'intérieur même des services :

« Guillaumat a mis en place l'organisation, les présidents qui suivent en perdent le contrôle [...]. Les réseaux prolifèrent. À mon arrivée, j'essaie, avec le directeur de la DGSE et celui de la DST, de mettre un peu d'ordre. Je n'y arriverai pas [...]. Tout se passe ailleurs, mêlant des anciens et des nouveaux d'Elf, avec un doigt de Tarallo, un doigt de Pasqua, et des zestes de RPR. En tous les cas, il y a une imprégnation gaulliste faite de ces réseaux et un lien avec le parti à tous les étages de la maison, en particulier à la direction des filiales à l'étranger et, plus particulièrement, en Afrique. [...]

La DGSE envoie des renseignements au pouvoir complètement débiles sur l'Afrique [...], ces rapports ne représentent pas la connaissance que les gens d'Elf peuvent avoir des réalités. Soit la DGSE a recruté les connards d'Elf, soit les recrutés font de l'intox dirigée par Foccart. Je penche vers la seconde solution et je dis à Mitterrand qu'il peut déchirer tout ce qui vient de la DGSE sur l'Afrique [19]».

Qu'est-ce qui est plus dangereux, pour la France et pour l'Afrique : des « *connards* », ou des gens qui intoxiquent leurs supérieurs légitimes ? Les dirigeants d'Elf ont-ils répondu à cette question quand ils décident, sans exception, de placer à la tête du renseignement-maison d'anciens officiers du Sdece, puis de la DGSE :

---

18. "Confession" de Loïk Le Floch-Prigent, *L'Express*, 12/12/96.
19. Idem.

« Le "Colonel" s'en va, un général arrive. [...] Officier issu des services secrets français et fidèle des fameux "réseaux Foccart", M. *[Jean-Pierre]* Daniel, surnommé le "Colonel", sera remplacé au 42e étage de la tour Elf *[à la tête du "service de sécurité"]* par un autre membre de la confrérie du secret - et non des moindres : le général Patrice de Loustal, récent retraité [...] a dirigé le fameux service "Action" de la DGSE de 1993 à 1996, après en avoir été longtemps le second [...].

Premier président d'Elf, Pierre Guillaumat avait [...], dès le début des années 60, [...] doté le secrétariat général du groupe *[Elf]* d'une "*cellule de renseignement*" non officielle [...]. La direction en avait été confiée à Guy Ponsaillé, ancien agent des services spéciaux, [...] chaudement recommandé par [...] Jacques Foccart. Constituée de transfuges de la "Piscine" (le Sdece), du contre-espionnage, voire du Quai d'Orsay, dotée de véritables unités d'action, sous la forme de sociétés de sécurité basées en France et au Gabon, cette structure parallèle devait encore accroître son influence sous la conduite du colonel Maurice Robert, ancien responsable des services secrets en Afrique, puis patron du "SR" ([...] la principale branche du Sdece). [...]

Devenu ambassadeur de France au Gabon en 1978, Maurice Robert [...] parraina l'entrée à Elf du colonel Daniel [...]. *[Celui-ci]* régnait sur une galaxie de "*correspondants*" plus ou moins honorables, dont on ne sait si elle coopérait ou concurrençait les structures officielles, service dans les "services", comme il y a des "*États dans l'État*" [20]».

Visitant ce "service" privé, les juges Joly et Vichnievsky ont découvert des documents confidentiels et des "notes blanches" de tous les "services" de l'État : DST, DGSE, Sécurité militaire, gendarmerie, RG (Renseignements généraux), police judiciaire ! On l'a dit, les juges ont aussi trouvé la preuve de l'engagement conjoint d'Elf et des réseaux dans l'interruption du processus démocratique au Congo-Brazzaville, dès 1991. Avec des mercenaires. C'est, en plus petit, la même configuration que celle qui stimula et prolongea tragiquement la guerre du Biafra. Ou qui maintint l'équilibre des forces (et de la terreur) entre les deux camps qui se déchiraient l'Angola.

---

20. Hervé Gattegno, *L'étrange interpénétration des services d'Elf et de la France*, in *Le Monde* du 28/09/97.

Le groupe de Vincent Bolloré est en passe de devenir le plus important conglomérat françafricain après Elf : transports, ports, cigarettes, plantations, etc. Il a repris le groupe Rivaud, qui abritait la banque du RPR. Puis il s'est invité au capital de Bouygues, si présent en Côte d'Ivoire, au Burkina, au Sénégal, au Cameroun, etc. Vincent Bolloré, que l'on surnomma le "petit prince du cash-flow" ne néglige pas l'arme des services secrets : il a fait entrer dans le conseil d'administration de sa filiale Saga, l'aventureuse monture de Pierre Aïm (fastueux brasseur d'affaires de Sassou Nguesso et Idriss Déby, entre autres), un ancien ponte de la DGSE : Michel Roussin, qui fut également le grand argentier de Jacques Chirac et un ministre de la Coopération branché. Selon *La Lettre du Continent*[21], il voudrait encore embaucher Jean Heinrich, l'ex-patron très courtisé de la Direction du renseignement militaire (DRM).

Schémas

Les hommes des "services" contribuent fortement à informer-déformer les représentations des responsables politiques, tout particulièrement celles du chef de l'État. On ne reviendra pas ici sur le syndrome de Fachoda (la phobie des Anglo-Saxons), déjà plusieurs fois exposé dans nos *Dossiers*[22]. Il faut y adjoindre le fantasme d'une « grande politique arabe », entretenu par quelques émules de Lawrence d'Arabie ou spécialistes de l'Islam : la France pourrait d'autant plus développer son influence en milieu arabo-musulman que les Américains n'auraient jamais rien compris à la "mentalité des Arabes". Ainsi, si les États-Unis jugent infréquentable le régime de Khartoum, la France aurait toutes les raisons du monde de lui faire la cour.

L'un des promoteurs anonymes du clan pro-Khartoum (clan dont Charles Pasqua s'est fait le porte-parole) explique d'abord

---

21. Du 25/06/98.
22. Cf. notamment : *Dossiers noirs* n° 1 à 5, p. 155-156, 199-200 ; *France-Cameroun*, p. 66-68 et 82-83.

que si le président ougandais Museveni soutient les rebelles sud-Soudanais, c'est par crainte de l'expansionnisme arabe : « *Il y a une collusion de fait entre le lobby juif et le lobby noir, qui disent :* "Nous faisons face aux mêmes dangers - l'expansionnisme du fondamentalisme arabe"[23]». Et de dénoncer la « *diabolisation* » du Soudan, entretenue par des Égyptiens à la solde des Américains. La boucle est bouclée : Museveni et le Front patriotique rwandais (FPR) sont une « *aristocratie guerrière* », pilotant un lobby noir allié au lobby juif, lequel mènerait l'oncle Sam par le bout du nez... contre la « grande politique arabe » de Charles Pasqua, en Irak, en Algérie, au Soudan, etc. Au bout de ce raisonnement, les Tutsis, les Noubas et les Dinkas peuvent rejoindre les Juifs parmi les victimes des idéologies génocidaires...

Il n'est pas besoin de forcer le tempérament de Jacques Chirac pour le pousser dans les mêmes retranchements. Au Caire, le 8 avril 1996, il a fait l'éloge d'une « *grande politique arabe* » et méditerranéenne de la France, d'où sont évincés la démocratie et l'État de droit. Il a prononcé ce discours devant une carte hautement significative : l'Irak et le Soudan y sont rangés parmi les États arabes[24]. L'on sait pourtant qu'en ces deux pays, aux frontières dessinées par la colonisation, les populations arabes sont nettement minoritaires. En leur nom, des dictatures sanglantes massacrent et/ou "normalisent" sans états d'âme les autres peuples et communautés linguistiques ou religieuses. Celui qui, Premier ministre (1974-1976), initia le surarmement de Saddam Hussein, à fonds publics perdus, n'est ils pas "renseigné" ? Ou ne veut-il pas le savoir ?

Trois mois plus tard, Jacques Chirac visitait le Qatar - avec lequel, pour mieux fourguer ses avions et ses chars, la France s'est liée par un accord de défense. Un journaliste décèle une nostalgie d'Empire dans sa « *grande politique arabe* ». Le Pré-

---

23. Propos recueilli par *The Middle East*, 02/95.
24. Cf. *Libération* du 09/04/96.

sident sort alors le grand jeu : « *Je suis fier de l'Empire français et de ce que la France a fait. Il faudra bien que le monde s'habitue à ce que la France défende à la fois ses intérêts et ses idées partout dans le monde*[25] ».

Souvenons-nous que cet Empire français s'est édifié sur des préjugés et un apartheid raciaux, et que nombre de ses zélateurs, à commencer par Lyautey, ont prôné la manipulation ethniciste. Les "services" dressèrent ainsi en Indochine les ethnies minoritaires contre les indépendantistes d'Hô Chi Minh, ils attisèrent au Cameroun un racisme anti-Bamiléké. On trouve encore aujourd'hui de tels schémas. Parfois leurs colporteurs eux-mêmes en sont dupes.

Dans la région des Grands lacs, la DGSE, et peut-être davantage la DRM, ont répandu le mythe des « Khmers noirs » tutsis, et l'ont diffusé dans les médias parisiens. Ils ont intégré et propagé le thème du « complot Hima-Tutsi », qui serait prouvé par un document apparu en août 1962 dans le Nord-Kivu. Ce pseudo-document joue pour l'antitutsisme le même rôle incendiaire que le Protocole des Sages de Sion pour l'antisémitisme[26]. Il prête au bouc émissaire un plan machiavélique d'asservissement du monde, ou d'une partie du monde. Malgré (ou à cause) de son caractère grossier, il est un levain efficace d'extermination. Les "services" en ont usé sans modération.

> « Les services de renseignement occidentaux - davantage les Français ou les Belges que les Américains - mettent en cause la présence, sur le territoire zaïrois, de ce que certains de leurs analystes appellent une "*légion tutsie*", enrôlée par l'Ouganda pour appuyer les forces de Laurent-Désiré Kabila contre l'armée du maréchal Mobutu. [...]
>
> Selon [...] les spécialistes du renseignement, il y a eu probablement un changement de tactique à Kampala. Il s'agissait, dans un premier temps, de créer une zone tampon à la frontière entre l'Ouganda et le Zaïre, qui servait de base à des commandos hostiles au régime de Kampala. Puis les Ougandais - plus exactement ce que les services

---

25. Cité par *Libération* du 09/07/96. Il faudra bien que Jacques Chirac s'habitue, de son côté, à ce que « *le monde* » puisse s'offusquer de ce langage impérial.
26. Cf. Jean-Pierre Chrétien, *L'empire HIMA/TUTSI*, manuscrit, 12 p., 17/08/98.

concernés appellent *"des nostalgiques de l'empire tutsi"* - ont décidé d'aller plus loin et de s'implanter dans le Kivu [27]».

Ce n'est pas la description des faits ou du but de guerre qui pose problème, c'est le vocabulaire, racial - qui ne cesse de faire référence au mythe de l'empire hima-tutsi. Trois ans après le génocide.

En Bosnie, l'on sait qu'une part notable des officiers de l'armée et des "services" a témoigné d'une partialité serbophile. Relié à l'un de ces "services", le commandant Hervé Gourmelon a rencontré sur une longue période de 1997, en zone contrôlée par les soldats français, l'un des deux criminels les plus recherchés par le Tribunal pénal international de La Haye : Radovan Karadzic. Le *Washington Post* l'accuse même « *avec certitude* » d'avoir « *transmis des informations au sujet d'opérations de l'OTAN destinées à capturer Karadzic* ». Paris a admis que l'officier envoyait des rapports sur ces contacts... L'affaire sentant le roussi, Gourmelon a été, en catastrophe, « exfiltré » de Bosnie début 1998 [28].

Les temps devenant difficiles, le lobby militaire réactive les bonnes vieilles méthodes. L'ex-Directeur de la DGSE Claude Silberzahn explique, dans *Au cœur du secret* [29], comment circonvenir chercheurs et journalistes. Concurrente de la DGSE, la DRM a créé fin 1996 un « *Bureau d'action psychologique* » [30], placé sous l'autorité directe du chef d'état-major des armées.

Ce BAP a fait un test de désinformation grandeur nature. Il a emmené une douzaine de journalistes en Guyane, pour les convaincre du risque d'invasion migratoire de ce beau département cerné de pauvres. Succès : les articles issus de ce voyage ont

---

27. Jacques Isnard, *Une "légion tutsie" de quinze mille hommes, formée par l'Ouganda, aurait appuyé les forces rebelles, selon les services occidentaux*, in *Le Monde* du 13/05/97.
28. Hélène Despic-Popovic, *L'ange gardien français de Radovan Karadzic*, in *Libération* du 24/04/98.
29. Fayard, 1995, p. 95-97.
30. Ceux qui ont connu la guerre d'Algérie sont priés de ne pas cauchemarder.

dépassé les espérances. Comme on n'est jamais trop bien couvert, la DRM a fait nommer l'un de ses officiers à Matignon pour animer une cellule « *Arguments et dialogue* »[31].

Le colonel Michel Castillon a fini sa carrière à la DRM. Puis il s'est mis à militer ouvertement au Front national[32]. Et l'on s'étonne, avec ça, que les informations distillées à l'exécutif par ce genre de "service" suivent une grille de lecture ethniste...

La garde des présidents

La DGSE, on l'a dit déploie auprès de chaque président africain ami un "conseiller-présidence". Mais il lui arrive assez fréquemment, aussi , de former des gardes présidentielles - trop claniques pour être publiquement instruites. En 1998, elle forme la garde présidentielle "cobra" de Sassou-Nguesso, au Congo-Brazza[33]. Selon un prêtre français vivant au Rwanda[34], « *deux semaines avant le génocide, qui a débuté sous l'impulsion de la garde présidentielle, l'officier français qui conseillait les tueurs de la GP a quitté précipitamment Kigali* ».

De 1990 à fin 1993, c'est un "ancien" de la DGSE, le colonel Didier Tauzin (alias Thibaut), qui a été le conseiller militaire du général Habyarimana[35]. À l'époque, les instructeurs français vivaient dans les mêmes camps que les soudards se rodant aux premiers massacres. Revenu au Rwanda à la tête de l'un des régiments de Turquoise, il déclara en juillet 1994 qu'en cas d'offensive vers les positions françaises, « *nous tirerons dans le FPR, sans état d'âme*[36]». On ne ferait « *pas de quartier*[37]».

31. D'après Brigitte Rossigneux, *Quand la presse en balade à Kourou se fait balader par l'armée*, in *Le Canard enchaîné* du 08/01/97.
32. Cf. Renaud Dely, *L'élu frontiste de Vitrolles donne des cours aux officiers*, in *Libération* du 18/09/97.
33. Cf. *Des officiers de la DGSE pour Sassou II*, in *La Lettre du Continent*, 12/03/98.
34. Cité par *Le Monde* du 01/04/98.
35. D'après Colette Braeckman, *La France résolue à contenir la victoire du FPR*, in *Le Soir* du 05/07/94, et Jean-Philippe Desbordes, *Qui est ce colonel qui veut casser du FPR ?*, in *Info-Matin* du 07/07/94.
36. Cité par François Luizet, *La France décide de s'interposer*, Le Figaro, 05/07/94. .

Malgré les massacres commis par sa "Garde républicaine", le général-président tchadien Idriss Déby n'a jamais été lâché par son mentor Paul Fontbonne - de la DGSE. En janvier 1996, par contre, la "Piscine" a donné au moins son feu orange au putsch du général nigérien Ibrahim Baré Maïnassara (un poulain de Jacques Foccart)[38] contre un président légitimement élu. Et carrément son feu vert au "débarquement" du président comorien Djohar, fin 1995.

En Centrafrique, le colonel Jean-Claude Mantion (de la DGSE) "manageait" le général-président Kolingba. Paul Barril, qui ne l'aime guère, affirme[39] que Mantion avait quadrillé Bangui avec 25 réémetteurs radio de 25 W, reliés à 680 postes de radio portables, payés avec les fonds de la Coopération, pour parfaire les écoutes téléphoniques[40]. Il se serait aussi occupé de la "gestion" des diamants. Vindicatif, Barril évoque « *de belles histoires de diamants baladeurs, en route dans un avion pour Rome et perdus dans le décor à l'époque du tandem Mantion-Kolingba, qui commencent à remonter jusqu'à mes oreilles* ». Plus largement, Mantion fut de 1980 à 1993 une sorte de vice-roi d'Afrique centrale, contribuant notamment à l'inavouable alliance entre Paris et Khartoum. Mi-1997, il a été promu général dans le cadre de réserve.

Action

La DGSE reste fière de son traditionnel "Service action", elle puise dans le 13ᵉ Régiment de dragons parachutistes (RDP) de Moselle et surtout le 11ᵉ bataillon de parachutistes de Choc (11ᵉ Choc) - même si ce dernier a écrit certaines des pages les plus sombres de la guerre d'Algérie. Début 1994, par exemple,

---

37. Cité par Jean Guisnel, *Mitterrand et Juppé rectifient le tir, Libération*, 06/07/94.
38. Ancien attaché militaire à Paris, il venait d'y achever un stage au collège interarmes de défense.
39. *Guerres secrètes à l'Élysée*, Albin Michel, 1996, p. 112-115.
40. Cela s'est banalisé. Dans les capitales du "pré carré", la DGSE organise systématiquement la mise sur écoutes de tous les téléphones et fax sensibles.

on a convié Hachim Abou Saïd, le directeur des services de la sécurité extérieure soudanaise, à « *visiter les installations d'un détachement du 11e Choc*[41]».

Certes, les « jeunes anciens » du 11e Choc se sont encore illustrés lors du putsch de Bob Denard aux Comores[42]. Mais les missions "spéciales" semblent tellement emplir l'horizon des stratèges qu'elles sont désormais largement partagées. Le Rwanda a servi de laboratoire :

> « *[Avant 1990]*, la Mission militaire de coopération (MMC) entretenait au Rwanda une trentaine d'experts [...] Ce dispositif est progressivement monté en puissance [...] avec l'adjonction de nouveaux éléments, autrement appelés des Détachements d'assistance militaire et d'instruction (DAMI). Cette mission fut baptisée "Panda". Fin 1992, aux 30 premiers cadres dépendant de la MMC se sont ajoutés 30 autres, puis 40 autres encore début 1993. Ces détachements provenaient en majorité de trois régiments constitutifs de la Force d'action rapide *[dont]* le 1 régiment parachutiste d'infanterie de marine *[RPIMa]* [...]
>
> La tâche de ces nouveaux arrivants, dont le contrôle opérationnel a peu à peu échappé à la MMC [...], a carrément été d'appuyer les combattants des FAR à partir de deux camps d'entraînement installés dans des parcs proches de la frontière avec l'Ouganda. [...] Les hommes du 1er RPIMa, qui sont entraînés à monter des opérations clandestines dans la profondeur d'un territoire et à s'y camoufler le temps de recueillir le renseignement, ont pour mission d'établir des contacts permanents avec les plus hautes autorités politiques et militaires à Paris qui gèrent les crises en Afrique. Quitte, au besoin, à s'affranchir de la chaîne des commandements.
>
> Ce fut le cas au Rwanda, grâce à un fil crypté direct entre le régiment et l'Élysée, via l'état-major des armées et l'état-major particulier de l'Élysée [...]. À leur façon, les DAMI Panda ont servi de laboratoire à la mise sur pied, à partir de 1993, d'une nouvelle chaîne hiérarchique propre au renseignement et à l'action, avec la création, sous la tutelle directe du chef d'état-major des armées, d'un commandement des opérations spéciales (COS), intégrant notamment le 1er RPIMa aux côtés d'autres unités[43]».

---

41. *France-Soudan : Les liaisons dangereuses !*, in *Nord-Sud Export* du 18/02/94.
42. Cf. Paul Guéret, *Affaire des Comores. Les secrets d'un coup tordu*, in *Le Point* du 06/01/96.
43. Jacques Isnard, *La France a mené une opération secrète, avant 1994, auprès des Forces armées rwandaises*, in *Le Monde* du 21/05/98.

On le voit, le 1ᵉʳ RPIMa a toutes les caractéristiques d'un « Service action ». Branché directement sur l'Élysée, il renforce le potentiel incontrôlé du "domaine réservé". Avec ce régiment et le COS, François Mitterrand a pu mener une "guerre secrète", quasi privée. Comme dit Paul Barril, « *il y aurait matière à un livre sur l'héroïsme des Services Secrets au Rwanda, face à l'Ouganda et au FPR...* [44] ». Mais un tel livre ne conclurait pas forcément que cet « héroïsme » n'a pas été galvaudé.

Hors ce "Panda" expérimental, on parle beaucoup désormais des CRAP (Commandos de recherche et d'action en profondeur), spécialisés dans le renseignement derrière les lignes ennemies. Selon le colonel Yamba, officier zaïrois réfugié en Belgique, ils étaient 500, venus de Bangui, lors de la guerre de 1996-97 au Zaïre. Mis au service du camp mobutiste, et, pour certains d'entre eux "déguisés" en mercenaires... [45].

On laissera aux chapitres suivants le recrutement et le contrôle de mercenaires ou de "corsaires", et les trafics d'armes organisés par la DGSE. Rappelons seulement que ces trafics, et d'autres, ont parfois été financés avec l'argent de la drogue - en Indochine, puis au Maroc et au Biafra [46]. Et constatons avec Jean-François Bayart :

> « Aucune leçon n'a véritablement été tirée de la tragédie rwandaise [...]. Les Services français interviennent actuellement avec les mêmes approximations, le même rôle de l'imaginaire, les mêmes circuits de financement [47] »

Les séances publiques de la mission d'information parlementaire sur le Rwanda ont été révélatrices à cet égard :

> « Les auditions furent décevantes, voire pathétiques. [...] Des témoins [...] n'ont pas relaté l'ambiance du Rwanda des années 90-94, la

---

44. *Playboy*, mars 1995.
45. Cf. Colette Braeckman, *À Bruxelles, la diaspora est à l'écoute*, in *Le Soir*, 03/02/97.
46. Cf. F.X. Verschave, *La Françafrique*, op. cit., p. 143-144.
47. Jean-François Bayart. Entretien in *Les politiques de la haine - Rwanda, Burundi 1994-95*, *Les temps modernes*, juillet 1995.

relation d'extrême proximité entre Français et Hutus, le racisme flagrant envers ces Tutsis d'Ouganda qualifiés de *"Khmers noirs"*, l'évidence que Paris et Kigali travaillaient la main dans la main. [...] Bien des aspects relèvent des services spéciaux, d'officines plus ou moins connues, d'agents d'influence, de réseaux politiques ou financiers. Il est difficile d'arriver à des conclusions sérieuses sans plonger dans cet univers du secret. Or les députés s'y sont refusé. Le monde de la "Françafrique" n'a pas été sondé. Un homme comme Barril [...] n'a pas été auditionné [48]».

Comme nous en avons réitéré la demande en septembre 1997 [49], il est plus que temps d'instaurer un **contrôle parlementaire des services secrets**. Les États-Unis ou l'Allemagne ont fini par admettre que les services pouvaient manipuler le pouvoir exécutif, ou lui échapper.

Impensable il y a deux ans, chez des députés écrasés par le « Surmoi Ve République », un tel contrôle est dans l'air du temps. Le président de la Commission de la Défense, Paul Quilès, l'a évoqué à demi-mot.

Le 3 septembre 1998, le Premier ministre Lionel Jospin l'a envisagé lors d'une intervention à l'Institut des hautes études de défense nationale. À propos de la mission parlementaire d'information sur le Rwanda, il a exprimé son « *souci de transparence vis-à-vis du Parlement* », y compris sur « *l'action de nos services de renseignement* ». Serait-ce une ouverture ? Lionel Jospin a aussitôt ajouté une mise en garde sibylline, en forme de truisme : il a invité à ne pas « *confondre les rôles ni les responsabilités du pouvoir exécutif et du pouvoir législatif* ». Le problème c'est qu'en la matière, jusqu'ici, le pouvoir exécutif était tellement absolu qu'il en venait à se confondre lui-même. Sauf en excuses.

---

48. Rémy Ourdan, *Le Parlement peine à éclaircir le rôle de la France au Rwanda*, in *Le Monde* du 10/07/98.
49. Le 30 septembre 1997, lors du Colloque organisé à l'Assemblée nationale par l'Observatoire permanent de la Coopération française, *Pour une nouvelle politique africaine de la France*. Cf. Agir ici et Survie, *France-Sénégal. La vitrine craquelée*, L'Harmattan, 1996, p. 67-71.

3. "PRIVÉS" ET MERCENAIRES

Denard en précurseur

Dans la stratégie de Jacques Foccart, de défense agressive du "pré-carré", voire de son extension si l'occasion s'en présentait, Denard, sa bande et leurs semblables ont joué un rôle essentiel. Ils permettaient à tout moment de fouler aux pieds l'indépendance des ex-colonies françaises et des pays voisins - ce qu'un pays "civilisé", membre de surcroît du Conseil de sécurité des Nations-unies, ne pouvait s'autoriser officiellement.

Maintenant que se révèlent les fondements scandaleux de la relation franco-africaine, sous l'impact de la tragédie rwandaise, il est de bon ton de déclarer que le foccartisme est mort en mars 1997 avec Jacques Foccart. Il n'en est rien, explique clairement Jean-François Bayart[1]. Mais pour le faire accroire, il faut ringardiser Denard et compagnie, témoins désormais d'une "époque révolue".

C'est d'autant plus facile que Bob Denard se prête volontiers à ce jeu, vendant une image de "corsaire"[2] ancien combattant, transformé en papa-gâteau, et qu'il est très doué pour le théâtre. C'est d'ailleurs l'une des caractéristiques qu'il partage avec les grands "privés" comme Paul Barril : un talent d'acteur qui non seulement suscite chez le bon public une sympathie admirative, mais permet aux commanditaires, les "responsables" politiques, de se défausser indéfiniment : « *Vous voyez bien que ces gens-là ne sont pas à prendre au sérieux* ».

Mais si ! Il faut d'autant plus les prendre au sérieux qu'ils ont intégré la dimension de l'image dans la gestion de leur "porte-

---

1. « *La classe politique française, toutes familles politiques confondues, paraît tenir pour légitime le foccartisme comme conception des relations franco-africaines donnant la primauté à la politique des réseaux et à la confusion entre l'action para-diplomatique et les affaires privées. Il est improbable que la France renonce au foccartisme, pourtant responsable du fiasco de la politique africaine de notre pays. Tous les partis continuent d'y trouver leur compte, notamment en matière de financement des campagnes électorales* ». Interview au *Monde* du 29/04/97.
2. Il a baptisé ses "mémoires" *Corsaire de la République*.(Fixot, 1998).

feuille" d'activités. Si l'on observe leur parcours dans la durée (quatre décennies pour Denard, bientôt deux pour Barril), on s'aperçoit qu'ils sont presque toujours là aux lieux et moments-clefs. L'on ne cesse de faire appel à eux, pour des missions toujours aussi délicates. Prendrait-on le risque de le faire, alors qu'ils sont archi-connus, s'ils étaient dépassés, marginalisés ou inefficaces ? Ils sont d'ailleurs assez malins, on l'a vu avec Paul Barril, pour avoir accumulé les munitions, en forme de secrets d'État.

Ringard, Denard ? Allons ! « *L'épopée* [comorienne] *de Bob Denard apparaît moins comme le chant du cygne* [...] *d'un mercenaire en fin de carrière que comme un signe avant-coureur* [3]».

On l'a dit à propos des Comores, Bob Denard (BD) gérait là-bas une base mercenaire idéale - de son point de vue - et une entreprise au chiffre d'affaires respectable. Il louait ses services à plusieurs pays, à commencer par l'Afrique du Sud et la France. Il hébergeait toutes sortes de trafics - dont ceux, considérables, qui déjouaient le boycott du régime d'apartheid. Il a compris très vite tout le parti à tirer de la création et du contrôle d'une "Garde présidentielle" :

« L'idée, c'était d'avoir sous la main, en permanence, des hommes et du matériel, de façon à pouvoir intervenir rapidement [4]».

« Créer une GP, c'est développer un appareil sécuritaire parallèle qui échappe aux contrôles parlementaires ou citoyens. C'est s'assurer d'un financement constant indépendant des incertitudes ou des avatars budgétaires nationaux [...].
Faire fonctionner une GP, c'est [...] être amené à diversifier ses activités et s'impliquer dans le commerce, l'industrie et la politique. C'est aussi s'intégrer dans un réseau militaire en créant une officine prête à coopérer avec des services spéciaux de pays amis avec, en retour, l'espoir d'une rétribution (finances, appuis politiques, renseignements) [5]».

---

3. Jean-François Bayart, *L'Afrique en voie de malversation*, in Croissance, 01/96.
4. Bob Denard, cité par Philippe Chapleau et François Misser, *Mercenaires S.A.*, Desclée de Brouwer, 1998, p. 73.
5. Ibidem, p. 72-73. Paul Barril avoue, à propos des Gardes présidentielles : « *L'abondance des moyens, l'ivresse de tout savoir, les capacités d'action illimitées créent une forme de griserie* » (in *Guerres secrètes à l'Élysée*, Albin Michel, 1996).

En 1989, Bob Denard (BD) dépasse les bornes, ou plutôt il défonce le décor lorsque le président Abdallah est assassiné en sa présence. Il est expulsé. Mais il a cumulé assez de moyens et de complicités pour pouvoir, dès 1992, mitonner avec Mohamed Taki le remplacement par la force du successeur d'Abdallah. Le temps de trouver quelques sponsors, et c'est chose faite fin 1995. En remerciement, BD peut reprendre pied dans l'archipel à travers son fils Eric.

Emprisonné pour la forme après son putsch comorien, le vieux baroudeur paraît « out of Africa ». Loin de là. Les réseaux françafricains font appel à son carnet d'adresses pour lever une troupe mercenaire au secours de Mobutu, sous la houlette du collègue et ami belge de BD, le colonel Christian Tavernier[6]. Ce dernier a clairement la double casquette : officier des "services" et chef mercenaire. Or sa carrière, commencée dans l'ex-Congo belge au début des années soixante, est quasi parallèle de celle de Denard... BD et lui coaniment la revue *Raids*, qui drague les candidats au mercenariat.

Passons sur les lamentables exploits de la cohorte mercenaire au Zaïre[7]. Malgré cet échec, que BD impute au manque d'homogénéité d'un groupe inadapté aux circonstances, la bande à Denard est à nouveau mise à contribution au Congo-Brazzaville, aux côtés de Sassou-Nguesso. Et l'on cherche un successeur au vieux Bob[8], tant est grand le besoin d'agents "irresponsables" - dont la France officielle n'ait pas à répondre.

Du long parcours de Denard, on tirera plusieurs leçons. D'abord, il est en passe d'obtenir le beurre et l'argent du beurre : d'un côté il a joui de la liberté de manœuvre et des rétributions d'un "privé", sponsorisé par les plus grands noms

---

6. Selon des proches du milieu mercenaire, ce sont les hommes de la nébuleuse Denard qui, sitôt le feu vert du conseiller élyséen Fernand Wibaux (un proche de Jacques Foccart), « *ont recruté l'équipe française pour le compte du Belge Christian Tavernier* ». Propos recueillis par Arnaud de la Grange, *Zaïre : la débâcle des chiens de guerre*, in *Le Figaro* du 07/04/97.
7. Cf. Agir ici et Survie, *France-Zaïre-Congo*, op. cit.
8. Ph. Chapleau et F. Misser, *Mercenaires S.A.*, op. cit., p. 199.

de la Françafrique (Houphouët, Bongo, Eyadéma, Hassan II[9], Foccart, etc.) ; de l'autre, il acquiert une double consécration, officielle et médiatique.

L'ancien ambassadeur à Libreville Maurice Delauney, qui mata les opposants gabonais après avoir traqué les indépendantistes camerounais, trouve Bob Denard « *ni affreux, ni assassin* ». Il lui a décerné un brevet de patriotisme, pour avoir exécuté nombre d'interventions non officielles, « *le plus souvent dans les meilleures conditions, toujours dans l'honneur*[10]». Foccart lui-même a témoigné « *que Denard était un patriote*[11]». Denard a toujours eu de fait, au Sdece puis à la DGSE, un "officier traitant" de haut niveau. À commencer par Maurice Robert, fondateur du Sdece-Afrique et relais privilégié de Foccart sur le continent.

Chouchou des médias, un rien sentimental, l'oncle Bob sait aussi charmer les téléspectateurs lorsqu'il leur conte ses aventures africaines, au service du drapeau tricolore. On en oublierait cette vie "mercenaire" où il a multiplié les crimes d'agression contre les peuples africains, du Congo-Kinshasa aux Comores en passant par le Nigeria et le Bénin - tout en permettant à ses commanditaires de dégager leur responsabilité. On en oublierait le recrutement et la fréquentation de compagnons racistes dont l'un, probablement, est venu à Paris assassiner la militante anti-apartheid Dulcie September[12]. On négligerait la disponibilité factieuse, d'une tentative d'assassinat de Pierre Mendès-France, en 1954[13], à l'offre de groupes de choc en mai 1968[14].

Autre leçon : le travail d'un Denard est payé, directement ou

---

9. Ces quatre personnages, par exemple, ont coparrainé la tentative de renversement du président Kerekou au Bénin en 1977 (opération "Crevette").
10. Cité par Ahmed Wadaane Mahamoud, *Autopsie de Comores. Coups d'État, mercenaires, assassinats*, Cercle Repères, p. 293.
11. Cf. *Foccart parle*, t. II, op. cit., p. 435.
12. Cf. F.X. Verschave, *La Françafrique*, op. cit., p. 199.
13. Cf. Pierre Péan, *L'homme de l'ombre*, Fayard, 1990, p. 532-533.
14. Cf. *Foccart parle*, t. II, op. cit., p. 435.

indirectement, par les citoyens du pays commanditaire et du pays "occupé". BD prenait sa marge sur des fournitures au ministère de la Coopération, ou des prestations au groupe public Elf, via des sociétés qu'il contrôlait ou dont il était actionnaire. La plus connue est la SGS (Société gabonaise de services), créée avec Maurice Robert (Sdece) et l'ancien patron du célèbre SAC (Service d'action civique), Pierre Debizet[15]. Cette marge amputait d'autant les royalties du Gabon et les dividendes de l'État français. Quant aux Comores, elles étaient mises en coupe réglée.

Notons enfin que la contribution sud-africaine au fonctionnement de la base comorienne transitait par un paradis fiscal, le Luxembourg[16].

Mais laissons Bob Denard tirer lui-même son propre bilan :

> « Les guerres coloniales n'ont jamais été très populaires. L'armée s'est beaucoup engagée en Indochine, au Maroc ou en Algérie, mais, par la suite, lors des petits conflits africains, elle a laissé sa place à de petits groupes paramilitaires. J'ai eu la chance de rencontrer certaines personnes au bon moment... [...].
>
> On ne me donne jamais le feu vert - le feu rouge, n'en parlons pas - mais on me laisse passer à l'orange. Après quoi... Vous êtes dans la nature. [...]
>
> Je suis un homme qui a passé dix ans aux Comores, qui a apporté beaucoup de choses à ce pays. [...]
>
> J'ai des enfants africains, des femmes africaines. Si je n'aimais pas l'Afrique, je ne vois pas ce que j'aurais été faire là-bas. [...]
>
> On a sûrement fait le lit de potentats qu'il nous a fallu enlever ou attendre qu'ils disparaissent. [...]
>
> Les Hutus sont des vrais Rouandais *[sic]*, alors que les Tutsis viennent du Nord, d'Ethiopie et du Soudan. [...] Les Tutsis ont été favorisés par la colonisation belge et ont massacré les Hutus durant cette période. [...] J'ai moi-même assisté à ça, en 64-65. [...]
>
> À une époque, on a abaissé le drapeau français mais on l'a remplacé par la Caisse de Coopération *[l'actuelle Agence française de développement]*, mais c'était la même chose. [...]
>
> Je crois avoir toujours été animé d'un esprit de justice[17] ».

15. Cf. F.X. Verschave, *La Françafrique*, op. cit., p. 321.
16. Ph. Chapleau et F. Misser, *Mercenaires S.A.*, op. cit., p. 75.
17. Interview à *La Une*, 08/98.

Un concentré de Françafrique ! Jusque dans la bonne conscience, reposant sur un matelas de contre-vérités historiques parfois monstrueuses : les « *vrais Rouandais* » opposés aux "faux", les massacres imaginaires de Hutus durant la colonisation belge (prolongée jusqu'en 1965 !). Voilà le genre de personnages qu'on laisse opérer « *dans la nature* », pour ce qui n'est après tout que de « *petits conflits* ». Même s'ils débouchent, le cas échéant, sur un génocide [18].

Bob Denard n'a toujours pas dételé. L'association *SOS Démocratie aux Comores* a trouvé sur Internet l'offre d'emploi suivante, diffusée par l'agence de sécurité qu'il a créée :

> « *[Cette agence]* intervient sur tous les points du globe, là où la diplomatie officielle ne peut être efficace, là où les souffrances et les injustices bien que peu médiatiques nécessitent une action urgente. Le colonel Bob DENARD a besoin de vous pour des missions où la réalité dépasse la fiction [19]».

Criminalité mercenaire

Alors même que les réseaux françafricains embauchaient pour le Zaïre des proches du Front national, tel François-Xavier Sidos, ou des massacreurs de Srebrenica, un rapport des Nations unies constatait que les mercenaires sont, le plus souvent, des criminels aux idéologies fasciste et raciste, associés aux trafics illicites d'armes, de stupéfiants, voire aux prises d'otages. Ce qui devrait conduire à « *châtier de manière sévère* » les gouvernements et les mouvements qui les engagent. Le rapport cite les Comores... [20]

Les mercenaires ne sont en principe que des tueurs à gages, opérant groupés. Ils ont assailli l'Afrique au saut de l'indépendance. Dans l'ex-Congo belge, ils ont eu la peau de Patrice

---

18. « *Dans ces pays-là, un génocide, c'est pas trop important* », confiait à ses proches le président Mitterrand, durant l'été 1994. D'après Patrick de Saint-Exupéry, *France-Rwanda : un génocide sans importance...*, in *Le Figaro* du 12/01/98.
19. Cité par *Démocratie-Info*, bulletin de *SOS Démocratie aux Comores*, 11/97.
20. Cf. *Le Monde* du 31/03/97.

Lumumba, puis brisé les premières oppositions à Mobutu. Ils ont servi les agressions extérieures du régime d'apartheid, prolongé les atroces conflits du Biafra et de l'Angola.

« Deux ans après s'être trouvée mêlée à un génocide en 1994, la France parraine l'envoi de criminels de guerre serbes coupables de purification ethnique aux côtés des ex-FAR pour soutenir Mobutu... C'est le bouquet[21]», s'exclamait Jean-François Bayart. Effectivement, il ne fallait pas attendre beaucoup de délicatesse de ce genre de recrues. Contrôlant Kisangani durant un mois, à la fin de l'hiver 1997, *« les mercenaires étaient devenus complètement mabouls »*, selon un habitant victime de leur folie. Arrêté parce qu'originaire du Kivu, il fut torturé une semaine sous la garde de l'armée zaïroise. Il a vu une vingtaine de ses camarades exécutés. *« Celui des mercenaires qui le voulait, pouvait entrer dans la maison et faire de nous tout ce qu'il souhaitait, nous donner le fouet, des tabassages, nous couper les oreilles. Nous étions ses animaux[22]»*.

Un ecclésiastique écrit à *La Croix*[23] :

« L'interrogatoire est souvent mené par le terrible Yougo, chef incontesté des mercenaires. [...] Ce colonel, revolver au poing, appuie chaque question avec un coup de feu tiré près du prisonnier, pour le terroriser. Après cette horrible session, tout le groupe, résigné et silencieux, est conduit par Yougo et ses hommes derrière les hangars, bien loin, dans la partie est de l'aéroport. Et c'est la fin ! Ils sont abattus ».

Tel est l'homme qu'ont été chercher la DST et les réseaux, pour faire un travail qu'on ne pouvait ou voulait confier à des militaires français. Quant aux pilotes mercenaires d'Europe de l'Est, leurs hélicoptères étaient équipés de bombes au napalm et au phosphore.

Les mercenaires peuvent aussi être l'instrument de crimes plus isolés. On a déjà rappelé l'assassinat à Paris de la sud-

21. *Croissance*, avril 1997, p. 18.
22. D'après Florence Aubenas, *À Kisangani, on "remercie Dieu et les rebelles"*, in *Libération* du 21/03/97.
23. Du 18/03/97.

africaine Dulcie September. De même, selon les meilleurs connaisseurs du dossier, ce sont sans doute deux mercenaires qui ont commis un attentat aux conséquences incalculables, celui qui abattit l'avion du président rwandais Habyarimana :

> « Le 6 avril 1994 [...], le Falcon 50 du président rwandais est abattu par un missile. Tiré par qui ? Le FPR ? On ne peut l'exclure. Deux mercenaires européens agissant pour le compte des ultras du *hutu power*, hostiles à la "reddition" d'Arusha ? C'est plus probable. Et tout porte à croire que Paris détient la clef de l'énigme : un témoin affirme avoir vu l'enregistreur de vol au domicile d'un conseiller militaire français quelques heures après l'attentat [24]».

Directeur de la SATIF - la curieuse société privée qui employait les trois anciens (?) militaires composant l'équipage français du Falcon 50, pour le compte de la Coopération française -, Charles de la Baume a déclaré à la veuve du mécanicien-navigant : « *De toute manière, vous ne saurez pas la vérité avant trente ans. Vos enfants la sauront peut-être* [25]». Moralité : quelques-uns au sommet de l'État savent sans doute la vérité sur ce crime, mais parce qu'il est inavouable, les familles de salariés privés abattus par des "privés" n'ont le droit que de se poser des questions.

Ils n'y sont pas forcément incités par la télévision. Le 3 mars 1998, *France 2* offrait un ahurissant spectacle en seconde partie de soirée. Le gentil animateur Jean-Luc Delarue consacrait son émission *Ça se discute* aux espions et mercenaires. Invité-vedette : Christian Tavernier, l'ami de Bob Denard, mercenaire au Congo-Zaïre dès 1961 et à la tête d'une « légion blanche » recrutée pour Mobutu début 1997 - un mixte d'épurateurs ethniques serbes ou bosno-serbes et de sbires d'extrême droite.

---

24. Vincent Hugeux, *Rwanda, pourquoi tant de gêne ?*, in *L'Express* du 12/02/98. Lors de son audition le 30/06/98 par la mission parlementaire d'information, Gérard Prunier a affirmé détenir des éléments prouvant la culpabilité des extrémistes hutus dans cet attentat, mais ne pas vouloir les communiquer aux députés en raison de risques pour sa sécurité personnelle ! Cette affirmation n'exclut pas, au contraire, l'embauche de mercenaires pour un tir sophistiqué.

25. Cité par Patrick de Saint-Exupéry, *Ce mystérieux attentat qui fut le détonateur des massacres*, in *Le Figaro* du 30/03/98.

Un plateau de spectateurs épatés a chaleureusement applaudi la prestation de Tavernier. Un acolyte de Bob Denard compara l'arme du mercenaire au balai du balayeur. Le colonel Tavernier renchérit : « *On nettoie aussi* ».

À droite toute

L'un des hommes-clefs du recrutement de la « légion blanche » a été Milorad Palemic, alias « Misa ». En 1995, il commanda un groupe de 80 Bosno-Serbes impliqué dans le massacre de Srebrenica. Il aurait recruté pour le Zaïre nombre de miliciens bosno-serbes, dont plusieurs suspectés d'avoir participé à ce massacre. Beaucoup de recrues étaient originaires de la vallée de la Drina, où le nettoyage ethnique fut le plus féroce.

« Pour les mercenaires français, "*la cheville ouvrière* [du recrutement] *a été François-Xavier Sidos, aujourd'hui permanent du Front national*" [26]. Il a été candidat aux législatives de mai 1997 sous l'étiquette de ce parti, à Épinay-sur-Seine : il y a obtenu 32 % des voix au second tour... François-Xavier Sidos fut, aux côtés de Bob Denard, le lieutenant Allix lors de l'expédition de 1995 aux Comores. La présence d'un adjoint d'extrême-droite ne semble pas avoir chagriné Denard, ni l'avoir éloigné des réseaux de décideurs, civils et militaires [27]».

« Le témoignage suivant n'est pas étranger à l'affaire. Il vient d'un membre repenti du DPS (Département Protection-Sécurité), le service d'ordre du FN (Front national), surnommé la "petite légion" de Le Pen :

"Je vote FN depuis longtemps. Je n'avais pas de boulot. [...] Comme j'ai servi dans l'armée, on m'a intégré dans un groupe un peu spécial : une équipe légère d'intervention [...], 25 types, tous des anciens bérets rouges ou bérets verts, c'est-à-dire anciens paras ou légionnaires. [...] La plupart ont participé à des conflits, au Tchad, au Centrafrique ou au Liban. [...] Entre nous, on s'amuse à se surnommer les "*Pompiers du Reich*" et on se salue par de petits "*Sieg Heil !*" [28].

---

26. Propos d'un proche du milieu mercenaire, recueilli par Arnaud de la Grange, *Zaïre : la débâcle des chiens de guerre*, in *Le Figaro* du 07/04/97.
27. *France-Zaïre-Congo*, op. cit., p. 136.
28. Interview dans *Libération* du 13/11/97.

Le DPS est dirigé par Bernard Courcelle, ancien capitaine du 6e RPIMa - l'infanterie de marine, l'ex-"coloniale". Son frère, Nicolas Courcelle, dirige la société de sécurité Groupe 11. Dans la mouvance de cette société, une quinzaine de vieux routiers du mercenariat ont été recrutés pour l'expédition zaïroise par François-Xavier Sidos [29]».

Beaucoup d'anciens de Denard, trop vieux ou trop avisés, ont boudé l'opération. Alors, « *les recruteurs ont fait leur marché au sein de groupuscules d'extrême-droite comme le GUD* [30]». Mais ils ont été aussi chercher des soldats plus aguerris :

> « Le passage en Birmanie de certaines recrues est une référence. En ce pays, la junte au pouvoir (le SLORC) "réduit" les ethnies minoritaires. Elle les "déblaye" autour du gazoduc construit par Total. Le groupe a engagé des "consultants en sécurité", qui collaborent avec l'armée birmane. Anciens militaires ou mercenaires, ils seraient issus des milieux d'extrême-droite [31]».

On n'en sort pas. Aux Comores, le milieu mercenaire gravitant autour de Bob Denard était déjà lié à des réseaux de droite ou d'extrême-droite implantés en métropole - à Lyon et Marseille notamment. La proximité idéologique, géographique et commerciale entre l'archipel mercenarisé et le régime d'apartheid favorisait cette liaison. Dès 1985, selon *La Lettre de l'Océan Indien* [32], les services sud-africains recrutaient « *dans les milieux de mercenaires et des services d'ordre des mouvements d'extrême-droite français des commandos chargés d'effectuer des attentats contre des cibles bien définies* ».

Plus tard, l'île comorienne d'Anjouan, oscillant entre désir d'indépendance et fantasme de recolonisation, sera livrée aux groupes paramilitaires. Elle bénéficiera de l'ingérence vibrionnante des mêmes milieux de mercenaires et d'extrême-droite française - qui se serviront à nouveau des Comores pour leurs trafics d'armes [33].

---

29. F.X. Verschave, *La Françafrique*, op. cit., p. 270.
30. Arnaud de la Grange, *Zaïre : la débâcle...*, art. cité.
31. *France-Zaïre-Congo*, op. cit., p. 137-138.
32. Reprise par Georges Marion et Edwy Plenel, *Les amitiés sud-africaines d'un proche de M. Pasqua mises en cause*, in *Le Monde* du 02/04/88.
33. Cf. *Démocratie-Info*, 01/98.

La percée d'*Executive Outcomes*

Executive Outcomes, EXO pour les initiés, est un autre héritage du régime d'apartheid. Cette firme de sécurité privée (ça fait plus chic que « bande de mercenaires ») recycle une partie des commandos blancs ou "indigènes" qui combattirent dans les "guerres sales", interne et externes - contre l'ANC, le Mozambique, l'Angola, etc. EXO s'est taillé un empire, que décrit Caroline Dumay :

> « *Executive Outcomes*, en langage militaire "*mission accomplie*", est une entreprise qui a pignon sur rue à Pretoria. [...] De la formation aux hélicoptères de combat aux techniques de guérilla, la luxueuse brochure de la compagnie sud-africaine offre tout ce qui peut faire rêver des armées africaines en déroute. [...]
>
> Eeben Barlow, le directeur [...], partenaire privilégié d'une poignée de chefs d'État africains, [...] connaît sur le bout des doigts tant la question des diamants que les problèmes posés par la gestion d'une multinationale. Normal : Eeben Barlow dirige un empire tentaculaire dont les ramifications s'étendent à toute l'Afrique, un empire assis sur la guerre, le chaos et les richesses naturelles d'un continent à la dérive. [...] L'année 1996 aura rapporté à *Executive Outcomes* plus de 50 millions de dollars. [...]
>
> C'est en Angola qu'*Executive Outcomes* acquiert ses lettres de noblesse. À l'aide d'une petite vingtaine de recrues, les Sud-Africains s'emparent des champs pétroliers de Scyo, tout juste conquis par l'Unita *[longtemps soutenue par les commandos sud-africains]*. [...] Le gouvernement angolais est si impressionné qu'il leur propose, en juin 1993, un premier contrat de 40 millions de dollars [...].
>
> Le 1ᵉʳ mars 1995, Eeben Barlow a créé *Strategic Resource Corporation* (SRC), un holding, [...] écran parfait pour masquer l'explosion des sociétés sœurs d'*Executive Outcomes* [...]. *[Une]* filiale de SRC [...] assure la privatisation de l'aéroport de Luanda. [...] En mai 1995, les troupes d'*Executive Outcomes* aident l'armée sierra-léonaise à repousser les rebelles [...] *[et se font]* payer en diamants. [...]
>
> Pour brouiller les pistes, les sièges sociaux sont dispersés à travers le monde, les transactions financières passent par Hongkong. Les noms des sociétés changent régulièrement. [...]
>
> Graham B. [...], ingénieur mécanicien, [...] *[a été]* recruté en janvier 1996 pour le compte de *Simba Airlines*, une société kényane associée à *Ibis Air*, le bras aérien d'*Executive Outcomes*. "[...] *Les gens à qui j'avais affaire m'expliquaient que l'homme blanc était en train de*

reconquérir l'Afrique. Qu'ils avaient tout : des banques, des avions, des cliniques, des mines, et j'en passe ! [...]". [...]
En trois ans, [...] "la firme" a été approchée par au moins 34 pays. [...] Certains le comparent à Cecil Rhodes [...], mais Eeben Barlow a changé d'échelle : son domaine africain, il se le taille avec des hélicoptères de combat[34]».

EXO travaille jusqu'en Algérie : elle protège les sites de forage des sociétés pétrolières américaines au Sahara[35]. Elle développe un partenariat avec le régime de Kabila, jusque dans le domaine des relations publiques. Barlow a quelques références :

> « Au temps où Barlow était dans les renseignements militaires sud-africains, son unité, le civil Cooperation Bureau (CCB), s'est caractérisée par des assassinats d'opposants en exil, et le chef du recrutement d'EXO, le major Lafras Luitingh, ancien du 5ème régiment de reconnaissance de la SADF, fut auparavant le chef d'une milice impliquée dans les escadrons de la mort du temps de l'apartheid[36]».

Nelson Mandela se déclare « *extrêmement préoccupé* » par la montée en puissance d'*Executive Outcomes*[37]. Il est question d'une loi anti-mercenaire. Dans les cercles françafricains, par contre, on lorgne sur EXO avec envie. Et l'on compare avec le vivier actuel de sociétés de sécurité francophones, en se demandant si parmi elles l'une ou l'autre sera de taille...

Les "privés" du "pré-carré"

On a déjà parlé de la "bande à Denard" et du holding SECRETS de Paul Barril. Toute une série d'ex-gendarmes de l'Élysée ont monté leurs firmes de "sécurité". L'ex-associé de Barril, Pierre-Yves Gilleron, a créé *Iris Services*. L'un de ses collègues, que nous ne nommerons pas[38], a créé au Togo SAS (*Security Advisory and Service*) - un nom bien francophone et

---

34. Caroline Dumay, *Afrique : le nouvel empire des mercenaires, Le Figaro,* 15/01/97.
35. Cf. Pierre Darcourt, *La France face au Grand Algérois,* in *Le Figaro* du 04/09/97.
36. Ph. Chapleau et F. Misser, *Mercenaires S.A.,* op. cit., p. 112.
37. Cf. Caroline Dumay, *Afrique : le nouvel empire des mercenaires,* art. cité.
38. Il cite en justice tous ceux qui le citent...

qui n'a rien à voir avec le héros de Gérard de Villiers. La firme a prospéré au Togo. Forte d'un demi-millier d'hommes, elle a débordé au-delà, au Burkina et au Tchad notamment [39].

L'ex-gendarme élyséen Gérald Le Pemp, cité à propos de l'affaire *Conserver 21*, fait dans la polyvalence : la sécurité à Madagascar et dans la péninsule arabique, l'immobilier, etc.

Nous avons également parlé, à propos du Cameroun, de la société *Africa Security* créée par Patrick Turpin, et qui a compté jusqu'à 2 500 hommes : un record en francophonie ! Au Niger, un ancien dirigeant du groupe de sécurité *Century*, Jean-Yves Garnaud, est allé proposer ses services au général-président Ibrahim Baré Maïnassara, qui les a acceptés.

Le général Jeannou Lacaze, ancien haut responsable du Sdece, puis chef d'état-major de l'armée française, n'a toujours pas pris sa retraite de conseiller des officiers-présidents - Mobutu, Eyadéma, Déby, et ainsi de suite.

Les uns et les autres n'interviennent pas que dans la sécurité présidentielle. Les plus grosses sociétés, telles AS, SAS ou SECRETS, guignent des contrats parfois très alléchants : privés, comme la sécurité des installations pétrolières, d'un chantier de pipeline, ou d'un périmètre d'exploitation forestière ; parapublics, comme le Chemin de fer Congo-Océan (CFCO) ou... un sommet franco-africain à Ouagadougou. Dans ces cas, un cofinancement de l'Agence française de développement peut améliorer l'ordinaire.

Signalons, hors concours (si l'on peut dire), la défunte association *Carrefour du développement* : la création de cette pseudo-ONG n'aurait pas eu pour seul objectif de subvenir aux frasques de quelques hauts personnages de la République ; elle aurait servi aussi à financer une expédition mercenaire au Tchad, de l'inusable Bob Denard [40] !

La question qui angoisse certains stratèges est la suivante :

---

39. Cf. Ph. Chapleau et F. Misser, *Mercenaires S.A.*, op. cit., p. 163-164.
40. Idem, p. 81.

laquelle de ces sociétés entrera dans l'ère de la modernité, figurée par EXO ? Denard fut un précurseur, mais sa grosse PME n'est pas devenue une multinationale.

Modernité

Si la modernité signifie privatisation et dérégulation à tout-va, il est clair que vont encore sauter quelques repères essentiels :

> « Dans le monde néo-libéral [...], *[la guerre]* est désormais "privatisée", au même titre que l'économie et la politique publique de l'État. [...] Les autorités publiques sous-traitent désormais au secteur privé un nombre grandissant de fonctions [...] de souveraineté. Elles ne s'en désintéressent pas pour autant et en gardent le contrôle direct, ne serait-ce que par l'intermédiaire du "pantouflage" et du "chevauchement". [...]
> L'intervention des "privés" de la sécurité favorise la militarisation du jeu politique en levant des milices locales et en important de nouvelles armes. Elle transforme l'enjeu politique de la paix civile en enjeu commercial, ouvert à la concurrence. [...] On voit mal l'intérêt que les "privés" de la sécurité trouveraient dans le maintien d'une paix perpétuelle qui les écarterait d'un marché si lucratif ! [41] ».

Outre EXO, plusieurs firmes anglo-saxonnes sont déjà prêtes pour cette évolution : les américaines MPRI (*Military Professional Resources Inc*), *Vinnell Corporation* et *Waeckenhut* (30 000 hommes), la bahaméenne *Sandline International*, la britannique DSL (*Defence System Ltd*, qui a fusionné avec le groupe américain *Armor Holdings*). Certaines ont d'ailleurs un chiffre d'affaires plus important qu'EXO [42].

Du coup, en France, certains cercles ont initié une réflexion sur l'option mercenaires. « *Un document circule depuis janvier 1998 : l'étude préconise le recours aux privés, leur guidage par les services français et l'élaboration d'une tactique adaptée qui privilégie la défense des intérêts français* [43] ». Bref, le système Denard, mais à grande échelle.

---

41. Jean-François Bayart, *Même la guerre se privatise*, in *Croissance*, 06/98.
42. Cf. Ph. Chapleau et F. Misser, *Mercenaires S.A.*, op. cit., p. 116 et 133-161.
43. Ibidem, p. 201.

Éminemment stratégique, plein de diamants, le Centrafrique est devenu ingérable en tant que protectorat militaire classique, avec des pratiques hiérarchiquement contrôlées. Pourquoi ne pas le gérer par mercenaires interposés[44] ? Le document de travail parle bien de « *guidage* ». Mais la « *tactique* » privilégiant « *la défense des intérêts français* » exigera bien sûr qu'on le démente. Ainsi, à propos de deux exemples où l'implication au plus haut niveau a été amplement démontrée[45], le putsch de Bob Denard aux Comores en 1995 et le recrutement de mercenaires pour Mobutu fin 1996[46], a-t-on assisté à quelques édifiantes variations sur le thème : comment se moquer du monde ? Se moquer des citoyens français, certes, mais aussi des africains, traités comme un jeu de quilles.

Alors que Bob Denard était reçu à bras ouverts (ou les yeux fermés) par tout le personnel militaire français qui contrôle la sécurité des Comores, le ministre Jacques Godfrain concluait, dans un style policé par trente ans de foccartisme :

> « *[L'intervention française est]* tout à fait exemplaire. Notre attitude est imparable. Aucun reproche ne peut nous être fait puisque toutes les précautions juridiques ont été prises. Sur le plan opérationnel, l'action des militaires et des gendarmes français a été menée de main de maître. Quant au traité de coopération, il a repris son cours normal[47] ».

Le 7 janvier 1997, lorsque commencèrent d'être révélés les dessous du recrutement de mercenaires européens en faveur de Mobutu, le porte-parole du Quai d'Orsay, Jacques Rummelhardt, déploya un démenti à coulisses :

> « S'il s'avérait exact, comme l'indiquent certains médias, que des ressortissants français agissaient à titre privé comme mercenaires au Zaïre,

---

44. Un inquiétant écho d'*Africa Confidential* (06/04/98) signale un projet en ce sens au profit de l'ancien président centrafricain André Kolingba, avec le concours d'une partie des ex-FAR (Forces armées rwandaises) repliées au Congo-Brazza.
45. Même s'il a pu y avoir des frictions entre plusieurs mouvances du parti gaulliste, qui détenait alors tous les leviers du pouvoir.
46. Cf. F.X. Verschave, *La Françafrique*, op. cit., p. 322-326 ; Agir ici et Survie, *France-Zaïre-Congo*, op. cit., p. 124-145.
47. Interview au *Journal du Dimanche* du 08/10/95.

de tels agissements ne pourraient qu'être condamnés de la façon la plus nette car ils ne correspondent en rien à la politique de la France ».

À la trappe, d'abord, les ressortissants serbes, et autres Est-Européens. La centaine de mercenaires français est renvoyée au « *titre privé* », ce qui sauvegarde la virginité de la « *politique de la France* ». Au regard de cette noble politique, était-il féal ou félon le militaire français de haut rang qui confiait : « *cette aide est providentielle* [...], *elle permettrait de redonner du souffle et du temps au régime du maréchal Mobutu*[48] » ?

Et que faire quand il s'avère que les « *agissements* » à condamner « *de la façon la plus nette* » sont supervisés depuis l'Élysée ? Brandir, tel un joker, l'"irresponsabilité" constitutionnelle du monarque élyséen ?

Le président sierra-léonais Tejan Kabbah avait été incontestablement élu - à la différence de la plupart des chefs d'État du "pré-carré". Une clique peu recommandable le chassa du pouvoir. En Grande-Bretagne, lorsqu'il apparut que l'entreprise de sécurité *Sandline* avait obtenu le feu vert pour aider au rétablissement de Tejan Kabbah, la presse protesta avec véhémence. Et le ministre des Affaires étrangères faillit en perdre son portefeuille. Voilà qui est "trop British" !

Il est urgent d'interdire

Le scénario sur lequel travaillent actuellement les services secrets français - le recours massif aux sociétés de mercenaires - est inadmissible. Pendant quatre décennies, Jacques Foccart a multiplié en Afrique les interventions masquées par l'utilisation de mercenaires, genre Denard. De vrais-faux "privés", d'ailleurs, puisqu'ils ont un fil direct avec la commande publique.

Le régime sud-africain d'apartheid a fait de même. C'est bien pratique, même si les effets en termes de dictature ou de guerre

---

48. Cité par Jacques Follorou, *D'anciens militaires français encadreraient des mercenaires au service du pouvoir zaïrois*, in *Le Monde* du 08/01/97.

civile sont souvent horribles. Cela fait donc école. Les États-Unis s'y sont mis.

La France, faute de pouvoir condamner cette fuite en avant dans la privatisation de la guerre (puisqu'elle pratique déjà ce genre de sous-traitance via de multiples "sociétés de sécurité"), songe, une fois de plus, à rivaliser sur ce terrain avec les Américains. Ce n'est pas en faisant de la sous-CIA que l'on promouvra l'image et les intérêts de la France.

La privatisation de la guerre, c'est encore plus d'irresponsabilité. C'est l'impunité des crimes politiques. Elle est incompatible avec les choix de civilisation de l'Union européenne. La France et les pays de l'Union doivent ratifier la convention adoptée par l'ONU en 1989, qui condamne « *le recrutement, l'utilisation, le financement et l'entraînement de mercenaires* ». Puis ils doivent se mobiliser pour la faire appliquer à l'échelle mondiale.

À quoi servirait que les pays de l'Union européenne aient unanimement voté la création d'une Cour pénale internationale, capable enfin de sanctionner les crimes collectifs les plus graves, s'ils laissaient de vrais-faux "privés" les commettre à la place des forces dites régulières ?

On nous dit qu'il serait irréaliste d'enrayer la montée de ces armées privées. Mais tolérerions-nous en Europe la présence de telles armées, guidées de surcroît par une puissance étrangère ? Si nous ne l'acceptons pas chez nous, pourquoi croyons-nous que les Africains peuvent et doivent l'accepter ?

En France, l'on pourrait commencer par sortir des oubliettes les articles 85 et 89 du Code pénal : « *Sera puni d'un emprisonnement de un à cinq ans et d'une amende de 3 000 francs à 40 000 francs, quiconque, en temps de paix, enrôlera des soldats pour le compte d'une puissance étrangère, en territoire français* ». Encourent la détention criminelle à perpétuité « *ceux qui auront levé ou fait lever des troupes armées, engagé ou enrôlé, fait engager ou enrôler des soldats* » [49].

---

49. Ph. Chapleau et F. Misser, *Mercenaires S.A.*, op. cit., p. 189-190.

4. VENTES D'ARMES PAR LA BANDE

Un quatuor ministériel s'est invité le 21 mars 1998 devant la mission d'information sur le Rwanda. Consigne : le cadenassage, le *catenaccio* comme on disait dans le football italien. Pour MM. Balladur, Juppé, Léotard et Roussin, « la France » n'a rien fait que d'honorable. Le problème, c'est que cette France-là, officielle, n'existe guère en Afrique : par rapport aux pratiques occultes, elle pèse moins que les 10 % émergés d'un iceberg. Au Rwanda, un Paul Barril et l'opération Panda, instruments d'une "guerre secrète" de François Mitterrand et quelques généraux azimutés, comptaient beaucoup plus que le Quai d'Orsay ou Matignon. À quoi rime le déni de livraisons d'armes officielles quand les officieuses sont directement branchées sur le pouvoir ?

Un démenti ponctuel, cela peut faire douter le public. Mais si l'on met en perspective plusieurs décennies de pratiques répétées, on s'aperçoit que les protestations d'innocence perdent toute crédibilité. S'agissant des manœuvres de déstabilisation de la France en Afrique, le pire est toujours à redouter.

Biafra [1]

En 1967, le Nigeria connaissait de vives tensions interethniques, où sont particulièrement impliqués les Ibos du Sud-Est. Contre l'avis de la majorité de leur communauté, certains leaders Ibos, emmenés par le lieutenant-colonel Ojukwu, décidèrent la sécession de leur région d'origine sous le nom de "Biafra". Cette décision fut fortement appuyée par Jacques Foccart et le président ivoirien Houphouët-Boigny : c'était l'occasion de démanteler un grand pays anglophone et d'amener à la compagnie française Elf, récemment créée, la majeure partie du pétrole nigérian - extrait dans ce "Biafra".

---

1. Ce passage doit beaucoup au livre de Jacques Baulin, *La politique africaine d'Houphouët-Boigny*, Eurafor-Press, 1980, et à F.X. Verschave, *La Françafrique*, op. cit.

« Alors que la sécession, proclamée le 27 mai 1967, était en passe d'être réduite par le gouvernement nigérian, les mercenaires, les armes et les fonds secrets franco-africains ont prolongé durant 30 mois une effroyable guerre civile, qui fit deux à trois millions de morts. Sur la suggestion d'Houphouët, De Gaulle demande à Elf, qui obtempère, de verser au leader sécessionniste Ojukwu les redevances dues au Nigeria pour le pétrole extrait en zone biafraise. De Gaulle sait bien que cet argent va servir à acheter des armes. Plus encore, il donne carte blanche à Foccart pour qu'il *"aide la Côte d'Ivoire à aider le Biafra"*. Avec quel argent ? *"Pour l'essentiel, en tout cas, cela venait des caisses de l'État. Plusieurs ministères ont été mis à contribution*[2]*"*. Houphouët y va aussi de sa "cassette personnelle", insondable. Il garantit plusieurs emprunts contractés par les Biafrais pour des achats d'armes. Le Gabon fait de même. [...]

À Abidjan, Jean Mauricheau-Beaupré, secondé par Philippe Lettéron, dispose de moyens très importants. Il coordonne sous le nom de "Monsieur Jean", ou "Mathurin", l'ensemble des opérations d'aide française au Biafra. C'est à lui qu'en réfère Roger Delouette, alias Delore. Cet ingénieur agronome, envoyé en mission en Côte d'Ivoire, est chargé fin 1969 d'y contrôler secrètement les transports d'armes vers le Biafra. Le 5 avril 1971, il sera arrêté aux États-Unis en possession de 44 kilos d'héroïne et d'un carnet d'adresses instructif. Les liens entre les trafics d'armes ou de drogue et les services secrets sont un grand classique[3].

L'éminence foccartienne Maurice Delauney [...], nommée au poste [...] d'ambassadeur à Libreville, [...] y coordonne la stratégie pro-biafraise, assisté de Jean-Claude Brouillet, patron de la compagnie d'aviation Transgabon et chef d'antenne du Sdece. [...]

À partir d'août 1968, des dizaines d'avions déversent sans arrêt des tonnes de matériel militaire sur les deux aérodromes - deux morceaux de route droite - que les Biafrais peuvent encore utiliser. L'avance fédérale est stoppée brutalement. [...] Mille tonnes d'armes et de munitions sont livrées en deux mois ! [...] Un véritable pont aérien. Ce que confirme Ojukwu : il y a *"plus d'avions atterrissant au Biafra que sur n'importe quel aérodrome d'Afrique à l'exception de celui de Johannesburg"* »[4].

---

2. *Foccart parle*, op. cit., t. I, p. 343 et 347.
3. Le Rapport de la *Commission d'enquête sur les activités du S.A.C.* (Service d'action civique) du 18/06/82 évoque « *des imbrications SAC-Sdece dans les firmes d'import-export et dans le trafic de drogue* ». Durant la guerre d'Indochine, le Sdece organisa un considérable trafic d'opium (cf. Roger Faligot et Pascal Krop, *La piscine*, Seuil, 1985, p. 122-124). À partir de 1960, le Maroc fut la plaque tournante d'opérations similaires.
4. F.X. Verschave, *La Françafrique*, op. cit., p. 141-145.

Une dépêche d'*Associated Press* affirme [5] :

> « Chaque nuit, des pilotes mercenaires transportent de Libreville au Biafra une vingtaine de tonnes d'armes et de munitions de fabrication française et allemande. [...] Les avions sont pilotés par des équipages français et l'entretien est aussi assuré par des Français ».

Le journaliste Michel Honorin, qui a suivi des mercenaires au Biafra, confirme :

> « De trois à six avions *[arrivent]* chaque soir au Biafra. [...] Une partie des caisses, embarquées au Gabon, portent encore le drapeau tricolore et l'immatriculation du ministère français de la Guerre ou celle du contingent français en Côte d'Ivoire [6] ».

Il ne s'agit pas que d'armes légères. La France fournit à l'armée biafraise 20 automitrailleuses et 16 hélicoptères [7]. Et même une escadrille ! Son chef suédois Carl-Gustav von Rosen avoue au *Monde* [8] que ses cinq avions Saab sont « *équipés pour le combat, sur une base aérienne militaire proche de Paris* ».

« L'appui diplomatique n'est qu'un élément, et pas le plus important, d'une campagne terriblement moderne, et à bien des égards prophétique, visant à capter la sympathie internationale. D'un côté, la misère de plus en plus tragique causée par la prolongation de la guerre civile suscitait un sursaut de générosité incontestable - celui des premiers *French doctors*, qui deviendront *Médecins sans frontières* -, de l'autre, une formidable intoxication médiatique et l'utilisation intensive du camouflage humanitaire aidaient à prolonger la guerre... Ralph Uwechue, délégué du Biafra à Paris, parlait clairement d'une *"conquête de l'opinion publique"* française.

L'action psychologique fut conçue et menée, magistralement, par la société *Markpress*, basée à Genève [9]. En 17 mois (de février 1968 à juin 1969), cette agence de publicité lança une série d'actions de presse dont l'édition abrégée comprend, en deux volumes, quelque 500 pages de textes, d'articles et de communiqués. Cette propagande permit aux

---

5. 16/10/67.
6. *Jeune Afrique*, 23/12/68.
7. Cf. Jean-Louis Clergerie, *La crise du Biafra*, PUF, 1994, p. 162.
8. Du 29/05/69.
9. Sur ce sujet, cf. Jacques Baulin, *La politique africaine...*, op. cit., p. 110-113.

thèses biafraises de tenir le haut du pavé, étouffant les arguments de Lagos. Le thème le plus martelé fut celui du *"génocide"* par la faim. [...] On ne voit plus, dans les médias, qu'une litanie de visages décharnés, les films et photos d'enfants biafrais à l'agonie. Engagé dans le camp sécessionniste, le mercenaire Rolf Steiner explique, méprisant, le pourquoi de ce matraquage : *"La stupide sensibilité blanche,* écrit-il, *ne réagissait en définitive qu'aux malheurs atteignant les jolis petits minois"*. Certes, la famine sévit réellement en zone rebelle. Mais Ojukwu, jusqu'au-boutiste, en a fait un enjeu nationaliste. Il refuse le couloir terrestre de ravitaillement proposé par le gouvernement de Lagos. [...]

Le commandant Bachman, un officier suisse, déclare tranquillement à la *Feuille d'Avis* de Lausanne *"être parti pour le Biafra sous le pavillon de la Croix-Rouge"* et y avoir livré des armes. Livraisons de vivres et de matériel de guerre sont intimement mêlées sous ce pavillon protecteur, et très rémunérateur (plus de 30 000 dollars par mois pour un chef de bord[10]) : on fournit *"pétoires et munitions en caisses de babyfood et lait concentré de la Croix-Rouge"*, raconte le docteur Ducroquet, un Foccartien de Libreville[11]. L'opération est facilitée par une coïncidence : le délégué de la Croix-Rouge dans la capitale gabonaise n'est autre... que l'attaché militaire français, le colonel Merle.

Même l'Agence France-Presse l'admet[12], les avions-cargos chargés d'armes *"atterrissent de nuit sur l'aérodrome d'Uli plus ou moins sous la protection des avions d'aide humanitaire"*. Ce qui n'empêche pas ces derniers de se voir imposer des *"droits d'atterrissage"*, qui serviront à acheter des armes...[13]».

Jacques Foccart résume sobrement :

« Les journalistes ont découvert la grande misère des Biafrais. C'est un bon sujet. L'opinion s'émeut et le public en demande plus. Nous facilitions bien entendu le transport des reporters et des équipes de télévision par des avions militaires jusqu'à Libreville et, de là, par les réseaux qui desservent le Biafra[14]».

---

10. En plus de son salaire de 3 000 dollars par mois, un pilote « de la Croix-rouge » touchait plus de 750 dollars pour chaque atterrissage en territoire biafrais - deux par nuit, en général (Bernard Ullmann pour l'AFP, 21/01/70). La croix rouge peinte sur le fuselage limitait pourtant les risques...
11. Cité par Bob Maloubier, *Plonge dans l'or noir, espion !*, Robert Laffont, 1986.
12. 13/07/69.
13. F.X. Verschave, *La Françafrique*, op. cit., p. 146-150.
14. *Foccart parle*, op. cit., t. I, p. 346.

Fin juin 1994, à Goma, l'armée française invitera une série de journalistes choisis à constater le travail humanitaire accompli par l'opération Turquoise. Ils seront gracieusement convoyés via Bangui. L'émotion de l'opinion face à l'épidémie de choléra enfouira l'horreur du génocide. Presque personne ne se demandera si les armes officiellement destinées aux militaires français ou africains de Turquoise restaient toutes entre leurs mains...

Retour en 1968. Le pont aérien vers le Biafra ne suffisait pas :

> « L'Afrique du Sud a fourni des armes aux sécessionnistes. L'embarquement se faisait à Walvis Bay, en Namibie, sur un vieux rafiot baptisé *Mi Cabo Verde*, dont la pacha n'était autre que... Bob Denard ! Le mercenaire français, devenu pour l'occasion Gilbert Bourgeaud, se souvient d'avoir effectué cinq voyages. Ces armes ont servi à équiper les sécessionnistes ainsi que les mercenaires français, italiens, sud-africains et autres qui servaient dans leurs rangs [15] ».

Apartheid

Ce genre de bon procédé ne pouvait que renforcer les liens, déjà excellents, entre le régime de Pretoria, les Foccartiens et le Sdece-DGSE (si tant est qu'on puisse à l'époque, en Afrique, dissocier Foccart des "services"). Tel Jean Mauricheau-Beaupré, pilier des livraisons d'armes au Biafra, les Foccartiens ne cesseront de s'employer à contourner le boycott qui va frapper les systèmes d'apartheid en Afrique australe - la Rhodésie d'abord, puis l'Afrique du sud de l'ami Pieter Botha.

À cette dernière on achètera du charbon, et l'on vendra des armes, entre autres. Les Comores, on l'a vu, seront un relais de choix pour les trafics courants. Mais il y eut des opérations de plus grande envergure. Selon Peter Hermes, directeur de l'Institut néerlandais pour l'Afrique australe [16],

> « Dulcie September, *[la représentante à Paris de l'ANC]* a été tuée le 26 mars 1988 par les services secrets sud-africains avec la complicité passive des services secrets français. [...] *[Ceux-ci]* n'ont pas participé

---

15. Ph. Chapleau et F. Misser, *Mercenaires S.A.*, op. cit., p. 58-59.
16. Cité par *Libération* du 13/11/97.

directement à l'attentat. Mais ils étaient au courant de sa préparation. [...] Dulcie September s'intéressait de trop près au commerce des armes entre Paris et Pretoria ».

« Plusieurs fois, au début de 1988, elle téléphone à son supérieur londonien, Aziz Pahad : elle lui demande de venir la voir à Paris ; elle ne lui en dit pas plus sur ses découvertes, mais Pahad a l'impression qu'elles touchent au nucléaire. Dulcie September joint à Oslo un responsable de la Campagne mondiale contre la collaboration militaire et nucléaire avec l'Afrique du Sud, Abdul Minty. Elle lui annonce un envoi de documents... qui n'arrivera jamais [17]».

« Mitterrand [...] aurait dit, c'est un propos qui m'a été rapporté, "*Habyarimana ne nous a jamais manqué*". On peut se poser la question de savoir en quoi Habyarimana n'a jamais manqué soit à Mitterrand, soit à la France. Mon hypothèse - c'est une hypothèse, je ne peux en donner de preuves - est que le Rwanda a couvert des ventes vraisemblablement d'armes voire d'équipements utiles à la technologie nucléaire à un pays qui était frappé d'embargo. Je pense qu'il pourrait s'agir de la République sud-africaine. [...] Un service de ce genre expliquerait l'acharnement du président de la République à soutenir Habyarimana [18]».

L'affaire de la vente (avortée) de 50 missiles Mistral à l'Afrique du Sud, via une fausse commande au Congo, est également significative. Elle aurait impliqué : le réseau de Jean-Christophe Mitterrand ; un « *VRP en matière d'armement sur le continent africain* », Thierry Miallier ; une société privée de sécurité regroupant d'anciens responsables de la DGSE (*Arc International Consultants*) ; un ancien officier de la DGSE, puis "consultant hors contrat" de Matra, Pierre Lethier, proche de l'officier DGSE qui traitait Bob Denard [19].

---

17. F.X. Verschave, *La Françafrique*, op. cit., p. 194.
18. Jean-François Bayart. Entretien in *Les temps modernes*, juillet 1995. Cette piste est une nouvelle fois suggérée par Vincent Hugeux dans *L'Express* du 12/02/98. Hasard ? L'ancien ministre Robert Galley, très investi depuis l'origine (1975) dans l'aventure franco-rwandaise, a été un pivot du lobby nucléaire. À partir de 1990, il s'entretient fréquemment du Rwanda avec le président Mitterrand (*Le Canard enchaîné*, 08/04/98).
19. Cf. Stephen Smith et Antoine Glaser, *Les réseaux africains de Jean-Christophe Mitterrand*, in *Libération* du 06/07/90. Paul Barril fournit plusieurs autres noms in *Guerres secrètes à l'Élysée*, op. cit., p. 99-110. Mais, comme les collègues dont il parle (Jacques Lefranc, Gérard Alloncle, Jean-Louis Chanas, Jean-Louis Esquivié dit "le curé") sont plus ou moins concurrents, son récit est à prendre avec précaution.

Extras

Au Tchad, en 1982, Paris voulait aider Hissène Habré à prendre le pouvoir, sans que cela se sache. Bob Denard y alla avec une dizaine d'hommes de la Garde présidentielle comorienne. N'Djamena tomba aux mains des guerriers de Habré en juin 1982. « *Via le Gabon, les Sud-Africains envoyèrent un C130 bourré d'armes* [20]».

Beaucoup de gens ignorent encore que la Françafrique (les habituels réseaux, aidés de trois présidents : l'Ivoirien Houphouët, le Burkinabé Compaoré et... le Libyen Kadhafi) a sponsorisé et armé le seigneur de la guerre Charles Taylor. À la fin de 1989, elle l'a lancé à l'assaut du Liberia anglophone - pour une autre guerre d'épouvante. La déstabilisation a réussi au-delà de toute espérance ! Puis Taylor mit à l'étrier le pied de son compagnon Foday Sankoh : il lui donna les moyens, en hommes et en armes, d'aller mettre à feu et à sang le Sierra Leone voisin. Une ex-colonie britannique.

Selon Philippe Leymarie, du *Monde diplomatique*, le « *ravitaillement en armes de M. Charles Taylor, via le Burkina Faso et la Côte d'Ivoire* », s'opérait « *sous un discret parrainage français* [21]». À l'époque, l'actuel Monsieur Afrique de l'Élysée, Michel Dupuch, était l'irremplaçable ambassadeur de France à Abidjan. Jean Mauricheau-Beaupré s'y était établi, toujours aussi inventif. Et le colonel Yanni Soizeau stupéfiait par sa pluri-activité incroyable : bamboche, renseignement (DGSE), trafic d'armes (via la société suisse SIG), *joint-venture* dans la banane avec le directeur ivoirien des Douanes, relations suivies avec la nièce d'Houphouët et le futur Président ivoirien Konan Bédié, domiciliation enfin d'un "bureau d'études" d'où il multipliait les fausses factures envers des entrepreneurs français du

---

20. Ph. Chapleau et F. Misser, *Mercenaires S.A.*, op. cit., p. 81.
21. *L'Ouest africain rongé par ses abcès régionaux*, in *Le Monde diplomatique*, 01/96.

BTP, leur ouvrant de fructueux contrats de travaux à Paris et en région parisienne[22]!

Le régime clanique du général-président mauritanien Ould Tayah a quelques problèmes d'apartheid envers sa population noire. C'est pourtant un chouchou de la Françafrique. Ce qui n'empêche pas que le pays soit présenté comme une plaque tournante du narcotrafic, et le point de passage d'un trafic d'armes vers les factions libériennes.

Les ex-colonies non-africaines ont droit elles aussi à la sollicitude des "services". Pol Pot, l'un des pires criminels du siècle - qui a pourtant connu quelques spécimens d'exception -, est décédé de mort "naturelle" le 15 avril. Resurgissait la perspective de son arrestation et de son jugement...

Après l'extermination d'un quart des Cambodgiens, Pol Pot est resté à la tête des Khmers Rouges durant près de vingt ans sans abdiquer son idéologie génocidaire. Il a longuement bénéficié d'importants soutiens internationaux (Chine, États-Unis, France,...), coalisés contre l'ennemi vietnamien. Avec sa crémation sont partis en fumée quelques lourds secrets. Qui aurait pu justifier que la France lui ait livré des armes jusqu'en 1989 - une pleine cargaison[23]?

Hutu power

Dès 1992, le Crédit Lyonnais a garanti l'achat, par le Rwanda pré-génocidaire, de 6 millions de dollars d'armes à l'Egypte (fusils automatiques, mortiers, mines terrestres et explosifs)[24]. Comment imaginer qu'il se soit engagé autrement qu'en service

---

22. Cf. Alain Léauthier, *Les fausses factures de Méry délogent les francs-maçons*, in *Libération* du 21/10/94.
23. Selon Romain Franklin, *Une disparition si opportune*, in *Libération* du 17/04/98.
24. Le Crédit Lyonnais dément la caution, mais non le mouvement de fonds sur le compte de l'ambassade d'Egypte à Londres... L'existence de la transaction a été confirmée le 2 juin 1993 par le ministre rwandais de la Défense, James Gasana. Frank Smyth, auteur de l'étude *Qui a armé le Rwanda ?* (traduction publiée dans *Les dossiers du GRIP*, n° 138, 4/94, Bruxelles), affirme la prise de risque de l'établissement nationalisé in *The Nation* (New York), traduit par *Courrier international* du 05/05/94.

commandé, dans cette caution à haut risque ? Le contribuable français épongera aussi cette aide militaire secrète de la France au régime Habyarimana.

De 1991 à 1994, la plus grande partie des crédits internationaux ont servi à équiper et armer les auteurs du génocide : de l'argent dévoyé, au su de tous - à commencer bien sûr par les conseillers militaires français qui, en prise directe sur l'Élysée, organisaient le décuplement de l'armée rwandaise et assistaient à l'essor des milices. Ainsi, pour l'essentiel, c'est l'argent des prêteurs extérieurs qui a payé l'équipement des *Interahamwe* (des *boots* belges aux machettes importées de Chine), la puissance de feu de la Garde présidentielle et celle de l'armée (les FAR). Après 1994, les créanciers internationaux ont réclamé leur dû au Rwanda incendié... Au moins 112 millions de dollars, avec les intérêts. Il aura fallu quatre ans pour qu'ils renoncent à l'essentiel de cette créance, qui stigmatisait leur négligence.

Le 8 avril 1994, au lendemain du déclenchement du génocide, une force française suréquipée (*Amaryllis*) débarqua à Kigali. Elle venait évacuer les ressortissants français, d'autres Européens, et quelques Rwandais "amis". Amenait-elle du matériel d'urgence ? Selon le colonel Luc Marchal, chef-adjoint de la force des Nations-unies sur place (la MINUAR), l'un des avions français transportait des munitions pour les FAR [25].

Pendant le génocide, les militaires français étaient majoritairement hostiles à l'embargo sur les armes décrété par l'ONU, qui affectait leurs "protégés" [26]. Ils ont activé toutes leurs officines parallèles d'achat et d'expédition d'armes. Les habituels mécanismes de couverture, impliquant de faux certificats de destination, ont également joué à plein : les "vrais-faux passeports" de livraisons d'armes, révélés déjà lors de la tentative avortée de fourniture de missiles Mistral à l'Afrique du Sud,

---

25. Témoignage diffusé sur BBC-TV (*Le drapeau tricolore sanglant*, 20/08/95).
26. Ils ont ainsi poussé la France à faire cause commune avec l'ambassadeur du Gouvernement intérimaire rwandais lorsqu'il a tenté, le 17 mai 1994 au Conseil de Sécurité de l'ONU, d'empêcher le vote d'un embargo sur les armes à destination du Rwanda.

sont réapparus en toute banalité. Ce qui était moins banal, c'est qu'ils servaient à armer le camp du génocide.

Le 25 mai 1994, le deuxième secrétaire de l'ambassade du Rwanda au Caire adressait au Gouvernement intérimaire rwandais (GIR) un message annonçant une livraison de 35 tonnes de grenades et munitions, pour un montant de 765 000 dollars. Le texte mentionne des « certificats de destination finale faits à Kinshasa », et une transaction faite à Paris. Ces certificats sont les documents habituellement exigés par les autorités françaises auprès de l'acheteur : il s'agissait donc d'exportations quasi officielles, faussement destinées au Zaïre - pour un transit via Goma vers les forces du *Hutu power* [27].

« Plusieurs envoyés spéciaux ont décrit [28] cet approvisionnement en armes et en munitions via Goma, par des Boeing 707 "anonymes". Selon Stephen Smith, *"toutes les sources sur place - y compris des expatriés français bien placés - expriment leur "certitude" que ces livraisons d'armes ont été « payées par la France »"*. L'attaché de défense d'une ambassade française dans la région rejetait l'hypothèse d'une aide officielle, tout en ajoutant : *"Mais une aide en sous-main, par des circuits parallèles, c'est toujours possible. Vous savez, des officines de trafic d'armes à Paris, je pourrais vous en parler...* [29]".

Ces façons de faire, typiques de la "coopération" militaire franco-africaine [...], reflétaient aussi des divisions parmi les décideurs civils et militaires français. Ceux qui étaient contre la poursuite des fournitures d'armes au gouvernement du génocide n'ont pu empêcher ceux qui en étaient partisans de continuer à favoriser l'approvisionnement des FAR. Pour Jean-François Bayart, début juin, il paraissait *"inimaginable que la diplomatie française ait pu cautionner des livraisons d'armes postérieures à la destruction de l'avion du président Habyarimana, le 6 avril dernier. Mais qu'en est-il exactement des autres centres de décision de la République française ? Des informations insistantes en font état. La responsabilité de la France serait alors littéralement effrayante* [30]". [...]

---

27. D'après Michel Muller, *Trafic d'armes via Paris*, in *L'Humanité* du 31/05/94.
28. Notamment Franck Johannès, *Les Kalachnikov de l'étrange pasteur*, in *Le Journal du Dimanche* du 03/07/94 ; Stephen Smith, *Les mystères de Goma, refuge zaïrois des tueurs rwandais*, in *Libération*, 04/06/94.
29. Stephen Smith, ibidem.
30. Interview au *Quotidien*, 17/06/94.

Fin mai 1995, ces présomptions étaient confirmées par un rapport d'enquête de *Human Rights Watch* (*HRW*)[31] : *Rwanda/Zaïre, Réarmement dans l'impunité. Le soutien international aux perpétrateurs du génocide rwandais* :

"*HRW* a appris du personnel de l'aéroport *[de Goma]* et d'hommes d'affaires locaux que cinq cargaisons y sont arrivées en mai et juin *[1994 - après le 17 mai, date du vote par l'ONU de l'embargo sur les armes, et plus de 6 semaines après le déclenchement du génocide].* Elles contenaient de l'artillerie, des mitrailleuses, des fusils d'assaut et des munitions fournis par le gouvernement français. Ces armes ont été transférées au-delà de la frontière par des militaires zaïrois et livrées aux FAR à Gisenyi. Jean-Claude Urbano, alors consul de France à Goma, a justifié ces cinq cargaisons en expliquant qu'elles étaient l'aboutissement de contrats négociés avec le gouvernement rwandais avant l'embargo sur les armes. [...] *[Il]* a mentionné plusieurs autres cargaisons d'armes [...] venant d'autres sources que le gouvernement français [...], *[déclarant]* qu'elles "*pouvaient*" provenir de fournisseurs d'armes privés français"[32]. [...]

Le gouvernement français s'est enferré dans une succession de démentis qui rappellent ceux de l'affaire du *Rainbow Warrior* - aussi peu crédibles au niveau international qu'envers tous ceux qui connaissent tant soit peu la chronologie des événements. Jean-Claude Urbano, avouant des livraisons d'armes postérieures à l'embargo, invoquait l'exécution d'anciennes commandes. Le ministère de la Coopération reconnaît de telles livraisons, mais prétend qu'elles étaient destinées aux forces africaines de l'opération Turquoise... qui n'était même pas encore conçue lors des livraisons de mai 1994[33]»

Revenons au nerf de la guerre. En ce printemps tragique de 1994, le *Hutu power* était parti avec la caisse, plus exactement avec la Banque nationale du Rwanda (BNR) et tous ses avoirs, transplantés à Goma. Cela, nul banquier de la planète ne pouvait l'ignorer à la mi-juin 1994, dix semaines après le déclen-

---

31. Cette ONG civique américaine, fondée en 1978, avait co-initié (avec, entre autres, la Fédération internationale des droits de l'homme) la commission internationale d'enquête de 1993 au Rwanda. Cette commission dénonça, un peu plus d'un an avant son déclenchement, les prémices du génocide.
32. Le gouvernement français a poussé Jean-Claude Urbano à se rétracter et à porter plainte contre HRW. Le 19 septembre 1996, il s'est désisté avant que le tribunal n'ait pu entendre les arguments de HRW...
33. *Dossiers noirs* n° 1 à 5, op. cit., p. 14-16.

chement du génocide. Or, du 14 au 23 juin, la BNP (Banque nationale de Paris) a accepté de la BNR sept ordres de prélèvement, pour un montant total de 22 073 140,15 FF. Pour payer les armes qui affluaient alors à Goma ?

« En juin 1994, le Sud-Africain Petrus Willem Elhers accompagné de Théoneste Bagosora *[leader présumé du camp génocidaire]* négocie aux Seychelles un contrat portant sur une livraison de 80 tonnes d'armes. *"Ces armes*, précise la commission de l'ONU *[sur les trafics d'armes dans la région]*, ont été acheminées à Goma, Zaïre, par deux rotations d'un avion de la compagnie Air Zaïre [...]"*.

[Selon] le gouvernement suisse, [...] les fonds virés les 14 et 16 juin *[pour payer ces armes]* - soit plus d'un million de dollars - sur le compte suisse de Willem Petrus Ehlers proviennent de *"la Banque nationale de Paris SA, à Paris"*. Celle-ci a agi *[10 semaines après le début du génocide]* sur *"ordre de la Banque nationale du Rwanda, Kigali"*. [...]

Fait troublant, le lot d'armes négocié aux Seychelles [...] correspond presque exactement à une commande adressée, à la mi-mai, au gouvernement français par le "ministre intérimaire des affaires étrangères du Rwanda", Jérôme Bicamumpaka. Accompagné du chef de l'un des partis hutus les plus extrémistes, Jérôme Bicamumpaka venait d'être officiellement reçu à Paris, le 27 avril 1994, par la cellule Afrique de l'Élysée. [...]

Willem Petrus Ehlers, [...] ancien secrétaire de P. W. Botha *[ex-Premier ministre sud-africain, grand ami de Foccart]*, semble vouloir indiquer qu'il n'est pas seul à être impliqué : *"Si vous cherchez des Sud-Africains qui ont des connexions françaises*, [...] *il vaut mieux chercher du côté de Neils Van Tonder. C'est un très bon ami de Jean-Yves Ollivier"* [34] ».

La Banque de France elle-même a honoré après le 30 juin six prélèvements de la Banque nationale du Rwanda exilée à Goma. Le 5 mai 1994, sur ordre de la BNR, elle avait viré 435 000 francs à Alcatel. Est-ce le paiement du système de télécommunication cryptophonique évoqué le 9 mai à Paris, au siège de la Mission militaire de coopération, lors de la rencontre entre le général Huchon et le chef adjoint des Forces armées

---

34. Patrick de Saint-Exupéry, *Les armes du génocide*, in *Le Figaro* du 03/04/98.

rwandaises[35] ? Un matériel destiné à sécuriser les communications entre l'armée française et celle du génocide...

Laissons Vincent Hugeux résumer la situation :

> « Les spécialistes les plus mesurés conviennent que Paris finançait encore, au moins trois à quatre semaines après le début du massacre, des livraisons d'armes et de munitions venues des pays de l'Est. Au-delà, nul doute que les officines de marchands de canons ont opéré au su de Paris[36] ».

« La responsabilité de la France serait alors littéralement effrayante », disait Jean-François Bayart...

Mais bien entendu ce n'est pas fini. Nous ne reviendrons pas sur les éléments déjà exposés au chapitre « Grands lacs », qui montrent le réarmement du *Hutu power* au Zaïre après le génocide. Ni sur les trafics du lieutenant-colonel Kayumba et du vendeur d'armes Dominique Lemonnier, à l'ombre du général Jean-Paul Huchon, chef de la Mission militaire de coopération. Nous nous contenterons de quelques additifs.

Au vu des documents retrouvés en 1996 dans le camp de Mugunga, au Kivu, l'entreprise britannique *Mil-Tec* apparaît également très impliquée dans l'armement du *Hutu power*. En fait, elle est basée à l'île de Man, un paradis fiscal - c'est-à-dire surtout un havre de financement d'activités criminelles, tels l'enrôlement de mercenaires ou le trafic d'armes. Elle a sûrement servi d'autres intérêts que ceux du gouvernement de Sa Majesté - lequel, du coup, peut se permettre de déclencher une enquête. Ce que s'est bien gardé de faire le Président de la République française, malgré les objurgations du *Monde*[37].

---

35. Le compte-rendu de cette réunion par cet officier rwandais est reproduit dans les *Dossiers noirs* n° 1 à 5, op. cit., p. 23-26.
36. Vincent Hugeux, *Rwanda, pourquoi tant de gêne ?*, in *L'Express* du 12/02/98.
37. « *La France doit* [...] *diligenter une enquête pour dissiper enfin les graves soupçons pesant sur elle. C'est à ce prix qu'elle peut prétendre intervenir à nouveau en toute neutralité dans la région des Grands Lacs* » (21/11/96). L'éditorialiste ne sait-il pas que ces soupçons sont fondés ? La neutralité est plombée. La prétention à intervenir ouvertement est hors de prix - d'où la tentation croissante des ingérences occultes.

Les travaux de la Commission d'enquête de l'ONU sur les livraisons d'armes dans la région des Grands Lacs, en violation de l'embargo du 17 mai 1994, confirment le « *rôle central* » du Zaïre de Mobutu dans le réarmement des forces qui commirent le génocide. C'est un fait acquis, jusque dans les confidences de la DGSE rapportées par Jacques Isnard : « *Les ex-FAR ont bénéficié d'un approvisionnement en armes et munitions fourni par la division spéciale présidentielle (DSP), la garde rapprochée du maréchal Mobutu*[38] ».

Or, jusqu'au printemps 1997, Mobutu était l'allié privilégié de la France. Les conseillers militaires français tenaient une place déterminante à Kinshasa. Barril, lui, voltigeait entre le Zaïre et le Centrafrique - par où passaient les filières d'approvisionnement du *Hutu power*. Depuis la chute de Mobutu, le Soudan s'est substitué au Zaïre.

Rappelons le *deal* terrifiant qui aurait été suggéré par Paris au Rwanda, vers la mi-1998 : dégagez Kabila et ce sera « *la fin du soutien aux militaires hutus ravitaillés depuis le Soudan et la République centrafricaine*[39] ».

C'est également aux confins du Zaïre, du Centrafrique et du Soudan que les "spécialistes" français « *trempent leurs mouillettes dans cet œuf pourri* » que constituent les guérillas ougandaises, alliées du *Hutu power*. Les premières cherchent par tous les moyens à déstabiliser le régime de Kampala, le second poursuit une lutte à mort avec le régime de Kigali, le tout avec la bénédiction du régime intégriste de Khartoum. Comme le souligne Gérard Prunier, observateur de cette cuisine peu ragoûtante, les armes ainsi acheminées ne sont pas françaises, mais les filière sont forcément sous le contrôle des "services" français. Car dans la géostratégie barbouzarde, le Centrafrique est « *un territoire français*[40] ».

---

38. *Une "légion tutsie" de quinze mille hommes, formée par l'Ouganda, aurait appuyé les forces rebelles, selon les services occidentaux*, in *Le Monde* du 13/05/97.
39. Colette Braeckman, *Dix questions pour comprendre la guerre du Congo*, in *Le Soir* du 19/09/98.
40. Conférence du 11/02/97 à la Fondation Médecins sans frontières.

Mi-1995, Jean-François Bayart s'indignait de la poursuite, hors de tout contrôle, des livraisons d'armes « *à l'armée souda-naise pour écraser la rébellion du sud-Soudan* [41]». Puisqu'il n'y a ni contrôle, ni responsabilité, et que la presse ne fouine guère dans ce genre d'« *œuf pourri* », il n'y a vraiment aucune raison que cela cesse.

Mobutu

Il n'est pas inintéressant de confronter les informations qui transpirent sur les fournitures d'armes au camp mobutiste durant la guerre de 1996-97. Elles forment comme un atlas lacunaire des gisements, filières et itinéraires utilisés par les "services" et les réseaux pour leurs livraisons occultes :

> « *Africa Confidential* croit savoir qu'au plus fort de la guerre menée contre Mobutu, le président Déby, avec les encouragements de l'Élysée, a fait parvenir des armes de fabrication chinoise fournies par la Libye et le Soudan aux mobutistes [42]».

> « Question armement, on signale l'escale à Marseille, le 12 janvier 1997, de deux gros porteurs Antonov 124 en provenance de Biélorussie, chargés de deux cents tonnes d'armes à livrer à Kisangani. La douane et la police françaises ont fermé les yeux... [43]. Les militaires français présents à Faya-Largeau, au Tchad, ont fait de même quand d'importantes quantités d'armes venues de l'obligeante Libye ont transité par cet aéroport stratégique [44].

> À Ostende, par contre, les douaniers belges ont intercepté fin décembre un lot de onze véhicules militaires d'occasion, des camions Mercedes tout-terrain en provenance de France : prétendument destinés à des organisations humanitaires, ils étaient en réalité promis à l'armée zaïroise, à Kisangani [45]. Ces véhicules se prêtaient parfaitement au montage d'une mitrailleuse lourde, d'un mortier ou d'une arme anti-chars [46]».

> « De Belgrade, une série de vols ont été organisés pour transporter plusieurs centaines d'hommes, mais aussi de l'équipement et des armes,

---

41. Entretien cité, in *Les temps modernes* n° 583, 07/95.
42. *Centrafrique/Congo-K. Encore des "Contras"*, in *Africa Confidential* du 23/02/98.
43. D'après *Sur le front*, in *La Lettre du Continent* du 23/01/97.
44. Selon *La Lettre du Continent* du 09/01/97.
45. Cf. Eddy Surmont, *Ostende fait échec à Mobutu*, in *Le Soir* du 31/12/96.
46. F.X. Verschave, *La Françafrique*, op. cit., p. 255.

la part la plus juteuse du contrat : quelques avions de combat [47], quantité de lance-roquettes, des uniformes, etc. Une base avancée a été établie au Caire (l'Égypte est un partenaire habituel des opérations françafricaines). [...]

Un reportage télévisé a montré des recrues zaïroises vêtues d'uniformes yougoslaves, et des avions de fabrication yougoslave portant encore des inscriptions en serbo-croate sur leurs fuselages. En principe, l'ex-Yougoslavie continue d'être soumise à un embargo sur les achats et ventes d'armes, mais il faut supposer que certains des officiers de l'OTAN chargés de surveiller l'application de cet embargo ont fermé les yeux. On compte bon nombre de Français parmi eux...

Le *deal* serbo-franzaïrois aurait été amorcé à l'occasion d'une visite au Zaïre du président de l'ex-Yougoslavie, Zoran Lilic, durant l'été 1996. [...] Parmi les autorités de Belgrade qui ont mené à bien cette affaire, en liaison avec les réseaux françafricains, on trouve [...] le général Jovan Cekovic, ancien chef de l'Office fédéral de fourniture et d'approvisionnement de l'armée yougoslave : il aurait traité avec une agence de tourisme du Caire pour que les avions-cargos chargés d'armes et de mercenaires en direction de Kinshasa puissent faire escale en Égypte et s'y ravitailler [48]».

Parmi les pays partenaires ou complices, l'on trouve le Soudan, la Libye, le Tchad, l'Égypte, la Chine, l'ex-Yougoslavie. C'est Philippe Perrette de *Geolink* qui a fait le lien avec ce dernier pays. Les intermédiaires serbes sont des proches du président Milosevic. À Paris, l'on partage avec lui suffisamment de secrets pour rester désormais complaisant à son égard.

La fin du parcours d'obstacles de la livraison d'armes rencontre à nouveau l'humanitaire :

« En ce mois de février 1997, l'aéroport de Kisangani offre chaque jour son tarmac aux noces infernales de l'humanitaire et du militaire. Le

---

47. Dont des chasseurs bombardiers Jastreb, observés par Vincent Hugeux, *Zaïre : l'armée des "défazés"*, in *L'Express* du 27/02/97.

48. *France-Zaïre-Congo*, op. cit., p. 138-140. Sources : Jon Swain, *War-hungry Serbs join Mobutu's army* (Des Serbes assoiffés de guerre rejoignent l'armée de Mobutu), in *The Sunday Times* du 09/03/97 ; Jonathan C. Randall, *Serbs Supplying Equipment and Mercenaries to Zaire's Army* (Les Serbes fournissent du matériel et des mercenaires à l'armée zaïroise), *Washington Post*, in *International Herald Tribune* du 19/03/97 ; Tom Walker, *Bosnia's soldiers of fortune reject blame over Zaire* (Les soldats de fortune bosniaques rejettent le blâme sur le Zaïre), in *The Times* du 26/05/97.

"conseiller" étranger y côtoie, et y rudoie au besoin, l'expatrié de l'agence onusienne : l'hélicoptère d'attaque soviétique croise l'avion de biscuits vitaminés. Ce DC3 ? Il achemine des sacs de maïs à Tingi-Tingi - un camp que ses 150 000 occupants ont déserté le dernier jour du mois. Il en reviendra avec les pièces défaillantes d'un Puma resté en rade au beau milieu des huttes de fortune. [...] Cet Iliouchine affrété par le Programme alimentaire mondial ? Un général s'efforce, en vain cette fois, de le confisquer le temps d'un vol, histoire de faire parvenir armes et munitions à une garnison en péril. Car les militaires zaïrois et leurs "amis yougo" réquisitionnent à tour de bras appareils et carburant. [...]. *Très malsain,* concède un animateur de l'Unicef. *Mais c'est ça ou rien..."* [49]».

Dans le camp de Tingi-Tingi, où s'entassaient 150 000 Hutus Rwandais, des milliers de combattants bien nourris, miliciens ou ex-FAR, se mêlaient aux réfugiés affamés. Selon un rapport interne de l'ONU, « *des armes, des uniformes et des munitions étaient livrées quotidiennement* ».

Sassou

Nous ne nous étendrons pas longuement, puisque le dispositif de soutien logistique à Sassou a été présenté dans le chapitre *ad hoc*. Il est quand même curieux de constater que le futur chef de cabinet de Laurent-Désiré Kabila, Abdoulaye Yerodia, était au courant de ce qui se tramait lorsqu'il était encore à Paris. En mai 1997, un mois avant l'insurrection de Sassou Nguesso, il aurait lancé : « *On aide Sassou. On lui file des armes* ». Mais il avait déjà un accès privé au village françafricain.

Reprenons le résumé de la situation par Jacques Isnard :

« Selon les services de renseignement français, les "cobras" de M. Nguesso [...] ont pu disposer d'armements lourds et individuels en provenance de plusieurs États africains proches de la France, comme le Gabon. Les mêmes sources françaises laissent entendre que ces milices ont pu, grâce à des circuits de financement occultes fréquents dans les milieux pétroliers, acheter des matériels en Europe [50]».

---

49. Vincent Hugeux, *Quand l'aide rend les armes*, in *L'Express* du 13/03/97.
50. Jacques Isnard, *Des "cobras" très bien ravitaillés en armes*, 17/10/97.

La guerre à Brazzaville ne fit pas dans la dentelle, mais en grande partie à l'arme lourde - ce qui détruisit la ville. Pour ce type de fournitures, l'argent du pétrole n'est pas inutile.

Le Gabon est un vase communicant. On peut très bien "emprunter" à cet arsenal françafricain, quitte à le regarnir par les achats extérieurs, ou les discrètes fournitures de la coopération militaire française.

Par ailleurs, à suivre les articles du *Canard enchaîné*, il semble que les milieux RPR, tendance Chirac, aient été particulièrement activistes : « *Un haut responsable du RPR qui s'intéresse à la coopération et à l'Afrique a pris contact avec des marchands d'armes afin d'en fournir à Sassou Nguesso* [51]». Une façon musclée de faire de la politique...

Notons enfin que le Tchad est, une fois de plus, aux premières loges (le Gabon d'Omar Bongo, gendre de Sassou, étant cette fois hors concours).

Angola

On ne peut parler des massives livraisons d'armes au régime angolais, une autre pétrodictature, sans évoquer le trio Falcone-Gaydamac-Marchiani. Le premier est un richissime brasseur d'affaires, travaillant au moins sur trois continents (Afrique, Amérique latine, Europe). Le second est connu comme un relais efficace avec les milieux du bradage des matériels militaires russes. Ce qui suppose de hautes protections à Moscou. Quant au troisième, il n'a cessé de vouloir être plus qu'un brillant intermédiaire. Sa carrière déjà très chargée est partie sur deux rails : négociant en armes, depuis un passage à la division armement de Thomson ; émissaire de Charles Pasqua - et de Jacques Chirac quand les deux hommes s'allient. Il ten-

---

51. Claude Angeli, *Chirac au standard "africain" de l'Élysée*, 17/09/97. Cf. aussi *Bagatelles autour des massacres en Afrique*, du 09/07/97. Parions que ce haut responsable est aussi à la Grande Loge nationale de France, comme Sassou Nguesso, et qu'il n'est pas novice en foccartisme.

drait aujourd'hui à faire la bascule entre les deux, depuis une réconciliation *in extremis* avec Jacques Foccart.

Le négociateur a connu quelques déconvenues :

> « À l'époque de la négociation de la vente de frégates à Taiwan, Jean-Charles Marchiani a été vu à plusieurs reprises en compagnie d'Alfred Sirven *[pivot de "l'affaire Elf"]*, en particulier dans les locaux discrets de la rue Christophe Colomb, qui appartiennent à Elf. Après son passage chez Thomson, [...] Marchiani a brigué, en vain, la présidence d'un office d'exportations d'armes dépendant du ministère de l'Intérieur et situé derrière la place Beauvau [52]».

En 1995, il n'a pas obtenu le poste de directeur de la DGSE que Charles Pasqua aurait demandé pour lui à Jacques Chirac. Il s'est retrouvé préfet du Var (où il fit quelques vagues), tout en continuant de beaucoup voyager dans son vaste domaine relationnel, l'Afrique, le Moyen-Orient et les Balkans.

Le 14 juillet 1996 à Toulon, il remettait les insignes de chevalier de l'ordre du Mérite au marchand d'armes français d'origine russe Arcadi Gaydamac. Fin 1995, on s'en souvient, Marchiani avait négocié la libération de deux pilotes français détenus par les Bosno-Serbes. Avec le staff du général Mladic, boucher de Srebrenica. Le vendeur d'armes méritant aurait été un intermédiaire décisif.

Elisio Figueiredo, ancien ambassadeur angolais à Paris et homme de confiance du président dos Santos, assistait à la cérémonie. Son job préféré est l'achat d'armes. L'Angola est en ruines, mais ses "dirigeants" sont envahis de dollars pétroliers et diamantaires. Dans ce contexte, le clan dos Santos n'a rien trouvé de plus urgent que de négocier l'acquisition de plus de 2 milliards de FF d'armements, via Arcadi Gaydamac et Pierre Falcone [53]. Les deux hommes, plus Marchiani, avaient su nouer en effet de solides contacts avec quelques "huiles" angolaises.

Comme de coutume, du vendeur à l'acheteur, les commissions sont "canon". Cette agréable perspective méritait bien, à Toulon, une petite fête nationale.

---

52. Valérie Lecasble et Airy Routier, *Forages en eau profonde*, op. cit., p. 279-280.
53. Cf. *La Lettre du Continent* du 25/07/96.

De quoi faire oublier un fâcheux incident, et une faille dans le bétonnage médiatique. Le 6 avril précédent, d'audacieux journalistes de TF1 avaient révélé que la libération des deux pilotes français prisonniers du général Mladic s'était accompagnée d'une livraison d'armes aux Bosno-Serbes, négociée par Jean-Charles Marchiani. Le gouvernement a démenti, TF1 n'a pas insisté. Mais si l'on songe à une série de négociations délicates où s'entremit notre homme (Iran, Soudan, Bosnie,...), la trilogie livraison d'armes-Marchiani-démenti finit par ressembler à une litanie.

N'oublions pas par ailleurs que, jusqu'à une date récente (et ce n'est peut-être pas terminé), une partie de la Françafrique soutenait un autre camp dans la guerre civile angolaise, l'Unita de Jonas Savimbi. Elf, elle, soutenait les deux camps. Et n'était pas absente, non plus, des jeux dangereux autour d'une possible sécession de l'enclave pétrolière de Cabinda. Selon Jean-François Bayart [54], l'armée française trempait encore dans ce jeu pourri en 1995.

Bref, comme l'a déclaré Jacques Chirac lors d'un voyage officiel en Angola, fin juin 1998, « *le champ des possibles entre l'Angola et la France est immense* ». Dix mois après l'invasion du Congo-Brazza par les troupes de Luanda, il ajoutait : « *En Afrique centrale, où l'Angola a sa place naturelle, qui ne voit que votre pays peut jouer un rôle majeur pour favoriser une stabilisation indispensable ?* [55] ».

Signalons quand même une bonne nouvelle - à moins qu'il ne s'agisse d'un règlement de comptes... À défaut d'interdire aux Falcone et Cie d'exercer leur sombre profession, le gouvernement français semble avoir décidé de les attaquer au tiroir-caisse. Selon *La Lettre du Continent* [56], « *les douanes françaises réclament la petite amende de 1,5 milliard FF* » à « *un*

---

54. Entretien in *Les temps modernes*, juillet 1995.
55. Cité par *L'Humanité* du 01/07/98.
56. *Un marchand d'armes dans le collimateur des douanes*, 08/10/98.

marchand d'armes qui a monté de très grosses opérations en Angola [...] pour avoir omis quelques déclarations alors que les transactions en question étaient domiciliées à Paris même si les équipements provenaient de pays de l'Est ».

Rétro

Le degré de légalité des ventes d'armes - des trafics les plus secrets aux grands contrats publiés à son de trompe - est toujours relatif. Car une dimension de criminalité économique est presque toujours présente, via une corruption massive. On sait que les chefs d'État, les ministres et les généraux acheteurs se remplissent les coffres. On sait moins qu'il en va de même dans le pays vendeur, avec les "retours sur commissions" ou rétro-commissions. L'ancien juge d'instruction Thierry Jean-Pierre s'en étonne encore :

> « Il n'y a pas longtemps, j'assistais à un débat en présence du président de GIAT Industrie, une société française de vente d'armes. Il racontait, tranquillement, que les commissions s'étalaient entre 5 % et 15 % du montant total de la vente. Tout le monde sait que ces commissions sont versées lors de ce type de vente. La liste des bénéficiaires est connue, à la grâce du gouvernement. Il s'agit d'affairistes et de politiques qui reçoivent après signature de ces contrats des "retours sur commissions" qui vont directement sur des comptes en Suisse [57]».

Dans l'affaire des frégates de Taiwan, Roland Dumas a cherché à se couvrir en révélant que le montant total des commissions et rétro-commissions s'élevait à 2,5 milliards de FF. Sur l'air de : « Je ne coulerais pas tout seul ». D'ailleurs, suggère *Le Monde*[58], cette « *affaire des frégates pourrait n'être qu'un habillage pour masquer un simple détournement de fonds des caisses d'Elf* ».

Des notes confidentielles des Renseignements généraux (des "blancs"), établies entre 1993 et 1995 par le commissaire

---

57. Interview à *France-Soir* du 13/03/98.
58. Du 10/03/98.

Brigitte Henri, ont été distillées au juge d'instruction Éric Halphen par un "corbeau", issu probablement de l'entourage d'un ancien ministre de l'Intérieur. Ces "blancs" sont explosifs. Ils parlent d'une vingtaine de comptes *Cléo* ouverts à l'Arab Bank, à Zurich. L'actionnaire majoritaire de cet établissement financier est le richissime Premier ministre du Liban Rafic Hariri - grand ami de Jacques Chirac et grand amateur d'immobilier parisien.

Les comptes *Cléo* recèleraient une petite partie (mais pas la moins sulfureuse) du financement occulte du RPR - tendance Chirac. Ils abriteraient aussi bien des commissions sur les HLM parisiennes que des « *transactions liées à des trafics d'armes mais surtout à des blanchiments d'argent* [59] ». Un mélange détonant, associant le racket des marchés publics français à la grande criminalité internationale.

Livrer ces informations au juge Halphen est un coup de poker ou un chantage à très haut risque - pour celui qui le subit et celui qui le tente.

Sur un autre côté de l'échiquier, les auteurs d'une enquête sur Elf estiment que l'ex-PDG d'Elf Le Floch-Prigent a, quelque part, "cédé à l'amicale pression de ses amis". Il a multiplié « *les commissions, dont il permettra qu'une partie revienne en France, pendant cette triste fin de règne où le Président cherche désespérément à assurer l'avenir de Mazarine et de sa mère Anne Pingeot* [60] ».

Tout ceci aide à comprendre par quels processus la France se retrouve attachée au Gabonais Omar Bongo ou au roi Hassan II, pourquoi elle fait du gringue aux dictatures nigériane et birmane, etc. Des alliances sans racines, sujettes aux changements de cap mercantiles et politiciens.

---

59. Note des RG citée par Marie-France Etchegoin, *Le corbeau, le juge et le policier*, in *Le Nouvel Observateur* du 10/04/97. Cf. aussi Nathalie Prévost, *Un "corbeau" très politique*, in *Le Journal du Dimanche* du 06/04/97.
60. Valérie Lecasble et Airy Routier, *Forages en eau profonde*, op. cit., p. 143.

Ce genre de navigation au radar, largement immergée, est à haut risque : l'alliance dans Eurodif avec le shah a été suivie de dix ans de chantage iranien ; on n'a pas fini de régler les factures des liaisons occultes avec Habyarimana, Mobutu, Sassou-Nguesso[61] ou la junte algérienne.

Il ne sera pas facile de venir à bout de si mauvaises habitudes. On peut commencer par renforcer le contrôle en tous genres sur les officines. On peut aussi, déjà, réglementer l'exportation d'armes et matériels de sécurité ou de police[62]. Parfois financées par le FAC (Fonds d'aide et de coopération !), ces "marchandises" sont trop souvent utilisées à des exactions ou des tortures par des régimes dédaigneux des droits de l'Homme. En 1991, l'Union européenne a fixé un "code de bonne conduite" des clients potentiels. La plupart des pays acheteurs de matériels français n'y satisfont pas... Une vingtaine d'associations ont demandé que l'on prenne les moyens de ne pas vendre n'importe quoi à n'importe qui. En somme, de ne pas faire n'importe quoi au nom du commerce.

---

61. Même (surtout ?) une vente occulte comme celle des missiles Mistral à l'Afrique du Sud, via le Congo-Brazza, fait l'objet de confortables commissions à toutes les étapes. Et cette vente-là n'est bien sûr qu'une faible partie du bilan Sassou-Françafrique.
62. Une campagne en ce sens, coordonnée par *Agir ici* et *Amnesty International*, a été lancée par une vingtaine d'associations (dont *Survie*) en novembre 1997.

5. UNE PRÉSENCE CONTRAINTE

« Conçus il y a presque 40 ans, dans un tout autre contexte et selon un type de relations aujourd'hui révolu, **les accords de défense franco-africains ne sont plus légitimes** : des interventions qui se fonderaient sur ces accords, en partie secrets, seraient désavouées par les opinions publiques africaine et française. Le rôle militaire de la France en Afrique doit être entièrement renégocié, en tenant compte de l'objectif européen. Le résultat de ces **renégociations** devra être **soumis aux représentations nationales** tant en France que dans les pays concernés (étant entendu que des accords sont inenvisageables quand de telles représentations n'existent pas, ou sont illégitimes) ».

Telle était l'une des onze « propositions pour refonder la crédibilité des relations franco-africaines » qu'*Agir ici* et *Survie* ont présentées le 30 septembre 1997 lors d'un colloque organisé à l'Assemblée nationale par l'Observatoire permanent de la coopération française (OPCF)[1].

C'est ce type d'enjeu que nous allons aborder dans ce chapitre, plutôt que de proposer un nouveau descriptif de la coopération militaire française ou de présenter une nouvelle analyse de son fonctionnement : à cet égard, nous renverrons plutôt le lecteur à l'un de nos *Dossiers* précédents[2] ou aux avis et rapports que l'OPCF a publiés sur le sujet[3].

---

1. Texte intégral : Agir ici et Survie, *France-Sénégal*, op. cit., p. 67.
2. *Présence militaire française en Afrique : dérives...*, Dossier n° 4, in *Dossiers noirs* n° 1 à 5, op. cit., p. 205-263.
3. *Les dérives de la coopération militaire de la France en Afrique*, Avis de l'OPCF et rapport d'Anne-Sophie Boisgallais, in OPCF, *Rapport 1995*, Desclée de Brouwer, p. 95-146.
Les nouveaux enjeux sociopolitiques et stratégiques de la coopération militaire française en Afrique, Avis de l'OPCF et rapport de Dominique Bangoura, in OPCF, *Rapport 1996*, Desclée de Brouwer, p. 93-156.
Dominique Bangoura, *Suivi de la coopération militaire*, in OPCF, *Rapport 1997*, Karthala, p. 163-185.
Cf. aussi le débat organisé par l'OPCF, *La coopération militaire sous le feu des critiques*, in *La coopération française en questions*, Bibliothèque publique d'information,

La question de la présence militaire française en Afrique et de l'ample appareil de coopération militaire qu'elle y déploie encore est d'abord, de notre point de vue, une question de légitimité. Cela nous vaut l'ire de tous ceux, en France, pour qui cette question est indécente. Cela nous vaut la critique des Africains pour qui la question est déjà entendue : l'armée française doit quitter le sol africain.

Au vu des chapitres précédents, on peut comprendre ce point de vue. Il est probable d'ailleurs que notre proposition revient pratiquement à la même chose, pour la plupart des pays : ou bien les pouvoirs ne sont pas légitimes, ou bien la représentation du peuple mettrait un terme à une présence militaire qui ressemble trop souvent à une survivance coloniale. Mais notre proposition a l'avantage de pointer la question de la légitimation des choix politiques en matière de défense nationale. Et l'on ne peut exclure absolument qu'un pays libre requière d'un autre un coup de main ponctuel, ou convienne avec lui d'une alliance plus durable.

L'actuel dispositif de la présence militaire française en Afrique s'articule ainsi :
- huit accords de Défense : Centrafrique, Cameroun, Comores, Côte d'Ivoire, Djibouti, Gabon, Sénégal, Togo.
- plus d'une trentaine d'accords d'assistance militaire technique (dont certains, par exemple avec le Rwanda et le Zaïre, sont inappliqués en 1998) : Algérie, Bénin, Burkina, Burundi, Cameroun, Centrafrique, Comores, Congo-B, Côte d'Ivoire, Djibouti, Gabon, Guinée-Conakry, Guinée équatoriale, Guinée, Madagascar, Mali, Maroc, Maurice, Mauritanie, Niger, Rwanda, Sénégal, Seychelles, Tchad, Togo, Tunisie, Zaïre,... [4]
- la présence de troupes permanentes dans cinq pays : Côte d'Ivoire (550 hommes), Djibouti (3 000 hommes), Gabon (600 hommes), Sénégal (1 100 hommes), Tchad (700 hommes).

Centre Georges Pompidou, 1998, p. 209-276.
4. La liste n'est pas complète. Elle a tendance à s'étendre hors du pré-carré. En 1996 déjà, la Mission militaire de coopération gérait 38 accords. Mais les prestations d'instruction proposées "hors champ" n'ont évidemment pas le même caractère que lorsqu'elles font partie d'un système ancien de domination, agrégeant le politique, l'économique, le monétaire, le culturel et le militaire (les "services" sont gratuits).

Nous relèverons trois principaux vices de consentement :

- passés dans la foulée d'une indépendance largement confisquée, la plupart des accords sont aujourd'hui aux services de pouvoirs illégitimes (dictatures ou "démocratures") ;

- ils servent les desseins d'une "puissance" étrangère, la France, dont la politique africaine manque considérablement de lucidité, faute d'avoir fait le deuil de son Empire ;

- ils renforcent des armées, des forces de l'ordre ou des gardes présidentielles à base clanique, sinon raciale.

Nous nous interrogerons ensuite sur les procédures de décision en matière de coopération militaire : leur dégradation ou le défaut de leur contrôle ne manquent pas d'inquiéter. Enfin, nous évoquerons le projet de "force interafricaine".

Une présence non choisie

Dès 1944, le général De Gaulle a subi le processus de décolonisation plus qu'il ne l'a voulu. Les États-Unis, anciennes colonies affranchies de la tutelle britannique, et l'URSS internationaliste tenaient simultanément des discours favorables à l'émancipation des colonies de la vieille Europe. Bien qu'attaché à l'Empire français, De Gaulle a tôt compris qu'il devrait feindre de précéder le mouvement, à peine de voir les peuples colonisés se ranger rapidement derrière d'autres protecteurs. La tournure prise par les guerres d'Indochine et d'Algérie le conforta dans cette analyse.

Revenu au pouvoir en 1958, il confia donc à Jacques Foccart le soin d'élaborer un nouvel édifice, la Communauté, dans lequel les ex-colonies d'Afrique subsaharienne ne seraient pas vraiment indépendantes : la monnaie, la politique étrangère et la défense demeureraient "communes". Le subterfuge ne suffit pas à enrayer la course à l'indépendance. La Communauté se délita. Mais il importe de constater ceci : les accords monétaires préparés dans ce cadre de non-indépendance furent signés pratiquement tels quels par les États nouvellement "indépendants", et de même les accords militaires en quelques pays-clefs.

C'est que Foccart avait fait le ménage, écartant ou éliminant (à l'exception de Sékou Touré) tous ceux qui n'acceptaient pas le système retenu : la soumission aux intérêts supérieurs de la France, en échange d'un partage des rentes. Dès le départ (Houphouët, Ahidjo, M'Ba,...) ou assez vite (Eyadéma, Kountché,...), les présidents des États du pré-carré furent ceux que la France, plus que leurs propres peuples, avait choisis. Les accords qu'ont signé ces chefs d'État-là n'ont donc pas été librement consentis. L'ancien Premier ministre Alain Juppé parle bonnement de « *la nécessité d'une présence amicale de la France auprès des pays d'Afrique pour les aider*[5]». En quelque sorte, l'amitié est obligatoire. C'est bien ainsi que l'a toujours entendu Jacques Foccart.

Même en France, le pouvoir s'est bien gardé d'informer le peuple et ses représentants des clauses les plus sensibles des accords de Défense. Jusqu'au ministre de la Défense, Pierre Joxe, amené à déclarer devant la mission d'information sur le Rwanda qu'il ignorait le contenu de ces clauses secrètes.

Le secret, en fait, couvrait une série de dispositifs visant, non à défendre un État, mais à protéger personnellement le chef d'un régime client et le garantir contre toute subversion non désirée[6]. Les bons amis pourraient ainsi "régner" à vie, et leurs partis rester indéfiniment au pouvoir. On ne s'étonnera pas dans ces conditions que ce pouvoir se soit enfoncé dans l'arbitraire, puis fréquemment la dictature - sur fond d'immense corruption.

Le secret permettait aussi de faire n'importe quoi, puisque personne ne savait ce qui était autorisé[7]. On cessa de (se) poser

---

5. Audition du 21/04/98 par la mission parlementaire d'information sur le Rwanda.
6. Ainsi, « *la République gabonaise a la responsabilité de sa défense intérieure, mais elle peut demander à la République française une aide dans les conditions définies par les accords spéciaux* [secrets] ». J.O. du 21/11/60.
7. « *Le cadre juridique général d'intervention* [...] *était à la fois incertain, peu connu par les parlementaires, et ennuyeux pour tout le monde* ». Audition de Pierre Joxe le 09/06/98 par la mission d'information sur le Rwanda.

des questions sur la légitimité des innombrables interventions militaires françaises en sol africain. Et quand le pli fut pris, certains, tels l'amiral Lanxade, ancien chef d'état-major des Armées, purent suggérer qu'après tout, il n'était pas besoin de ce genre de chiffon de papier : « *Nous n'avons aucun accord de défense avec le Tchad, qui est probablement l'un des pays dans lequel nous sommes le plus intervenus. Jusqu'ici ça n'a troublé personne* [8] ».

« En réalité, nulle part, jamais, le choix du droit n'est vraiment fait : ni celui de l'État de droit comme élément central de la sécurité des populations, et de l'économie ; ni celui du droit républicain et du droit international, dans la mesure où les relations franco-africaines sont en permanence ravalées, par l'exécutif, à la familiarité, au bon plaisir, aux passe-droits et aux bakchich [9] ».

« La facilité latino-jacobine persiste à (faire) croire qu'un État peut, sans contre-pouvoirs réels, assurer autre chose qu'un ordre inhumain, à l'arbitraire exponentiel. Le double langage consiste à prôner la sécurité pour le développement, alors qu'on bunkérise les places fortes du pillage et des trafics en tous genres ; à prôner l'ordre au bénéfice de la société, alors que l'on favorise son encasernement. Au bout, la réalité ne retrouve pas le discours [10] ».

La présence ou les interventions militaire françaises ont permis d'abord, longuement, de maintenir en place des régimes totalitaires à parti unique. Puis il fallut céder à la "mode" de la démocratie. Parfois, les peuples imposèrent plus ou moins durablement leur volonté, au travers de Conférences nationales souveraines ou d'autres processus endogènes : ils eurent droit à des élections non truquées (Bénin, Mali, Congo-B). Ailleurs, à une exception près (Centrafrique), les moyens militaires français concoururent à l'organisation de scrutins truqués. Le comble fut atteint au Tchad, en 1996.

On nous prétend que le maintien de la présence militaire française est réclamé par les États intéressés. Les chefs d'État

---

8. Audition du 07/05/98 par la mission d'information sur le Rwanda.
9. *Dossiers noirs* n° 1 à 5, op. cit., p. 209.
10. Ibidem, p. 208.

et leurs clientèles, certes. On ne voit pas pourquoi Omar Bongo au Gabon, Hassan Gouled à Djibouti, Gnassingbe Eyadéma au Togo ou Paul Biya au Cameroun se priveraient d'une garnison ou d'une flopée de conseillers, avec les avantages afférents :

> « En novembre *[1995]*, avant le Sommet de la francophonie de Cotonou, des rumeurs de coupes drastiques avaient couru avec insistance. [...] En fait, il s'agissait des conclusions d'un groupe de travail [...] Toute révision brutale du dispositif français aurait [...] supposé d'âpres discussions. *"Un peu,* note un vieux routard du chemin franco-africain, *comme avec un député français lorsqu'on veut supprimer une garnison. Sauf que, là, il s'agit de chefs d'État..."* » [11].

Tout le monde ne partage pas le point de vue présidentiel. En mars 1997, au Bénin, 4 500 soldats français, béninois, togolais et burkinabé ont pris part à des manœuvres communes, « *une mission à dominante militaro-humanitaire* »... Lors du défilé final, les troupes françaises ont été huées par la population.

Quelques hommes politiques français ont pris conscience du caractère intenable de cette présence militaire contrainte. Ce n'est pas étonnant de la part de l'ancien Premier ministre Pierre Messmer : ayant lui-même combattu dès 1940 pour l'indépendance de son pays, avant de se retrouver aux premières loges des guerres coloniales en Indochine et en Algérie, il a vite compris que le mouvement de décolonisation était irrépressible. Il est l'un des rares hommes d'État français à respecter les indépendances africaines et à en tirer les conséquences [12] :

> « Je suis très réservé sur les interventions *[militaires]* françaises *[en Afrique]*. J'en ai vu dès le début les difficultés et les ambiguïtés. Tout a été dévié et ce, dès les années 60. [...]
> Avons-nous vraiment raison de jouer le dernier gendarme blanc en Afrique noire ? [...] Il faut éviter le plus possible d'intervenir [...].
> Voyez ce qui s'est passé au Rwanda : j'estime que l'intervention

---

11. Arnaud de la Grange, *Afrique : la France ne baisse pas la garde*, in *Le Figaro* du 20/03/96.
12. Dans son livre *Les Blancs s'en vont. Récits de décolonisation* (Albin Michel, 1998), il conteste avec beaucoup de lucidité le lien monétaire, la présence militaire, et les aberrations militaro-humanitaires de la France en Afrique.

française dans ce pays a été plus nuisible qu'utile. La France est intervenue d'abord et pendant plusieurs années pour soutenir le régime du président Habyarimana. Elle n'a rien fait pendant le génocide [...].

[Les] accords de défense sont caducs. Ils sont dépassés. [...] Soit, il faut les dénoncer purement et simplement. Ce qui ferait grincer des dents et inquiéterait, on s'en doute, les États africains [...]. Soit, on se contente de les appliquer *stricto sensu* : "Ils ne doivent servir qu'en cas d'agression extérieure". Ainsi ils ne seraient jamais appliqués... et il n'y aurait plus d'intervention [13]».

Même l'ancien ministre de la Coopération Michel Roussin, qui ne fut pas un champion de la non-ingérence, s'interroge [14] :

« Ne serait-il pas temps de mettre un terme à notre interventionnisme multiforme (militaire, politique, logistique), qui ressemble trop à une politique d'ingérence dans les problèmes intérieurs, pour nous recentrer sur le développement économique, social et culturel ? ».

L'expert ès-stratégie Pascal Chaigneau [15] admet tout à fait, lui, que la France se laisse "dicter" le maintien de sa présence militaire par les chefs d'État clients :

« Dans la plupart des cas, ce sont les chefs d'État qui demandent un prépositionnement militaire français comme une garantie de stabilité. Il est aussi évident que dans d'autres pays, notamment pétroliers, le prépositionnement militaire de la France est le parallèle économique des intérêts économiques de la France. [...] Nous devons être les garants de la stabilité de certains pays. [...]

Si l'Afrique était devenue un continent stable, où il n'y a ni crises, ni guerres civiles, ni conflits interétatiques, la notion même d'accords de défense n'aurait pas lieu d'être. Pour le moment, je suis donc contre leur suppression ».

Au moins, c'est clair : la stabilité n'est pas un cadeau fait à l'Afrique, c'est l'intérêt de la France. Notamment pétrolier. Même si cette stabilité est synonyme de prolongation ou de restauration d'une dictature.

---

13. Cité par *La Croix* du 22/06/96.
14. In *Le Monde* du 28/06/97.
15. Il est directeur du Centre d'études diplomatiques et stratégiques de Paris. Propos tenu à *L'autre Afrique*, 12/11/97.

Les "intérêts" de la France

Une série de déclarations et de commentaires permettent de se faire une idée assez précise de ce que certains, en France, ont derrière la tête quand ils veulent continuer d'imposer leur stabilité, ou plutôt leur ordre, à un ensemble de pays africains :

« Ne pas intervenir *[en Centrafrique, en 1996]*, c'était semer l'inquiétude parmi les dirigeants des vingt-quatre pays africains liés à la France par des accords de défense [...] ou d'assistance militaire [...]. C'était surtout mettre en jeu inutilement les intérêts économiques et stratégiques de la France ». (Jean-Pierre Langellier [16]).

« Sans le sauvetage de la Centrafrique, Paris perdrait le vote automatique des 14 *"pays amis"* aux Nations-unies et son droit de préemption, notamment sur le pétrole et les télécoms, dans ses anciennes colonies. [...] Il n'y avait pas le choix : *"l'indépendance dans la dépendance"* n'étant viable ni pour l'ex-métropole ni pour l'ancienne colonie ». (Stephen Smith [17]).

« L'Afrique est le seul continent qui soit encore à la mesure des moyens de la France » (Louis de Guiringaud [18]).

« Pour un montant finalement marginal, moins de 4 % du budget de la défense, la France continuera à œuvrer pour la stabilisation d'un continent en pleine mutation. [...] La mission militaire de coopération continuera de gérer l'assistance de 38 pays alliés et amis qui constituent à bien des titres la clef de l'influence internationale de la France ». (Pascal Chaigneau [19]).

« La France [...] a jugé utile de consolider son implantation à N'Djamena [...] qui permet des mouvements rapides vers les différents lieux où l'intérêt de la France s'avère nécessaire » (Alain Richard [20]).

« *[François Mitterrand était]* la personne qui définissait avec le plus de précision les rapports de force entre les Anglo-Saxons et nous dans cette région *[des Grands Lacs]*. [...] *[Il]* avait une conception géostra-

---

16. Service étranger du *Monde* (*Une délicate frontière entre souveraineté et ingérence*, 30/05/96).
17. Service étranger de *Libération* (*La France peut-elle quitter l'Afrique ?*, 31/05/96).
18. Ex-ministre des Affaires étrangères. Cité par Arnaud de la Grange, *Afrique : la France ne baisse pas la garde*, in *Le Figaro* du 20/03/96.
19. Directeur du CEDS. In *La Croix* du 22/06/96.
20. Ministre de la Défense. Déclaration du 30/07/97.

tégique dans cette région tout à fait précise, culturellement et historiquement étayée ». (François Léotard [21]).

« Le président Mitterrand [...] estimait que les Américains [...] avaient une volonté hégémonique sur cette région *[des Grands Lacs]* et peut-être sur l'Afrique ». (Bernard Debré [22]).

« La présence de la France en Afrique [...] *[est]* un objectif majeur de notre diplomatie. [...] La France est une puissance ». (Alain Juppé [23]).

« Le prestige de la France était en cause [au Rwanda] ». (Roland Dumas [24]).

« *[La]* participation militaire française [...] va bien plus loin qu'il n'est admis officiellement. Deux militaires français mettraient le réseau téléphonique de Kigali sur écoute, surtout les téléphones des ambassades [...]. *[Les conseillers français]* organisent une campagne de dénigrement des Casques bleus belges [25]».

Ainsi, le jeu de « *prestige de la France* » n'exclut pas quelques opérations sordides. D'autre part, le postulat sous-jacent à la plupart de ces propos est que les Africains continueront d'accepter de servir de pompe à pétrole et de brosse à reluire, sous le "protection" de l'armée française. Implicitement, l'on suppose que l'Afrique n'a pas la créativité politique qui lui permette de prendre son destin en main.

Le piège ethnique

Un régime clanique en difficulté est souvent tenté par la manipulation ethnique. Au long des chapitres précédents, on a observé comment, envoyés soutenir les troupes d'un tel régime, les instructeurs et conseillers français pouvaient se laisser prendre à son discours et parfois à ses pratiques. D'autant, on

---

21. Ex-ministre de la Défense. Audition du 21/04/98 par la mission sur le Rwanda.
22. Ex-ministre de la Coopération. Audition du 02/06/98, idem.
23. Ex-Premier ministre. Audition du 21/04/98, idem.
24. Ex-ministre des Affaires étrangères. Audition du 30/06/98, idem.
25. Document classifié repris dans le rapport du Sénat belge sur le génocide rwandais. Cité par François Janne d'Othée, *La France mise en cause*, in *La Croix* du 08/04/97.

l'a dit, que la manipulation ethnique fait partie depuis plus d'un siècle de l'arsenal colonial et néocolonial. Les régiments ex-coloniaux expédiés ou stationnés en Afrique sont donc, de ce point de vue, en "pays de connaissance". L'on n'a toujours pas pris conscience à l'état-major de la nécessité d'un décrassage des mentalités. Bien au contraire, on découvre régulièrement que les milieux les plus à droite sont attirés par la carrière ou l'enseignement militaires...

L'aveu, déjà cité, du ministre Hubert Védrine, ancien bras droit de François Mitterrand à l'Élysée, fait froid dans le dos :

> « On a formé l'armée au Rwanda. Ce n'est pas à la France de dire [...] qu'on va former ceux-ci et pas ceux-là. D'autant que les recrues hutues représentaient 80 % de la population. On a ailleurs, formé des armées moins représentatives [26]».

L'ancien Premier ministre Michel Rocard objecte :

> « La France a maintenu en activité un traité d'assistance militaire beaucoup trop longtemps [...] après qu'on eut découvert que le régime d'Habyarimana n'était rien qu'une forme jusque là inconnue de nazisme tropical, un régime raciste et génocidaire. Nous avions des raisons fortes, qui ont été niées par le pouvoir, de le savoir à temps [27]».

Le pouvoir politique n'est pas seul responsable de cet aveuglement : il était partagé avec une partie de l'armée. Un certain nombre d'officiers ont adhéré au racisme militaire, et ont même persévéré :

> « J'ai rencontré à Kigali, fin août *[1998]*, des éléments de l'armée rwandaise qui étaient revenus subrepticement au Rwanda. Ils m'ont dit que, lorsqu'ils se trouvaient dans la zone Turquoise, ils avaient fait état à l'armée française de leur volonté de rejoindre Kigali, en disant : *"La guerre est finie. On doit former une armée nationale. Nous ne sommes pas d'accord avec le génocide qui a été commis et nous voulons rentrer à Kigali"*. Les militaires français les ont mis dans un hélicoptère et les ont a déposés à Bukavu, où s'était replié l'état-major des FAR, en leur disant : *"Arrangez-vous avec vos supérieurs !"*. Un autre

---

26. Audition du 05/05/98 par la mission d'information sur le Rwanda.
27. Interview à *Passage*, 06/98.

s'est fait injurier lorsqu'il a dit qu'il voulait rentrer. Il s'est fait traiter, je cite, de *"Sale nègre"* par un officier français qui a ajouté : *"On va te couper la tête si tu rentres à Kigali"*. Il a dû aller au Zaïre, et le FPR est venu le rechercher à Goma [28]».

Selon Alison des Forges, de *Human Rights Watch*, ce genre d'officiers entraînait encore les forces génocidaires en novembre 1994 [29] ! Un rapport de son organisation relate que cette « assistance militaire technique » s'est poursuivie en Centrafrique [30]. Quant aux simples soldats dans un tel climat... Laissons parler une rescapée, Yvonne Galinier-Mutimura :

> « En février 1993 *[14 mois avant le génocide]* [...], sur les barrages près de Kigali, il y avait le drapeau français et le drapeau rwandais. Les militaires français contrôlaient les papiers, regardaient l'ethnie. [...] Sur la barrière de Nyacyonga, à Kabuye, c'était scandaleux, parfois ils étaient plus d'une dizaine, en train de boire des bières. Ils étaient saouls tout le temps. Il y avait des filles qui étaient violées par des militaires français. [...] À côté de l'aéroport de Kigali, à Kanombe, à un endroit qui s'appelle Nyarugunga, il y avait un camp d'entraînement des extrémistes hutus. [...] C'était ouvert, comme un grand terrain de foot, on voyait que c'était les Français qui entraînaient les miliciens. Ils avaient des uniformes kaki avec des bérets rouges [31]».

Sur ce dernier point, crucial, le témoignage de la rescapée est recoupé par un autre :

> « Parlant devant le Tribunal pénal international pour le Rwanda [...] à Arusha [...], un témoin a confirmé que des militaires français avaient entraîné les miliciens de l'ancienne dictature dans la période ayant précédé le génocide de 1994. Sa déclaration a été formulée lors du procès de Georges Rutaganda, vice-président des *Interahamwe*, premiers res-

---

28. Témoignage de Colette Braekman, in *L'Afrique à Biarritz. Mise en examen de la politique française* (Biarritz, 8 et 9 novembre 1994), Karthala, 1995, p. 131.
29. Ibidem, p. 143.
30. *Rwanda/Zaïre : Réarmement dans l'impunité. Le soutien international aux perpétrateurs du génocide rwandais*, rapport de mai 1995.
31. In *Libération* du 26/02/98. D'origine rwandaise, tutsie, Yvonne Galinier travaillait à Kigali pour la coopération française. Les responsables français de l'opération *Amaryllis* ont refusé de l'évacuer. Elle a été sauvée par les soldats belges. Son témoignage est si dérangeant que le président de la mission parlementaire d'information sur le Rwanda, Paul Quilès, a refusé de l'entendre publiquement.

ponsables des carnages. Le témoin a rapporté une discussion avec un milicien lui ayant assuré que *"les militaires français lui avaient appris à tuer"...* [...]

Un témoignage qui relance les accusations portées lors du génocide et dans la période l'ayant suivi. Chaque fois, les autorités françaises ont démenti. Ce n'est pas trahir un secret que de dire que jamais l'opinion, non seulement rwandaise mais plus largement africaine, ne l'a cru[32]».

Sorte de petit Gabon peuplé de 400 000 habitants, la Guinée équatoriale a tout pour séduire la Françafrique : un pactole pétrolier, du bois tropical, des connexions mafieuses et la dictature bien cruelle de Teodoro Obiang. Quoiqu'elle fût colonie espagnole, on s'est donc empressé de signer avec elle un accord de coopération militaire (1985) puis de l'admettre dans la zone Franc. Les assassinats fort suspects de plusieurs coopérants français n'ont pas troublé cette idylle.

Reste à verrouiller cet Eldorado, à assainir cet Eden. Sous licence françafricaine, le pouvoir a entrepris la purification ethnique des Bubis - majoritaires dans l'île de Bioko, minoritaires dans le pays. D'autres ethnies sont malmenées à leur tour par le clan présidentiel. Dans un contexte similaire, on connaît un accord de coopération militaire qui a mal tourné...

Au sud du Sénégal, la rébellion casamançaise s'éternise, tournant à la "sale guerre". Paris et Dakar laissent agir les militaires, formés par la France. « *Si l'armée n'a pas les mains libres en Casamance, elle pourrait se retourner contre l'État* », expliquent des intellectuels sénégalais[33].

Autrement dit, l'État est si dégradé que le premier général venu pourrait le ramasser. Et pour retarder ce scénario, le dispositif militaire français stationné sur place (1 100 hommes) devrait fermer les yeux sur les exactions de ses alliés locaux.

Rejeté par 80 % des électeurs nigériens, le général-président Ibrahim Baré Maïnassara obtient au moins le score inverse dans

---

32. Jean Chatain, *Qui a formé les génocidaires ?*, in *L'Humanité* du 13/06/97.
33. Cités par *Le Monde* du 25/09/97.

la classe politique française. Comme Idriss Déby, il lui inspire un fort sentiment de "sécurité". Il bâillonne la presse. Avec l'aide d'Idriss Déby et l'aval de la coopération militaire française, il n'hésite pas à raser un village toubou.

« Selon des sources bien informées, l'opération de ratissage du lit du Lac Tchad *[contre la rébellion toubou, entre autres]*, conjointement menée par les armées nigérienne et tchadienne, aurait bénéficié du soutien logistique du dispositif militaire français "Épervier", basé au Tchad. En effet, selon des témoins, un hélicoptère de l'armée française atterrissait fréquemment, durant toute l'opération, à Bosso devenu QG de la coalition militaire. L'on signale également qu'un colonel français, surnommé Guillou, attaché militaire à N'Djaména, a été plusieurs fois aperçu à Bosso, "distribuant" des ordres par ci, par là aux militaires nigériens et tchadiens [34]».

Et l'on ne redit pas les exactions continuelles des Gardes républicains tchadiens bénéficiant d'une logistique française renforcée, la torture, les viols commis par les forces de l'ordre en ce pays, bastion de l'armée française. L'on ne reparle pas de l'engagement anti-afar à Djibouti, anti-bamiléké au Cameroun, aux côtés de la milice ethnique "cobra" au Congo-Brazza, etc.

Qui décide ?

Depuis le tragique engagement français au Rwanda, les parlementaires motivés et l'opinion informée commencent à mesurer l'influence de ce que l'on a appelé le "lobby militaro-africaniste". Elle demeure encore nettement sous-évaluée.

Ce lobby a d'abord une dimension initiatique. Une bonne partie des officiers français est passée par le creuset africain. En tout cas les plus influents, jadis les généraux Quesnot et Huchon, aujourd'hui le chef d'état-major, le général Jean-Pierre Kelche - tous trois issus de la "coloniale", de même que

---

34. *Opération "Épervier" bis*, in Alternative (Niamey) du 15/07/97. Le colonel Yannick Guillou était attaché militaire à N'Djamena.

l'actuel chef de la Mission militaire de coopération (MMC), le général Rigot[35].

On ne peut négliger totalement la dimension pécuniaire. Détaché pour un an dans une base africaine, un adjudant français touche une solde mensuelle nette de 41 439 FF (près de 500 000 FF à l'année), selon un rapport établi par le député Jean-Michel Boucheron. Une solde qui, bien entendu, grimpe rapidement avec le grade. Lequel augmente deux ou trois fois plus vite "outre-mer". On comprend que le lobby militaire s'accroche à sa "présence africaine", lui trouve toutes les vertus, et puisse lui inventer quelques prétextes.

> « Le passage à une armée professionnelle plaide pour le maintien de bases en Afrique. *"Elles seront indispensables à l'entraînement des unités professionnelles*, explique un officier. [...] *Et puis*, [...] *un séjour en Côte d'Ivoire restera toujours plus "sexy" qu'une garnison en Champagne. Il faudra bien susciter des vocations"*. [...] Finalement, les arguments politiques, militaires et économiques allaient tous dans le même sens : Paris se devait de conserver une posture "musclée" en Afrique[36] ».

Mais le "mental" reste déterminant :

> « De l'Indochine à l'Algérie, les troupes "coloniales" *[l'infanterie coloniale, devenue infanterie de marine]* [...] se sont toujours "attachées" au terrain qu'on les envoyait défendre et aux auxiliaires qu'on leur demandait de former. « *Les militaires* » reconnaît-on en haut lieu,

---

35. La Mission militaire de coopération, souvent mise en cause à propos du Rwanda, devient « Direction de la coopération militaire et de défense ». Peut-on espérer que ce changement d'appellation signifiera davantage que celui de certains partis politiques - surtout soucieux d'éloigner le spectre des « affaires » ?

36. Arnaud de la Grange, *Afrique : la France ne baisse pas la garde*, in *Le Figaro* du 20/03/96. Le général Bernard Norlain, qui reste très influent, habille plus élégamment cette argumentation : « *La coopération militaire française doit rester un pilier essentiel d'une nouvelle politique africaine* [de la France]. [...] *Les bases militaires marquent de façon évidente la solidarité de la France.* [...] *Les forces prépositionnées* [...] *sont irremplaçables dans les interventions extérieures.* [...] *Il ne faut pas desserrer les liens entre les cadres militaires français et les cadres militaires africains* ». Intervention au colloque organisé le 20/10/97 par le *Forum du futur*.

Le général y a développé toute une série de « bonnes » raisons de ne pas supprimer en Afrique 8 000 emplois d'expatriés très bien payés. Il n'a cessé d'étayer ces raisons sur l'assentiment de « *nos amis africains* ». Lesquels ?

236

« *ont fait du Rwanda une affaire personnelle*[37]». Quoi d'étonnant, alors, si certains, plus "activistes" que d'autres - il suffit malheureusement de quelques-uns pour disqualifier une troupe -, ont eu là-bas des stratégies et des attitudes de "solidarité" débordant largement leur mission ? Ces troupes ne sont-elles pas les héritières de celles qui, pour une bonne part, s'engagèrent sans recul aux côtés des militants et supplétifs de l'Algérie française ? Autre évocation nostalgique de la gloire des causes perdues : lors de l'opération Turquoise, certains éléments avancés baptisèrent Gabrielle, Isabelle, Dominique,... les collines autour de Gikongoro. Comme celles entourant Dien Bien Phu[38]».

Au Rwanda et dans la région des Grands lacs, l'idéologie du lobby militaro-africaniste a été déterminante. D'autant plus qu'elle est entrée en synergie avec l'exercice excessivement personnel de la décision politique en matière militaire. Relisons encore une fois avec Jean-François Bayart l'histoire, tellement instructive, de cette dangereuse liaison. Sous l'angle, cette fois, du processus de décision :

« *[En 1990]*, à l'état-major du président de la République et au ministère de la Défense, l'approche classique des troupes de marine, favorable à une instrumentalisation de l'ethnicité au service de la coopération militaire, dans la plus pure tradition coloniale, continuait de l'emporter *[à propos du Tchad]*. Ancien responsable de l'opération Manta, le général Huchon était le porte-parole de cette vision, qui devait également jouer un rôle crucial dans la crise concomitante du Rwanda[39]».

« La politique rwandaise a porté très directement la marque du président de la République. En effet, ce qui me semble essentiel, dans la crise du Rwanda, à partir de 1990, c'est la primauté du chef de l'État.
[...] Il y avait l'information émise par les militaires. Elle est tout à fait déterminante, d'autant plus qu'elle arrive directement sur le bureau du chef de l'État par l'intermédiaire de l'amiral Lanxade et, à l'époque, du général Huchon. [...]

---

37. Citation d'un haut responsable - anonyme - par Patrick de Saint-Exupéry dans son enquête *La France lâchée par l'Afrique*, in *Le Figaro* du 22/06/94.
38. François-Xavier Verschave, *Complicité de génocide ? Lz politique de la France au Rwanda*, La Découverte, 1994, p. 41-42.
39. Intervention au Colloque sur *La politique extérieure de François Mitterrand* (Paris, 13-15/05/97).

Au fur et à mesure que la crise s'aggravait, les militaires, et notamment la mission de coopération militaire de la rue Monsieur, ont exercé une influence de plus en plus grande. Ils ont eu de plus en plus le monopole de l'analyse de l'information que l'on déposait sur le bureau du chef de l'État, allant jusqu'à créer le contexte médiatique dans lequel se prend la décision et qui éventuellement influe sur celle-ci : ce fut le cas en janvier-février 1993, c'est la mission de coopération militaire qui, à propos du FPR, entonne le thème des Khmers noirs, la défense de la francophonie, etc. Et Jacques Isnard du *Monde* a repris sans aucun commentaire critique cette thèse selon laquelle le fond du problème était la menace anglophone et que, sur les bords du lac Victoria, l'armée française défendait la francophonie. [...]

Il faut savoir que l'armée française a une autonomie à peu près complète sur le terrain en Afrique, et cela de la façon la plus légale qui soit. Il y a toute une circulation d'argent qui relève de certaines lignes budgétaires reconnues par le Parlement et qui n'est pas contrôlée [40]».

Un responsable militaire officiellement et directement en prise avec les événements du Rwanda [41] confirme le court-circuit qui dès lors s'établit :

« Dès le 23 janvier 1991, je m'aperçois qu'une structure parallèle de commandement militaire français a été mise en place. À cette époque, il est évident que l'Élysée veut que le Rwanda soit traité de manière confidentielle. [...] Hors hiérarchie, le lieutenant-colonel Canovasse *[chef du DAMI, le détachement d'instructeurs militaires français envoyés au Rwanda]* est régulièrement reçu par le chef d'état-major des armées ».

Ce qui nous conduit à relire Jacques Isnard, toujours sous l'angle décisionnel :

« *[Avant 1990]*, la Mission militaire de coopération (MMC) entretenait au Rwanda une trentaine d'experts [...] Ce dispositif est progressivement monté en puissance [...] avec l'adjonction de nouveaux éléments, autrement appelés des Détachements d'assistance militaire et d'instruction (DAMI). Cette mission fut baptisée "Panda". Fin 1992, aux 30 premiers cadres dépendant de la MMC se sont ajoutés 30 autres, puis 40 autres encore début 1993. Ces détachements provenaient en majorité de trois régiments constitutifs de la Force d'action rapide *[dont]* le 1er régiment parachutiste d'infanterie de marine [...] »

---

40. Entretien accordé le 15 mars 1995 pour *Les temps modernes*, n° 583, 07/95.
41. Cité par *Le Figaro* des 31/03/98 et 02/04/98.

La tâche de ces nouveaux arrivants, dont le contrôle opérationnel a peu à peu échappé à la MMC [...], a carrément été d'appuyer les combattants des FAR [...] Les hommes du 1er RPIMa, qui sont entraînés à monter des opérations clandestines [...] ont pour mission d'établir des contacts permanents avec les plus hautes autorités politiques et militaires à Paris qui gèrent les crises en Afrique. Quitte, au besoin, à s'affranchir de la chaîne des commandements.

Ce fut le cas au Rwanda, grâce à un fil crypté direct entre le régiment et l'Élysée, via l'état-major des armées et l'état-major particulier de l'Élysée [...]. À leur façon, les DAMI Panda ont servi de laboratoire à la mise sur pied, à partir de 1993, d'une nouvelle chaîne hiérarchique propre au renseignement et à l'action, avec la création, sous la tutelle directe du chef d'état-major des armées, d'un commandement des opérations spéciales (COS), intégrant notamment le 1er RPIMa aux côtés d'autres unités [42]».

Ainsi a-t-on débouché sur l'intervention secrète d'une sorte de "Garde présidentielle", à la mode élyséenne. La "coloniale" au service du chef. À l'africaine. L'on peut évidemment s'inquiéter quand on observe que Jacques Chirac n'a rien changé à ce fonctionnement ; ou quand on se souvient que la hiérarchie militaire l'a empêché de réorienter la politique française en Afrique centrale [43].

De même, alors qu'au printemps 1997 le Parti socialiste avait inscrit à son programme électoral la fin du dispositif *Épervier*, celui-ci était confirmé et renforcé dès l'été, puis reconfirmé un an plus tard lors d'une visite du général Jean-Pierre Kelche. L'état-major, que dirige ce vétéran des bases africaines, en avait trop besoin : depuis qu'il a dû renoncer aux bases du Centrafrique, il a choisi de faire du Tchad « *la plaque tournante de la présence militaire française en Afrique* [44]». Le Premier ministre socialiste Lionel Jospin a suivi. Il balançait entre deux plateaux inégalement tarés :

---

42. Jacques Isnard, *La France a mené une opération secrète, avant 1994, auprès des Forces armées rwandaises*, in *Le Monde* du 21/05/98.

43. Cf. p. 124, note 19.

44. Jacques Isnard, *Le Tchad restera au centre du dispositif militaire français en Afrique*, in *Le Monde* du 10/09/98.

- L'honneur de l'armée française et la crédibilité du nouveau (dis)cours de politique africaine exigeraient le retrait de tout soutien au régime Déby.

- Mais la corporation militaire pressent que l'abandon de son fief tchadien engagerait un processus inconcevable, l'arrachement de ses racines coloniales. Elle est soutenue par Elf, qui n'entend pas laisser Exxon profiter seule du pétrole tchadien, et par Bouygues, qui a hâte de participer à la construction de l'oléoduc vers le Cameroun. Quant à Jacques Chirac, il trouve tout naturel, fin juillet 1998, de donner l'accolade à son collègue Déby sur le perron de l'Élysée[45].

Alors, l'honneur, la crédibilité...

Président de la Commission de la Défense à l'Assemblée nationale, Paul Quilès constate :

> « Nous sommes très en retard en matière de contrôle parlementaire [...]. L'explication est sans doute à trouver chez les parlementaires eux-mêmes, qui ne se sont pas toujours saisis des pouvoirs dont ils disposent [...]. Il ne s'agit pas de gêner ou de se substituer à l'exécutif ; il n'est pas question de revenir à la pratique de la IVe République. Mais nous voulons un vrai pouvoir de contrôle[46] ».

Or un vrai pouvoir de contrôle gêne forcément l'exécutif dans son envie de ne pas se gêner. Après avoir été auditionné par la mission d'information parlementaire sur le Rwanda, que Paul Quilès préside aussi, un militaire a avoué en souriant être « *surpris par le peu de curiosité de ces enquêteurs[47]* ».

Interafrique ?

Les préparatifs d'une force africaine de maintien de la paix, menés en principe conjointement par les États-Unis, la Grande-Bretagne et la France, ne sont pas exempts d'arrière-pensées.

---

45. D'après *Le Canard enchaîné* du 09/09/98
46. Entretien à *Libération* du 21/04/98.
47. Cité par Rémy Ourdan (*Le Parlement peine à éclaircir le rôle de la France au Rwanda*, in *Le Monde* du 10/07/98.

Chacun des parrains pousse à la formation de contingents chez ses alliés et "homophones". D'autre part, le stockage des armes lourdes et autres équipements d'intervention donne lieu à une édifiante divergence franco-britannique.

Londres voudrait que ces matériels soient confiés aux Nations unies. Paris a proposé d'en assurer le gardiennage dans ses propres bases. Le dispositif militaire français en Afrique trouverait ainsi, miraculeusement, un justificatif pacificateur. Sauf qu'à rester sous abri français, ces matériels pourraient aussi bien être stockés à Tarbes : l'envoi d'un équipement lourd d'intervention n'est pas à 4 ou 5 heures près...

Entre-temps, inquiété par la chute de Mobutu, l'Ouest du "pré-carré" a resserré les rangs. Cosignataires d'un Accord de non-agression et d'assistance en matière de défense (ANAD), le Burkina, la Côte d'Ivoire, le Mali, la Mauritanie, le Niger le Sénégal et le Togo ont institué une Force de paix permanente, chargée de la prévention, de la gestion et du règlement des conflits. Pour faire bonne mesure, on a ajouté à ces missions l'humanitaire, l'environnement et le patrimoine...

Il s'agissait de concrétiser les travaux présidés par le général Eyadéma depuis le Sommet franco-africain de Biarritz, en 1994. Un rapport secret des chefs d'état-major a détaillé les modalités de sa mise en place. On sait seulement que la Force regroupera des unités militaires spéciales basées dans chacun des États membres [48].

Fin février 1998, on passait aux travaux pratiques au Sénégal, avec la manœuvre "Gudimakha" :

> « L'exercice Gudimakha [...] se veut [...] la répétition générale des interventions futures. Basé sur le "concept Recamp" (pour Renforcement des capacités africaines de maintien de la paix), il a mis en scène des bataillons africains séparant deux ennemis et assurant des missions humanitaires. Avec un indispensable appui technique - et surtout financier - de la France. [...]

---

48. Cf. *Afrique Express* du 08/05/97.

Malgré son désengagement annoncé, la France voudrait pourtant rester maître en son "pré carré". "*À l'avenir, l'influence se mesurera davantage à la capacité de faire travailler les autres qu'au fait d'être en première ligne sur le terrain*", souligne un militaire habitué des opérations extérieures. La sourde lutte qui a opposé durant des mois Paris et Washington sur la façon de constituer cette future force d'interposition africaine montre bien qu'il ne s'agit pas seulement d'une action désintéressée[49]».

Le « *seulement* » paraît bien superflu. De même, le rituel habillage humanitaire ne cache pas l'objectif stratégique : faire semblant de partir pour mieux rester, grâce aux nouveaux liens de dépendance militaire ainsi tressés :

« *[Dans]* la manœuvre "Gudimakha 98" [...], la disparité entre les moyens logistiques fournis par la France et les forces déployées sur le terrain tourne à la caricature. [...] Un officier d'un pays non francophone invité observe [...] : "*Les Français disent qu'ils veulent que les Africains prennent en charge le maintien de la paix, mais ce n'est pas ce que je vois. Ici, rien ne peut se faire sans eux*". [...]

Le Sénégal, la Mauritanie et le Mali ont constitué un bataillon multinational de maintien de la paix. Ils ont reçu le concours de pays lusophones (Guinée-Bissau, Cap-Vert) et anglophones (Ghana, Gambie) qui ont envoyé chacun une section. Cette unité [...] est soutenue par une force logistique fournie essentiellement par la France, avec la participation symbolique des États-Unis et de la Grande-Bretagne. [...] Au terme de l'exercice, le matériel nécessaire à la constitution du bataillon restera à Dakar, aux bons soins... du bataillon français d'infanterie de marine qui y est stationné. [...]

Le ministre français de la Défense, Alain Richard, [...] a lancé un appel aux autres pays occidentaux, souhaitant que ceux-ci aient "*la volonté et le cran*" de mettre en jeu la vie de leurs soldats sur le sol africain à l'exemple de la France[50]».

« *L'exemple de la France* » n'est pas très engageant. Quarante ans de présence militaire sur le sol africain ont provoqué infiniment plus de morts chez les civils africains, du Cameroun au

---

49. Mathieu Castagnet, *Paris forme d'autres soldats pour l'Afrique*, La Croix, 05/03/98
50. Thomas Sotinel, *Paris patronne un exercice militaire interafricain au Sénégal*, in *Le Monde* du 03/03/98.

Rwanda, que chez les soldats français. Tant qu'elles ne pourront se passer d'Afrique, des troupes telles que l'infanterie de marine resteront « coloniales ». La France ferait bien de s'inspirer de la Belgique, qui a décidé de ne plus envoyer de troupes dans ses anciennes colonies.

On peut s'étonner d'autre part que le leadership de l'unité Recamp ait été confié à une armée sénégalaise qui appliquait au même moment en Casamance « *des méthodes dignes des heures les plus sombres des ex-dictatures salvadorienne ou argentine* [51]». L'armée mauritanienne, elle, a massacré en son sein plusieurs centaines de ses officiers et soldats noirs. Drôles de « soldats de la paix » !

L'armée française peut d'autant moins donner de leçons à ces deux armées qu'elle les a formées... On n'a aucune envie que l'oncle Sam s'arroge un monopole du soutien aux indispensables forces d'interposition interafricaines. On se réjouirait que la France, à défaut des atouts d'une superpuissance, apporte un plus en promouvant des troupes éduquées aux droits de l'Homme et convaincues de la primauté du pouvoir civil sur le militaire. De ce point de vue, la confraternité d'armes franco-africaine n'est pas encore une réussite. Entre autres spécimens, elle a produit les vétérans des guerres d'Indochine et d'Algérie Eyadéma et Bokassa. Puis la "génération Mitterrand" des colonels Déby ou Bagosora, formés dans les Écoles de guerre françaises.

"Vendre" la coopération militaire française, non seulement aux dirigeants africains mais à leurs peuples, supposerait une décolonisation des esprits de la Grande Muette. Elle exigerait que l'on cesse de censurer les fautes du passé, et de promettre l'impunité en cas de crimes futurs.

---

51. Selon *Témoignage chrétien* du 27/02/98.

6. L'ÉTAT-MAJOR CONTRE LA COUR

« *Plus jamais ça !* »...

En 1948, lors de la rédaction des conventions de Genève sur le génocide et les crimes contre l'humanité, les grandes puissances ont chargé leurs meilleurs juristes de priver ces conventions de tout moyen de mise en œuvre. Le « *Plus jamais ça !* » a été saboté [1]. Nous ne le savions pas, mais plus d'un demi-siècle après la Shoah, nous étions sans recours contre l'avènement d'un État génocidaire.

Les retours de l'horreur (Cambodge, ex-Yougoslavie, Rwanda) ont ému l'opinion publique internationale et rappelé l'absolue nécessité d'un instrument d'application des conventions de Genève. Une coalition internationale d'associations [2], mais aussi des juristes et des diplomates, ont milité en faveur d'une Cour pénale internationale (CPI) permanente. Au terme d'un parcours d'obstacles, sa création a été discutée à Rome en 1998, lors d'une Conférence internationale organisée par les Nations unies. La conférence s'est achevée le 17 juillet par l'adoption, laborieuse, du statut d'une telle Cour [3].

Tous les pays de l'Union européenne (sauf la France) et la plupart des pays africains, entre autres, soutenaient le projet d'une CPI indépendante et efficace.

---

1. Cf. Yves Ternon, *L'État criminel*, Seuil, 1995, p. 39-54.
2. Qui a compté plus de 800 ONG. Sa composante française va se transformer fin 1998 en association, pour mener le combat de la ratification et de la mise en place de la Cour. En font partie : l'ACAT (Association des chrétiens pour l'abolition de la torture), Agir ensemble pour les droits de l'Homme, ACF (Action contre la faim), Agir ici, Amnesty International (section française), l'AVRE (Association pour les victimes de la répression en exil), la Cimade, la Commission française Justice et Paix, la Communauté internationale Baha'ie (France), la FEN (Fédération de l'Éducation nationale), la FIACAT (Fédération internationale des ACAT), la FIDH (Fédération internationale des ligues des droits de l'Homme), la Fédération nationale des Unions de jeunes avocats (FNUJA), la Fondation Terre des hommes, France-Libertés, la Ligue des droits de l'Homme, Médecins du monde (MDM), Médecins sans frontières (MSF), Reporters sans frontières (RSF), Solidarité avec les Mères de la place de Mai (SOLMA) et Survie.
3. C'est une Cour criminelle internationale (CCI) qui était demandée. Au terme de la conférence de Rome, c'est devenu une Cour « *pénale* ». Nous n'emploierons ici que l'appellation CPI, même si elle est parfois anachronique.

« L'enjeu est immense. Il s'agit, ni plus ni moins, d'affirmer, pour la première fois dans l'histoire du monde, la suprématie de la justice sur la raison d'État en matière de relations internationales », résumait le journaliste François Schlosser[4]. Car le génocide est un crime organisé, le crime d'un État ou quasi-État qui, évidemment, ne va pas se punir lui-même. *« Il faut en finir avec ce paradoxe : si vous tuez une personne, vous avez plus de chance d'être jugé et puni que si vous en tuez cent mille...»*, insistait Kofi Annan, le Secrétaire général des Nations unies[5].

L'avocat William Bourdon ajoutait : *« Je crois non seulement que la Cour peut dissuader des bourreaux potentiels mais aussi qu'elle peut avoir des vertus pédagogiques extraordinaires obligeant les gouvernements occidentaux, et, notamment, la France, à mener une politique étrangère plus transparente[6]»*. C'est bien là que le bât blesse.

Encore un peu ? [7]

Jusqu'à l'été 1996, la France ne s'opposait pas vraiment au projet de CPI. Mais, lors d'une réunion interministérielle à Matignon, en juillet de cette année-là, les spectres de la Bosnie et du Rwanda ont resurgi. Via le ministère de la Défense, l'état-major a fait donner l'artillerie. Pour le général Olivier Rochereau, directeur de l'Administration générale au ministère de la Défense, *« la création d'une justice pénale internationale est un noble objectif. Mais en l'état, les projets avancés ne semblent compatibles, ni avec les intérêts des États les plus actifs dans la mise en œuvre du droit humanitaire, ni avec la protection juridique de leurs ressortissants, ni même avec le simple*

---

4. *Génocides : pour que la peur change de camp*, in *Le Nouvel Observateur*, 11/06/98.
5. Interview à *Libération* du 18/03/98.
6. Interview à *Libération* du 15/06/98. William Bourdon, est secrétaire général de la Fédération internationale des droits de l'Homme (FIDH), porte-parole de la Coalition pour une CPI indépendante et efficace.
7. *Du "jamais plus" au... encore un peu* est le titre d'un article de Michel Forst, directeur de la section française d'*Amnesty International* (*La Chronique d'Amnesty*, 10/96).

réalisme politique[8]». Autrement dit, l'activisme "humanitaire" de la France serait incompatible avec la sanction des crimes contre l'humanité. Et la CPI ôterait toute "marge de manœuvre" aux futures interventions extérieures de l'armée française, en Afrique principalement. L'état-major faisait comprendre que certains officiers, ne se sentant plus "couverts", refuseraient de partir en terrain sensible, ou ne feraient plus rien sans le conseil d'un avocat...

Cet argumentaire de l'armée a « *nourri la position de l'Élysée dans la négociation à l'ONU, dûment relayée, même après le changement de gouvernement, par les ministères des affaires étrangères et de la défense* » - dont les titulaires, Hubert Védrine et Alain Richard, « *jouent la continuité et la cohabitation sans nuages avec l'Élysée*[9]». Quant à Lionel Jospin, Premier ministre depuis juin 1997, il ne s'est pas ouvertement démarqué de l'obstruction prônée par l'état-major et l'Élysée. Au sein de l'exécutif, seule la ministre de la Justice Élisabeth Guigou se battait pour la CPI - avec une obstination digne d'éloge.

L'état-major était d'autant plus remonté contre la perspective d'une justice internationale qu'il était collectivement atteint du "syndrome Janvier". Selon plusieurs sources[10], le général Janvier, commandant les forces de l'ONU en ex-Yougoslavie, aurait reçu par téléphone de Jacques Chirac, le 10 juillet 1995, l'injonction de « *différer d'une journée des frappes aériennes* » sur les troupes du général bosno-serbe Mladic qui assaillaient l'enclave de Srebrenica. Durant ce délai, Srebrenica tombait, et Mladic ordonnait un crime contre l'humanité.

Ce refus des frappes aériennes faisait très probablement par-

8. Dans la revue *Défense Relations internationales*, n° 207.
9. Claire Tréan, *Paris rechigne à coopérer avec le Tribunal de La Haye sur l'ex-Yougoslavie*, in *Le Monde* du 08/11/97.
10. Outre plusieurs reportages télévisés, néerlandais et français, cf. notamment Andreas Zumache, *De nouveaux éléments accusent la France à propos de la chute de Srebrenica*, in Basic Reports (Londres) du 11/02/97.

tie du *deal* négocié au nom de Jacques Chirac par Jean-Charles Marchiani, en vue de la libération de deux pilotes français[11]. Même si le général Janvier ne risque aucune poursuite, on lui a fait porter le chapeau[12]. Lui-même et l'armée ne l'ont pas admis. Et ce ne sont pas les demandes de témoignages d'officiers français devant le Tribunal pénal international pour l'ex-Yougoslavie (TPI), réitérées par le procureur de ce Tribunal Louise Arbour (avec en perspective d'autres auditions sur le Rwanda[13]), qui allaient les calmer[14]. D'autant qu'apparaît clairement, dans la non-assistance à Srebrenica, une responsabilité politique : celle d'une autorité constitutionnellement "irresponsable", le Président de la République. On conçoit que celui-ci partage avec l'état-major la même phobie de la CPI[15].

Officiellement, bien sûr, la France continuait d'approuver le projet. Mais, chaperonnés par les représentants du ministère de la Défense, les négociateurs français soumettaient la compétence d'une Cour éventuelle, et la possibilité de la saisir, à une conditionnalité qui, selon *Le Monde*, « *réduirait le projet à une inutile mascarade*[16]». La France demandait par exemple que la Cour obtienne l'accord de l'État dont ressort le coupable, de celui dont ressort la victime, et de celui où s'est passé le crime... ;

11. Et qui, selon une note américaine envoyée au TPI, inclurait la non-arrestation de Radovan Karadzic et du général Mladic. Cf. Claude Angeli, *Comédie humaine au Kosovo*, in *Le Canard enchaîné* du 21/10/98.
12. D'autant plus aisément qu'il était, comme beaucoup d'officiers français opérant en ex-Yougoslavie, passablement serbophile. Et trop confiant en la parole de Mladic.
13. « *Je serai amenée, à plus ou moins long terme, à citer des militaires français en tant que témoins devant le TPR* [Tribunal pénal international pour le Rwanda] *ou le TPI* [Tribunal pénal international pour l'ex-Yougoslavie] ». (Louise Arbour, entretien à *L'Événement du Jeudi* du 29/01/98).
14. Le ministre de la Défense Alain Richard a déclaré devant la presse : « *Nous sommes défavorables à une justice-spectacle et le TPI en pratique une* » (*Le Monde*, 10/12/97).
15. Une phobie qui est d'abord, sans doute, celle de la lumière : « *La vraie réticence* [à la CPI] [...] *est dans le refus de se voir interpellé ou mis en cause non par la justice mais par l'opinion publique* ». (Louise Arbour, procureur des TPI et TPR, interview au *Monde* du 16/06/98). Rappelons la "menace" de William Bourdon : la Cour peut obliger « *la France à mener une politique étrangère plus transparente* ».
16. Claire Tréan, *Paris rechigne...*, art. cité.

or, presque à tout coup, l'État criminel est l'un de ces trois-là. « *Cette proposition revient à un arrêt de mort* » pour la CPI, estimait un représentant d'*Human Rights Watch*, une importante ONG américaine. Des gens comme « *Pol Pot devraient donner leur accord pour que la Cour puisse juger les crimes qui leur sont imputés* ». Paris voulait encore subordonner toute procédure à l'accord du Conseil de sécurité : seuls pourraient être jugés les crimes de génocide ou contre l'humanité qui ne dérangent ni Londres, ni Moscou, ni Paris, ni Pékin, ni Washington...

Dix ans au moins

La France tenait un rôle majeur dans la négociation, avant et pendant la conférence de Rome : d'autres pays réticents à l'indépendance de la CPI, comme les États-Unis, pouvaient s'avancer à couvert, laissant monter au créneau la « patrie des droits de l'Homme ». Le caractère scandaleux de l'obstruction menée par cette dernière a suscité de telles indignations, chez ses partenaires européens et parmi les associations civiques ou humanitaires [17], qu'une certaine inflexion s'est opérée début juin. Après d'âpres débats interministériels, y compris nocturnes, la France adoptait à Rome des positions moins caricaturales - laissant les États-Unis s'enferrer dans un rejet idéologique, ruineux pour leur image.

Mais l'état-major, en lien avec l'Élysée, veillait : il fallait à tout prix éloigner le spectre d'une incrimination des militaires hexagonaux. La délégation française à Rome était conduite par un homme sûr, le diplomate Marc Perrin de Brichambaut,

---

17. La Commission nationale consultative des droits de l'Homme a estimé nécessaire, le 14 mai 1998, d'appeler « *solennellement les plus hautes autorités françaises à prendre clairement et fermement les positions de principe que le droit et l'histoire nous imposent, en sortant de l'attentisme longtemps observé lors de la négociation préparatoire, pour adopter une attitude constructive* » et de recommander « *à la France de manifester sans ambiguïté que sa participation aux opérations de maintien de la paix ne saurait, en aucune circonstance, faire obstacle à sa contribution au bon fonctionnement de la Cour criminelle internationale* ».

tenant d'une ligne dure [18]. Elle est restée jusqu'au bout en contact avec la haute hiérarchie militaire, via l'état-major particulier de Jacques Chirac. Et ce dernier a fait la promotion des verrous défendus par la France jusqu'auprès des chefs d'État africains qui le félicitaient de la victoire de son pays en Coupe du monde de football !

L'armée n'a accepté, in extremis, la signature française du statut de la CPI qu'en échange d'un article additionnel, n° 111 bis, autorisant une exonération de sept ans de l'incrimination pour crimes de guerre. Le Canada, catalyseur des négociations, comprit que c'était ça ou rien (pas de signature de la France, ni sans doute de la Russie, avec du coup une majorité de membres permanents du Conseil de sécurité hostiles à la CPI).

Curieusement, l'analyse de certaines autorités françaises rejoint celle que nous avons plusieurs fois exposée. Il est clair qu'à terme, disons dix ans, la Françafrique est condamnée à disparaître. Mais elle est encore en pleine activité. Ce qui fait souci, si elle n'est pas mise sur la touche, ce sont les catastrophes qu'elle peut causer, dans la décennie à venir, de par ses réactions imprévisibles, incontrôlées, et parfois délirantes. En certains cercles, l'on se dit qu'il faudra au moins 3 ans pour mettre en place la CPI. Plus 7 ans d'exonération, cela fait 10. Durant lesquels il ne sera pas demandé de comptes.

C'est sur de telles bases que l'on veut, fin novembre, proposer d'œuvrer à la sécurité de l'Afrique...

Rappelons que la très grande majorité des pays africains, eux, se sont ligués pour obtenir une CPI efficace. Grâce à leur appui indéfectible, un compromis imparfait mais acceptable a été adopté le 17 juillet à Rome, par 120 pays sur 158 votants.

---

18. Sitôt la fin de la conférence de Rome, il a été promu Directeur des affaires stratégiques du ministère de la Défense.

Conclusion : la crédibilité au bout du chemin

L'on ne peut bâtir la sécurité sur le mensonge. Certains membres de la mission parlementaire sur le Rwanda l'ont bien compris. Selon eux, la mission est scindée en deux "blocs", aspirant chacun à servir l'honneur et l'intérêt de la France. « *Pour notre "bloc"*, déclare l'un des deux rapporteurs, Pierre Brana [1], *la vérité sur la tragédie rwandaise relève de l'intérêt de la France. La France, si elle a été impliquée dans cette tragédie et si elle le reconnaît, en sortira grandie. Ce sera tout à son honneur* ». L'autre "bloc" continue de penser que verrouillage et bétonnage sont les deux mamelles de la grandeur nationale. Ce "bloc" n'est plus hégémonique. Ni le syndrome de Fachoda (la hantise du complot africain des Anglo-Saxons).

Mgr Desmond Tutu, président de la Commission sud-africaine Vérité et Réconciliation, a dû affronter le même genre de tension :

> « L'apartheid en tant que système a été conçu au bénéfice des Blancs. À travers la commission *[Vérité et Réconciliation]*, ils ont découvert ce qui a été entrepris en leur nom. Ce n'est pas très agréable. [...] Les Blancs qui se sont opposés à la commission ont attaqué le messager, parce qu'ils refusaient le message [2] ».

La mission parlementaire belge, qui a fait un travail en profondeur, fixe la barre minimum à franchir par son homologue française - si elle veut être crédible à l'étranger :

> « La France a soutenu avant et pendant l'opération de la MINUAR *[Mission des Nations unies au Rwanda]* le régime d'Habyarimana, puis le gouvernement de transition responsable du génocide. [...] C'est très clair. Nos comptes-rendus et nos documents le prouvent. Mais il faut en savoir plus, et c'est une affaire française [3] ».

---

1. Cité par *La Croix* du 09/04/98.
2. Cité par *Libération* du 04/06/98.
3. Guy Verhofstadt, rapporteur de la commission d'enquête du Sénat belge. Cité par *Le Monde* du 10/07/98.

251

De toute façon, prévient le juge belge Damien Vandermeersch, chargé des dossiers belgo-rwandais [4] :

> « On n'échappera pas à un tel dossier. [...] Après un génocide, on ne peut pas tourner la page, les victimes et les parties civiles ne désarment jamais. Le procès Papon a eu lieu cinquante ans après. Si un pouvoir ne fait rien, il a ces crimes sur les bras cinquante ans après, des crimes imprescriptibles... ».

Si l'on va au bout de l'enquête, on ne trouvera pas un responsable de l'implication de la France dans le génocide rwandais, mais un concours d'irresponsables et d'entêtés, à l'abri du "domaine réservé". Cela conduit dès lors à un diagnostic plus général, proche de celui émis par sept députés socialistes [5] :

> « Au moment où l'on prépare la commémoration du quarantième anniversaire de la Ve République, nous l'affirmons haut et clair : mauvaise au regard des principes républicains qui sont les nôtres, elle est, de surcroît, devenue inefficace. Elle est aujourd'hui à l'évidence exténuée ».

À droite apparaissent quelques prises de conscience, moins radicales. Telle celle de l'ancien ministre de la Coopération Jean-François Deniau :

> « Un ambassadeur américain a déclaré [...] *"La France, pour paraître grande, s'était assise sur les épaules de l'Afrique"*. Volontairement désagréable ? Oui, mais l'idée est vraie. [...]
> La France, qui a beaucoup donné à l'Afrique et y a beaucoup pris, [...] y a fait aussi beaucoup de bêtises. Nous avons notre part dans le drame affreux du Rwanda [...]. Les Américains ont très bien joué. [...]
> Plutôt que de savoir si l'Amérique a gagné, il faudrait se demander si l'Afrique a gagné. La réponse sera non s'il y a monopole. La France n'a plus intérêt au monopole. Elle peut - ce qui est très utile - empêcher l'institution d'un autre monopole. Il faut que la France reste en Afrique. Bien sûr en adaptant profondément nos modalités de coopération. [...]
> Moins de monopole et moins de dispersion est la sagesse de toute coopération. [...] À nous de savoir rester présents culturellement,

---

4. Cité par *Le Monde* du 10/07/98.
5. Dans un texte publié par *Libération* du 04/06/98.

économiquement et militairement. [...] Réviser n'est pas refuser. [...] Encore faut-il ne pas accepter cette division du travail où les grandes firmes américaines achètent tout ce qui est directement rentable et la France paie les arriéré de la solde des sous-officiers [6]».

L'ex-ministre est un homme libre et estimable. Ce qu'il suggère ici n'est pas faux. Mais il sous-estime considérablement les conditions de sa réalisation. Comment l'Afrique croira-t-elle au changement si la grande majorité de la classe politique française refuse obstinément de reconnaître les « *bêtises* » qui ont été faites au nom de la France, et pire encore dans le cas du Rwanda (l'aveu de Jean-François Deniau est bien isolé à droite) ?

De ce qu'il écrit, les lecteurs retiendront surtout l'invitation à « *rester en Afrique* », omettant la nécessité d'une mutation radicale. Il faut convaincre Elf, Bouygues, Bolloré, la Mission militaire de coopération, la DGSE... qu'ils n'ont « *plus intérêt au monopole* » : ce n'est pas un mince travail ! Si la France, depuis la jeunesse d'Eyadéma, Bongo et consorts, paie la « *solde des sous-officiers* », ce n'est pas par masochisme : c'est le point d'entrée d'une économie souterraine, fondée sur l'extorsion. Ce moteur-là n'est pas à « *adapter* », mais à mettre au rebut. À vrai dire, c'est toute l'usine à gaz françafricaine qu'il faut solennellement envoyer au musée.

Les personnels eux-mêmes de la Coopération le souhaitent. Réunis en Assemblée générale (y compris les énarques !), ils se sont inquiétés de ce que le nouveau dispositif de coopération annoncé en 1998 ne prenne pas suffisamment ses distances envers les errements du passé :

« Comment ce dispositif entend-il combattre l'emprise des réseaux d'influence (cellule de l'Élysée, réseaux parallèles illustrés par le Rwanda), des financements occultes (Elf), des lobbies générateurs de corruption qui prolifèrent sur financements publics ou dans les processus de privatisation des entreprises africaines ? [7]».

---

6. Interview au *Figaro* du 21/07/98.
7. Extrait du communiqué publié à la suite de l'Assemblée générale du 22/06/98.

Ne feraient-ils pas confiance à leur ministre Hubert Védrine ? Ce dernier déclarait le 27 août 1998 aux ambassadeurs que la politique africaine de la France connaissait « *de profonds changements* » et que Paris s'en tenait fermement à « *sa nouvelle politique de non-ingérence* »... Les Gabonais, Tchadiens, Djiboutiens, Comoriens, Camerounais, Congolais, Bissau-Guinéens et autres Rwandais sont heureux de l'apprendre.